A Magia dos Anjos
e dos Seres da Natureza

Ilumine o seu dia a dia com orações, velas, ervas e cristais

JOANA BARRADAS

A Magia dos Anjos
e dos Seres da Natureza

Ilumine o seu dia a dia com orações, velas, ervas e cristais

NOVA SENDA

A MAGIA DOS ANJOS E DOS SERES DA NATUREZA
© 2017 20|20 Editora, Portugal. Todos os direitos reservados.
© 2017 Editora Nova Senda. Direitos de publicação no Brasil.

Texto: *Joana Barradas*
Revisão: *Luciana Papale*
Diagramação: *Décio Lopes*
Ilustração da capa: *Sara Teixeira*

DADOS INTERNACIONAIS DE CATALOGAÇÃO DA PUBLICAÇÃO

Barradas, Joana

A Magia dos Anjos e dos Seres da Natureza/Joana Barradas – 2ª edição – São Paulo – Editora Nova Senda – Inverno de 2019.

Bibliografia.
ISBN 978-85-66819-18-2

1. Esoterismo   2. Religião   3. Anjos   I. Título.

Proibida a reprodução total ou parcial desta obra, de qualquer forma ou por qualquer meio, seja eletrônico ou mecânico, inclusive por meio de processos xerográficos, incluindo ainda o uso da internet sem a permissão expressa da Editora Nova Senda, na pessoa de seu editor (Lei nº 9.610, de 19.02.1998).

Direitos de publicação no Brasil reservados para Editora Nova Senda.

EDITORA NOVA SENDA
Rua Jaboticabal, 698 – Vila Bertioga – São Paulo/SP
CEP 03188-001 | Tel. 11 2609-5787
contato@novasenda.com.br | www.novasenda.com.br

Sumário

PREFÁCIOS 11
    Ingrid Auer 11
    Juliana De' Carli 13
    Heloísa Miranda 15

OS ANJOS NA MINHA VIDA 17
INTRODUÇÃO 23
A MAGIA E OS SERES DE LUZ 29
    1. Um olhar sobre o Todo que se encontra perfeitamente interligado 32
        1.1 Oração dos anjos ao deitar 37
    2. **Desmistificando a magia** 39
    3. **Os seres de luz** 43
        3.1 Os anjos solares 44
        3.2 Os anjos da guarda / anjos pessoais 45
        3.3 Os guias 47
        3.4 Os mestres ascensos e a Grande Fraternidade Branca 48
        3.5 Os Anjos e os Arcanjos 51
            3.5.1 Tabela mágica dos 18 Arcanjos da Magia dos Anjos e
            Seres da Natureza, as suas cores e flores correspondentes 54
            3.5.2 O Arcanjo Miguel 58
        3.6 Os Seres de Luz da Mãe Natureza – Elementais da Natureza 62
            3.6.1 O Elemento Terra 68
            3.6.2 O Elemento Água 71
            3.6.3 O Elemento Fogo 72
            3.6.4 O Elemento Ar 74

3.6.5 As Fadas 76
3.6.6 O Green Man 77
3.6.7 Ritual dos Cinco Elementos da Mãe Natureza 78
3.7 As divindades (deuses e deusas) 80

4. A aura humana e os chacras 81

5. A magia dos Anjos e Seres da Natureza e as fases da Lua 87
5.1 Lua nova 87
5.2 Quarto crescente 88
5.3 Lua cheia 88
5.4 Quarto minguante 89

6. O altar mágico dos Anjos e dos Seres da Natureza 90
6.1 Preparar o altar mágico dos Anjos e dos Seres da Natureza 90
6.2 Preparação do seu altar mágico 92
6.3 Altar mágico removível 93
6.4 Consagrar o seu altar mágico 94
6.4.1 Como fazer 94

7. A importância do enraizamento na Mãe Terra 95
7.1 Como podemos nos enraizar 95

A MEDITAÇÃO-BASE DA MAGIA DOS ANJOS E DOS SERES DA NATUREZA 99
1. A oração positiva e o seu poder 99
2. As orações não são apenas palavras ao vento 101
3. Os Anjos, os Seres da Natureza e a Oração 105
4. A Magia dos Anjos e dos Seres da Natureza e a Oração 107
5. A importância de um estado positivo para uma boa conexão 108
5.1 O que fazer no caso de não nos sentirmos positivos 109
5.1.1 As técnicas de libertação: a oração de Karol Truman 111
5.1.2 A chama violeta 113
6. A meditação-base é uma viagem mágica 115
6.1 Meditação-base 116
6.1.1 A magia vai começar! 116
6.1.2 Como fazer 117

VELAS, INCENSOS, ÓLEOS E ERVAS SAGRADAS 125

1. As Velas 125

   1.1 Ritual de vela e mel para pedidos em geral 127

   1.2 Outros rituais simples com velas 129

       1.2.1 Para purificação da energia pessoal 129

       1.2.2 Para pedidos relacionados com a alegria, a harmonia,
   a paz e a felicidade 131

       1.2.3 Para pedidos relacionados com a saúde 131

       1.2.4 Para pedidos relacionados com a prosperidade 131

       1.2.5 Para pedidos relacionados com o amor 132

       1.2.6 Para pedidos relacionados com o desenvolvimento pessoal e espiritual ..132

       1.2.7 Para pedidos relacionados com a libertação de energias pesadas,
   invejas, etc. 132

2. Os Incensos 133

   2.1 Ritual para defumação da sua casa/espaços 134

3. Os óleos 136

   3.1 Como fazer os nossos óleos mágicos 137

   3.2 As garrafinhas mágicas 138

4. As Ervas Sagradas 139

   4.1 Tabela-resumo dos 18 Arcanjos e Seres da Natureza
   e as respectivas flores e plantas 141

   4.2 Descrição de várias ervas sagradas 142

   4.3 Combinações de ervas sagradas para defumações 153

ÉTICA E RESPONSABILIDADE NA MAGIA DOS ANJOS
E DOS SERES DA NATUREZA 155

1. Um trabalho de amor diário e constante 155

2. Amparar as nossas crianças com sensibilidade e muito amor 156

3. Fazer a magia acontecer na nossa vida 159

4. Prestar atenção àquilo que pedimos e que desejamos 160

5. Viver em harmonia com a Mãe Natureza 161

6. Ética e organização: dois conceitos muito importantes na vida dos
profissionais da área espiritual e das pessoas em geral 161

OS 49 SÍMBOLOS ANGELICAIS DE INGRID AUER 165
   Para que servem os Símbolos Angelicais 166

A MANDALA MÁGICA DOS ANJOS E DOS SERES DA NATUREZA 217
   1. Os Seres da Natureza chamam-lhe "Casa", "Home" 217
   2. Mandala Mágica – Construa a sua! 218
      2.1 Composição da mandala mágica 219
      2.2 Montagem da mandala mágica 219
      2.3 Consagração da mandala mágica 222
      2.4 Ativação da mandala mágica 223
      2.5 Manutenção da sua mandala mágica 226
      2.6 Outras utilizações práticas para a mandala mágica 228

OS ANJOS-CRISTAL 231
   1. Anjos-cristal 231
   2. Meditação terapêutica com os seus anjos-cristal 234
   3. Águas minerais e angelicais caseiras: aprenda a fazer 235
      3.1 Conexão mais profunda com os Anjos e os Seres da Natureza
          por meio das águas minerais e angelicais 238
   4. Purificação dos anjos-cristal: como se limpam e energizam os cristais 238
   5. Propriedades mágico-terapêuticas dos anjos-cristal e as suas cores 239
      5.1 As suas cores 240
      5.2 O significado das suas cores 241
   6. Descrição das características principais de 40 anjos-cristal 244

AGRADECIMENTOS 267
BIBLIOGRAFIA 269

Aos meus queridos filhos, à minha mãe e ao meu companheiro de vida, com muito amor e gratidão por serem quem são, meus anjos na Terra.

E a você, caro leitor, que deseja dar um mergulho no mundo da *Magia dos Anjos e dos Seres da Natureza* e fazer uma transformação positiva no seu ser e na sua vida, na companhia destes seres de luz.

Nem sempre sabemos que caminho seguir e nem sempre encontramos facilmente aquilo que a maioria de nós procura: um percurso que possamos percorrer de forma segura, confiável, encontrando a leitura certa e as pessoas mais indicadas para nos ajudar na descoberta do nosso tesouro interior.

Este livro certamente irá contribuir para que você faça essa jornada de forma segura, com amor e muita luz dos Anjos e dos Seres da Natureza. Recomendo que o leia na íntegra, pelo menos uma vez, antes de começar os rituais sugeridos. Todos os capítulos têm informações importantes que complementam as práticas.

Votos de uma boa leitura e de práticas iluminadas!

É o amor que faz os anjos voarem...

Prefácio
Ingrid Auer

A HUMANIDADE ENCONTRA-SE HÁ ALGUNS ANOS NUM PROCESSO DE transformação sem precedentes. Etapa por etapa, nada é como era há algumas décadas. Estamos convidados a rever o velho para deixarmos entrar o novo. A verdade foi outrora suprimida ou ocultada, mas, neste momento, ela reaparece com intensidade, e esse processo de mudança já não pode ser interrompido. Cada um de nós está convidado a tomar em suas mãos a sua própria vida de forma consciente, a desenvolver o seu autoconhecimento e a viver a vida honestamente.

A evolução tornou-se mais importante do que nunca, pelo menos a nível pessoal. E, com certeza, muitos estão prontos para abraçar um caminho espiritual. Nem sempre é fácil sair da zona de conforto e deixar a nossa "casinha", pois, para isso, é necessário muita coragem, força, determinação, poder e, acima de tudo, sinceridade consigo mesmo!

Felizmente, existem várias ferramentas como as ervas, as cores, os óleos, as essências e os cristais, entre outros, que com as suas frequências vibratórias, nos ajudam a permanecer em equilíbrio e a recuperar o nosso centro. Existem também métodos alternativos e holísticos que nos ajudam a pensar em nós mesmos, auxiliando-nos nos nossos processos de cura.

Por último, mas não menos importante, há também seres do mundo espiritual, como os Anjos, Mestres Ascensos e Seres da Natureza, que sempre nos acompanham. Desde 1997 que recebo deles, de forma mediúnica, ferramentas espirituais como símbolos energizados, essências e óleos. Essas ferramentas vibram num nível muito alto e são usadas por muitas pessoas que podem entender e apreciar esta energia chamada "Medicina do Novo Milênio".

Neste livro, encontramos um capítulo dedicado aos meus primeiros 49 Símbolos Angelicais que são, pela primeira vez, e sob a minha autorização, traduzidos para a língua portuguesa.

Joana, eu desejo a você, do fundo do meu coração, muita alegria, felicidade e êxito com este livro e, aos leitores, muitas experiências enriquecedoras!

Ingrid Auer
Autora internacional, *angel médium*

Juliana De' Carli

Em primeiro lugar, quero agradecer a Joana Barradas pelo convite para fazer parte desta obra de pura luz escrevendo este prefácio. Quero também dizer que o meu coração foi tomado por uma imensa alegria. Esse convite proporcionou-me estar ainda mais próxima desse ser de luz, sendo para mim como se uníssemos as nossas mãos naquele momento em prol de algo maior. Mão que agora escreve para que mensagens de luz vos cheguem.

Digo-lhes que hoje, 22 de novembro de 2016, ao escrever este prefácio, sinto que minhas palavras estão rodeadas de lindas flores. Vi a Joana pela primeira vez num vídeo, onde apresentava o seu programa *Spiri2all People*, da Organização Mundial para o Desenvolvimento Pessoal e Espiritual. Fui logo tomada pelo seu magnetismo angelical, como se estivesse hipnotizada e atenta a tudo o que ela dizia e, admirando a sua aura brilhante, pude logo perceber que ela tinha algo muito especial.

Através do meu pai, Johnny De' Carli, tive a oportunidade e o privilégio de ser entrevistada por Joana no mesmo dia em que fui apresentar a minha palestra sobre o Ho'oponopono, no VII Congresso Nacional de Reiki, em Lisboa. Assim que nos conhecemos pessoalmente tive, mais uma vez, sensações que faziam o meu corpo vibrar, assegurando que de fato se tratava de uma pessoa especial. Durante a entrevista tudo estava em perfeita harmonia e, no final, fui tomada por uma forte onda de emoção, na qual senti vontade de dizer ao mundo para vir conosco e escutar o que temos a dizer. Naquele momento os meus olhos encheram-se de lágrimas de alegria ao olhar para os de Joana.

Durante esse mesmo congresso, Joana e a sua equipe apresentaram a peça de teatro inspirada no seu primeiro livro *Era Uma Vez o Reiki – Viagem ao Monte Kurama*, onde ela interpretou o papel de anjo Aurora, que narra a história da descoberta do Reiki. Para mim, fez todo sentido vê-la como anjo. As canções, os textos, as danças e os gestos ali apresentados foram de tamanha sensibilidade e sutileza que agradaram e emocionaram todo o público presente. Mais uma vez eu pensei: *estas pessoas são diferentes e especiais. Precisamos de mais pessoas assim para ter um mundo melhor e muito mais belo.*

No final da peça, já no intervalo do congresso, o meu marido cantarolava alegremente as músicas cantadas em palco por esses seres de luz. Fui ao encontro de Joana e sua equipe para lhes dar os parabéns e dizer que sentia algo diferente neles. Foi então, nesse momento, que Joana partilhou comigo os seus dons sobre a sua relação com as fadas e os anjos. Fiquei encantada e disse-lhe logo *Sabia que tu eras especial...* e dividi também com ela a minha experiência com esses seres. Disse-lhe que recebo mensagens dos anjos através dos números, e das fadas, por meio de um oráculo. Especificamente sobre esse oráculo comentei ter sido através dele que as fadas me avisaram sobre a minha gravidez e o sexo da criança. As fadas acertaram em tudo!

Vi fadas duas vezes e fiquei perplexa, sem saber se estava certa daquilo que tinha observado. Fiquei entusiasmada ao saber por Joana, que toda esta vida é de fato, real, mas por poucos vista e sentida.

Portanto, convido-os com este lindo livro a procurarem compreensão e vivência a respeito desse magnífico e especial mundo mágico das fadas e dos anjos, seres dispostos a emanar-nos luz e a enviar-nos mensagens que podem sempre nos auxiliar, bastando apenas estarmos atentos e, de fato, predispostos.

Muitas coisas são apenas compreendidas quando as sentimos na pele ou quando vemos com os nossos próprios olhos. Mas, quando nos chega um trabalho, isso significa que ele já passou por duas autorizações: a primeira para que a informação possa ser compartilhada, e a isso devemos ser gratos ao Alto e a Joana – escolhida para esta missão –, e a segunda para que sinta o chamado deste livro, pois, se ele chegou até suas mãos, pode ter certeza de que há algo especial em você.

Vamos, portanto, aprender mais da vida a partir de agora...

Joana Barradas, você é especial! Gratidão...

Juliana De' Carli
Autora Internacional

Heloísa Miranda

Anjos... por mais que se aborde o assunto, mais fascínio ele exerce.

Dos redondinhos anjos barrocos aos que são representados de várias formas, poucos ficam indiferentes a sua imagem.

Mas, o que eles representam realmente?

Podem efetivamente interagir conosco?

Eles nos protegem, nos guardam?

A tudo isso, respondo que sim. Mas somos nós que temos que aprender a interagir com eles, saber ouvir e ler os seus sinais, despertar para a presença etérea e magnífica de tudo o que está para além de nós.

A sua energia sútil pode se revelar em pequenos detalhes, em leves sopros que nos fazem sentir que estamos acompanhados de uma infinita energia maior. Precisamos estar atentos, despertos e, sobretudo, agradecidos.

Peça a sua intervenção, inspiração e colaboração. Agradeça pequenos nadas que fazem do seu caminho um caminhar de luz.

Faça de si um parceiro do seu anjo da guarda, seja proativo.

Nesta obra, você poderá encontrar a chave para que a energia angelical faça parte da sua vida. Uma magia constante e iluminada que o ajudará a transcender. Aprenda a usar esta magia na sua vida e na do seu semelhante.

Deixe os anjos agirem... seja você também um anjo para alguém. Você vai perceber o quanto isso ajuda!

Heloísa Miranda
Autora e Apresentadora de Televisão

Os anjos na minha vida: nota introdutória

Desde pequena que os anjos me fazem festas no rosto antes de adormecer. Aconchegam-me na cama e transmitem-me amor. Às vezes, assustava-me com as percepções extrassensoriais que me acompanham desde a mais tenra idade e tapava a cabeça debaixo das mantas... Sou grata por toda a proteção que os anjos sempre me deram ao longo da vida.

Os anjos de luz fazem parte da minha vida e da vida de todos nós, desde sempre. Trata-se de energias de luz que podem se manifestar em forma de anjos; pontos de luz piscando; nuvens brancas; borboletas; cheiro de flores e/ou incensos (mesmo sem existirem flores ou incensos por perto); podemos sentir as nossas mãos ou todo o corpo aquecer bastante; podemos notar constantemente horas iguais, como 10:10, 11:11, 12:12...; números repetidos nas placas dos carros e até nas notas de compras do supermercado; encontrar penas de pássaros em lugares inesperados; sentir afagos no rosto, na cabeça, nos braços, nas mãos, como uma espécie de comichão; pequenos toques na ponta do nariz; uma agradável presença junto a nós ou simplesmente uma maravilhosa sensação de paz e amor no nosso coração. Cada pessoa sente à sua maneira, podendo haver mais sensações/percepções/sinais além destes que descrevo.

Nem todas as pessoas conseguem vê-los na sua forma de anjos com asas, da forma que estamos habituados a associá-los, mas todas podem sentir e se beneficiar com a sua preciosa ajuda, não sendo necessário ter um dom especial para fazê-lo, basta apenas abrir o coração e crer para ver ou, na maioria dos casos, sentir. Todas as pessoas podem contar com a sua ajuda, independentemente dos seus gostos ou preferências religiosas.

Um dos meus anjos-companheiros senta-se habitualmente na minha cama, junto à minha cabeça. Geralmente fala comigo e faz-me festas no couro cabeludo e no rosto. Quando eu era pequenina, sentia as carícias e cobria-me até à pontinha dos cabelos. Metida debaixo das mantas, ouvia maravilhosos sons mágicos vindos de outras dimensões e várias imagens abriam-se à minha frente. Às vezes, achava que estava sonhando, apesar de saber que estava acordada. É até difícil de explicar. Não percebia muito bem como aquilo acontecia e, amiúde, fugia para a cama dos meus pais.

Fui medicada aos 5 anos devido ao sonambulismo acentuado que tive e que durou até à adolescência. Passei pela paralisia do sono várias vezes, tinha sonhos premonitórios constantes, visões e sons de outras dimensões sempre me acompanharam desde pequena. Assustava-me um pouco com as percepções que tinha e sentia-me frequentemente com dificuldade de adaptação ao mundo, mais concretamente à forma de ser da maioria das pessoas e da sociedade em geral.

Sempre percebi, instintivamente, se as pessoas eram boas ou menos boas, se tinham boas ou más intenções. Sempre me senti uma pessoa com muito mais idade do que o meu corpo tinha na realidade. Os colegas da minha idade e as suas brincadeiras não me interessavam, sentia-os demasiadamente infantis e aborrecia-me. Por isso, ir à escola era frequentemente um sacrifício.

Gostava imensamente de estudar, mas gostava de ficar no sossego. O barulho, os gritos, a confusão, os encontrões e os palavrões que soavam no recreio faziam-me sentir um ET que tinha se enganado de planeta. Por vezes, sentia-me com tonturas e parecia que via o pátio da escola flutuando. Deixava de ouvir o barulho à minha volta e fazia-se silêncio por instantes, que não sei precisar se eram curtos ou longos. Jamais conseguia explicar o que via e sentia a outras pessoas, e então mergulhava no meu silêncio e disfarçava estas sensações.

A única pessoa, durante a minha infância, com quem falei sobre algumas dessas experiências e sensações foi com a minha mãe, uma mulher sensível que sempre passou igualmente por experiências parecidas desde a sua infância. Sou profundamente grata por todo o apoio, confiança, amor, compreensão e carinho que sempre recebi de sua parte. Foi fundamental para me enraizar na vida e conseguir encontrar o meu lugar ao mundo, por isso apelo tanto à sensibilidade dos adultos para apoiarmos as nossas crianças no seu processo individual de adaptação à vida e à conscientização da sua espiritualidade e respectivo propósito.

Todas as crianças têm dons e capacidades únicas, só precisam de amor, compreensão e apoio para os manifestarem mais facilmente e sentirem que as suas realidades interiores podem se expressar "aqui fora" com compreensão e sem julgamentos e críticas destruidoras da sua autoestima e amor-próprio. O fato de ter tido a bênção de dispor desse apoio desde a mais tenra idade e a consciência de quanto isso tem sido importante para o meu processo evolutivo, dá-me força para expressar o quanto isso é importante para todas as crianças desta Nova Era, futuros adultos de amanhã, não só por parte dos pais como também dos educadores, professores e da sociedade em geral. Acredito que este é o caminho e sei que ainda há muito trabalho por fazer, mas, se incentivarmos um por um a despertar para o cumprimento da nossa parte, mudanças maravilhosas começarão acontecer.

Algumas vezes cheguei a pensar que deveria haver algo errado comigo, pois a maioria das pessoa se adaptava tão bem às situações, às conversas, aos espaços, às atividades, que me sentia frequentemente um peixe fora d'água. Para mim, bastava ir à escola fazer os exames e vir embora, mas... não era permitido. Não é que eu fosse antissocial, que me considerasse melhor ou pior do que os outros ou que não gostasse do convívio, pelo contrário, simplesmente havia pessoas, ambientes e conversas que não me diziam absolutamente nada; e... eram muitas.

Senti-me mais integrada na faculdade, onde eu encontrei um ambiente calmo, pessoas de bom coração e amizades para toda vida. Carla Ricardo é uma dessas pessoas, grande amiga e maravilhosa irmã de jornada, sensível e intuitiva, que faz parte até hoje da minha vida e da equipe Joana Barradas Zen, que é responsável pelo Jardim Aurora Angel, na sua propriedade no concelho de Alcácer do Sal (Alentejo, litoral), onde nascem e crescem as maravilhosas plantas e flores para as minhas essências florais *Aurora Angel Essences*® [1].

---

1. Aurora Angel Essences® são as essências de *A Magia dos Anjos e dos Seres da Natureza* produzidas pela autora com o auxílio da sua equipe de luz. Tratam-se de complementos para a saúde física, mental, emocional e espiritual produzidos de forma inteiramente natural e sem quaisquer contraindicações, a partir da energia de lindas e maravilhosas flores, pedras e cristais com a bênção dos Anjos e dos Seres da Natureza.

Foi aos vinte e poucos anos, depois de terminar a faculdade e de começar a trabalhar, que o grande chamado espiritual se deu em minha vida. Estava insatisfeita com o meu trabalho, contrariada e triste. A minha sensibilidade encontrava-se à flor da pele e sentia que não estava no caminho certo. A minha vida não poderia se resumir àquele trabalho, àquela rotina diária estagnada e sempre igual.

Comecei a prestar mais atenção às minhas percepções, visões, intuições e sonhos. Comecei a dar atenção ao meu anjo na cabeceira da cama e depois aos outros anjos que foram se mostrando e apresentando à medida que fui deixando de me assustar. Estava na hora de começar a minha pesquisa espiritual, de saber quem realmente sou e o que faço aqui nesta experiência de vida no Planeta Terra e do motivo de sempre ter tido percepções extrassensoriais. Que mundos mágicos eram aqueles, que sempre visitei desde pequena? Que lugares incríveis eram esses, aonde os anjos e as fadas me levavam? Por que os via? E por que estava eu deixando tudo isso para trás, confusa com a vida "real" que se apresentava no meu dia a dia? Estava na hora de interiorizar que não há motivo para ter medo quando o caminho é a luz, a fé e o amor, e que a luz vence qualquer escuridão.

Respondi ao chamado da vida e me despedi do meu emprego. Esse chamado me levou até ao mundo da descoberta contínua de novas "partes" de mim mesma, a um autoconhecimento cada vez mais profundo e à abdicação de uma carreira com uma remuneração certa ao final do mês, totalmente enquadrada na minha zona de conforto e aceita pelos familiares e pela sociedade em geral, em prol de um caminho de que não fazia a menor ideia aonde ia dar; só sabia, no mais profundo do meu ser, que tinha de ir e que teria de ter coragem para suportar todas as críticas que pudessem resultar dessa minha escolha de descobrir continuamente como ser quem nasci para ser. Foi assim que comecei, muito naturalmente, a fazer trabalhos de aconselhamento espiritual. Felizmente, pude contar com o apoio incondicional da minha mãe e do meu companheiro de vida, com quem casei aos 22 anos. Dois aquarianos intuitivos e muito bem-dispostos, meus grandes exemplos de pensamento positivo e atitude positiva perante a vida.

Mais tarde, não sei precisar bem quando, em meio de uma das minhas sessões de aconselhamento espiritual, apareceu-me um enorme ser de luz diferente dos meus "anjos habituais". Maravilhada, perguntei-lhe o seu nome, ao que me respondeu prontamente: "Ezequiel." Não por palavras ditas, mas através de uma visão que mais parecia um helicóptero sobrevoando os céus com uma mensagem gravada para mim: "Ezequiel", telepaticamente, explicou-me que estava ali para me ajudar e me deu instruções sobre o que fazer durante aquela sessão.

O Arcanjo Ezequiel, também muito conhecido como Zadquiel (ou Zadkiel), passou a me visitar mais frequentemente e, junto aos meus anjos pessoais e a minha equipe de luz, ajudou-me a compreender que existem vários "postos no Céu", e que cada um tem a sua função, apesar de todos poderem nos ajudar. Pedir a todos os anjos de modo geral, não está errado, mas quando passamos a conhecer esse tema mais profundamente, intuímos com maior rapidez qual a energia ou o anjo mais indicado para as questões que temos no momento. Antes, eu me centrava mais nos meus próprios guias e anjos pessoais, a partir de então, o meu trabalho com os anjos se tornou cada vez mais natural e intenso.

Foi devido às sincronicidades ou "coincidências" angelicais, que nunca mais cessaram na minha vida, que fui conduzida até aos livros, cursos, formações e pessoas com as quais vim a aprender aquilo que há muito os anjos me haviam ensinado. Pude então, não só comprovar que nada foi imaginação da minha cabeça (sim, porque muitas vezes cheguei a pensar que talvez pudessem ser coisas da minha cabeça), como também aprofundar os conhecimentos que já tinha por intuição.

Recordo-me de participar de uma formação para aprender a trabalhar com a chama violeta e os exercícios não serem novidade para mim, pois os anjos já me haviam ensinado. Isso foi mesmo a "prova dos nove". Os seres de luz são os melhores professores e conselheiros celestiais que podemos ter!

A partir daí, passei a ver os anjos ainda com mais frequência. Acredito que – por ter ficado mais atenta e consciente das suas hierarquias e formas de nos poderem ajudar, por estar preparada, por ter chegado a hora, por fazer parte da minha missão de vida e/ou por outras razões que certamente me transcendem – tenha desenvolvido mais esta "habilidade", que, aliás, continuo a fortalecer todos os dias. Acredito que a minha abertura, a dedicação e empenho diários, também tenham contribuído e continuam a contribuir bastante.

Frequentemente estou na rua, nas compras ou falando com alguém e sinto os anjos me tocarem e me envolverem na sua energia protetora. Também os vejo muitas vezes sem ser em forma de anjos com asas. Eles aparecem muito em forma de nuvens brancas, bolas de luz (às vezes bem grandes, noutras bem menores) e pontos de luz piscando ao lado das pessoas, atrás das suas costas e da cabeça, muitas vezes à frente do seu rosto a piscar aqui e acolá, na testa, no nariz, nas faces e no queixo. Também piscam em cima de livros que estou lendo e que considerem importantes para o meu crescimento, ou outros objetos, por alguma razão especial. Algumas pessoas me contam que também começaram a ver essas luzes piscando, bolas de luz, asas de anjo, etc., depois de terem estado em contato comigo. Creio que a disponibilidade e a abertura para me ouvirem partilhando as minhas experiências, desperte nessas pessoas capacidades sensitivas inatas para perceberem os seres de luz. Os anjos querem nos ajudar, querem se manter juntinhos a nós nesta caminhada e não se cansam de "demonstrá-lo".

Costumo experienciar o cheiro das suas fragrâncias florais. Quando sinto o aroma de rosas (sem existirem rosas por perto) e/ou tenho uma espécie de comichão diferente na ponta do nariz, já sei que eles estão presentes, os anjos e as fadas, mesmo que eu não os veja fisicamente, percebo-os com a minha Terceira Visão.

Habituei-me a me comunicar com *eles* diariamente. Anjos fazem parte da minha vida tal como familiares e amigos e podem fazer parte da sua também. Todos nós temos intuição, todos temos anjos da guarda conosco, e todos podemos desenvolver a comunicação com os seres de luz. Os anjos são os melhores mestres que podemos ter. O seu amor é infinito e nos contagia de forma mágica. Quanto mais os descobrimos e interagimos com *eles* mais cresce a nossa fé e o amor no coração. Se há uma missão que todos os anjos do Céu têm é a de nos proteger, nos ajudar a nos colocarmos no nosso caminho original e a cumprirmos a nossa missão, ensinando-nos a amar sem condicionalismos nem restrições.

Introdução

"Era uma vez, um lugar celestial chamado Planeta dos Anjos. Um lugar puro, onde a luz brilhava com imensa intensidade e o amor e a paz reinavam. Todos os habitantes daquele planeta eram pontinhos de luz brilhante com asas parecidas com borboletas. Não existiam pontinhos maiores nem menores, mais gordos ou mais magros. Eram luzinhas iguais, que se complementavam formando várias nuvens.

Ouvi dizer que o Planeta dos Anjos pode ser visto do Planeta Terra! E nem é preciso binóculos! Fica logo ali, mais ou menos onde as nuvens brancas aparecem...

Todos os habitantes trazem consigo pergaminhos escritos com letras pomposas, que falam sobre as suas experiências por outras paragens (outros planetas, talvez!). O burburinho é imenso! Todos partilham as suas experiências e traçam planos em comum.

– Quando descermos ao Planeta Terra, vamos todos nos encontrar novamente – diziam eles.

De início, não vamos nos lembrar desse acordo, mas, depois, pouco a pouco, vamos nos encontrando... e nos reconhecendo. Seremos atores e atrizes nas nossas histórias e a nossa missão comum será nos ajudarmos mutuamente a recordar que somos pontos de luz que fazem parte da mesma nuvem, da mesma origem, da mesma história. Um dia, todos voltarão ao Planeta dos Anjos, com imensas histórias e experiências para contar..." [2]

---

2. Retirado da peça de teatro *Era uma vez o Reiki – Viagem ao Monte Kurama*, de autoria de Joana Barradas.

Por meio das histórias ditadas pelo meu anjo de inspiração, das minhas experiências de vida com esses seres de luz maravilhosos e do que tenho aprendido com *eles* e sobre *eles*, partilho agora com você esta obra com todo o amor. Ela faz parte da minha missão de vida e se destina a todos aqueles que pretendem iniciar ou aprofundar o seu contato diário com a magia desses seres de luz para melhorar as suas vidas em todos os aspectos, desenvolver um autoconhecimento mais profundo, bem como descobrir e cumprir o seu propósito aqui na Terra.

A magia dos Anjos e Seres da Natureza é composta por uma meditação base e alguns mantras, antes de serem desenvolvidos os seus rituais. Trata-se de um método fascinante, uma filosofia de vida, que passa pela magia das orações positivas, das velas, dos cristais e das ervas sagradas. Antes de colocar os rituais em prática, leia o livro completo pelo menos uma vez. Este é um manual que serve sempre de consulta, como um livro de receitas, mas precisa incorporar primeiro a sua teoria para depois colocar mãos à obra e fazer acontecer a magia positiva na sua vida.

Insista, persista, tenha fé e deixe de procrastinar

Algumas pessoas por preguiça, outras por medos conscientes ou inconscientes, vão adiando a sua evolução e deixando tudo sempre para amanhã. "Amanhã começo a meditar", "Amanhã começo a estabelecer contato com os anjos", enfim... o amanhã nunca chega.

Esse fenômeno de deixar sempre para depois aquilo que é importante começar a fazer agora tem uma designação conhecida como *procrastinação*.

Procrastinar é um mecanismo inconsciente de autossabotagem que nos leva – até termos consciência dele e tomarmos as medidas certas para superá-lo – a deixar para depois coisas importantes para a nossa vida que poderíamos fazer já, agora! Muitas vezes ficamos naquela rotina diária de fazer tudo e mais alguma coisa, antes daquilo a que deveríamos dar prioridade. Por exemplo, esperar para meditar só depois de a casa estar um "brinco", vai acabar, por si só, ocupando todo tempo que tinha disponível para meditar, limpar e a arrumar a casa. Quando supostamente termina (sendo que as tarefas domésticas nunca acabam!), está cansado, ou já não tem mais tempo e fica para amanhã, quando poderia apenas ter dado uma arrumada no seu cantinho de meditação, meditar 15 ou 20 minutos, e a seguir arrumar e limpar o resto da casa no tempo que sobrou.

Outro exemplo de procrastinação é ter tarefas no seu trabalho para fazer, ou precisar arranjar 20 minutos por dia para se dedicar ao seu desenvolvimento espiritual, e se distrair nesse tempo com as mensagens do celular, redes sociais, e-mails, assistindo televisão, conversando, enfim, coisas que no momento podem não ser assim tão importantes e que talvez até pudesse fazer noutra ocasião, mas opta por fazer antes de realizar aquela tarefa ou atividade que seria mais importante para o seu progresso e para fazer a sua vida andar para frente.

É por isso que a organização e o estabelecimento de prioridades são tão importantes. Quando você se organiza para evoluir espiritualmente, cuidar do seu negócio ou fazer qualquer outra atividade importante, combate esse mecanismo de autossabotagem, que muitas vezes o impede de progredir e que o leva a deixar o que é realmente prioritário sempre para depois. O medo inconsciente de crescer, de ter sucesso ou até de ser feliz está muitas vezes subjacente a esse fenômeno. Seja ousado! Saia da rotina! Decida o que quer fazer na sua vida e comece a por em prática já! Tenha foco no momento presente, execute as suas tarefas por etapas sem se perder querendo fazer tudo ao mesmo tempo. Grandes ou pequenos, todos os projetos são concretizados por etapas, sendo que a primeira é se organizar, definir o que vai fazer e abrir espaço, dedicando 10, 15 ou 20 minutos por dia, ou o tempo que considerar necessário e que lhe for possível. Às vezes, para começar, mais vale pouco do que nada.

Você tem de superar essa inércia e trabalhar com empenho na definição de objetivos e das metas a alcançar e, em seguida, pôr mãos à obra. O sucesso das suas concretizações, dos seus sonhos e planos para a vida não irá cair do céu, por isso, não adianta apenas sonhar, mas, sim, levantar-se do sofá e agir no sentido da concretização. Peça ajuda aos anjos para se organizar e deixar de procrastinar na sua vida.

Eles estão sempre prontos a ajudar!

Os caminhos de luz para a realização desse objetivo da evolução humana são infinitos. Cada um trilha o seu próprio caminho, com base na sua sensibilidade, nos seus gostos e preferências. Mais volta, menos volta, o fato é que todos os caminhos de luz são válidos, todos falamos das mesmas verdades, só que de maneiras e perspectivas diferentes.

Se você está com este livro em mãos é porque os Anjos e Seres da Natureza o chamaram. Abrace esta experiência e permita-se voar...

Os anjos são facetas de Deus que nos guiam no sentido da resolução e do esclarecimento das nossas questões. Ao mesmo tempo em que nos indicam o caminho da sabedoria e do crescimento interior, ajudam-nos a nos tornarmos mais conscientes do nosso potencial divino, nos fazendo sentir parte integrante e imprescindível de um Todo Universal.

Por dentro, somos todos como um diamante de luz, precioso, que precisa ser lapidado e limpo para poder brilhar em todo o seu esplendor. Por isso, todo o trabalho de desenvolvimento pessoal e espiritual requer comprometimento sincero, por parte da pessoa que se propõe a evoluir e fazer esta limpeza.

Desejo-lhe uma leitura tranquila, com pausas para respirar profundamente e sentir a energia dos seres de luz no seu coração. E, como digo sempre nos meus cursos, palestras e terapias, aproveite o que lhe fizer sentido, ouça a sua voz interior e "jogue fora" o que não ressoa no seu ser, com amor, sem julgamentos. O coração é a sua melhor bússola orientadora.

Desfrute da companhia dos seus anjos, eles estão aí, bem perto de você, acompanhando esta leitura e toda a sua jornada por estas bandas terrenas.

Namastê!
O anjo que habita em mim saúda o anjo que habita em você.

Nada é mais importante do que despertarmos para o nosso propósito de vida e nos empenharmos a cumpri-lo. Os anjos podem ser uma ajuda preciosa neste processo, basta abrir as portas e deixá-los entrar por:

Sete dias da semana;
Sete arcanjos mais conhecidos;
Sete raios luminosos;
Sete cores no arco-íris;
Sete chacras principais;
Sete notas musicais;
Sete capítulos neste livro.

(...)

    O número Sete representa a totalidade do Universo em transformação, a perfeição divina, a passagem do conhecido para o desconhecido, que nos convida a reconhecer a luz que habita dentro de cada um. Representa o espírito na matéria, a alma servida pela Mãe Natureza. É sagrado, místico, perfeito e poderoso.

    Os Sete capítulos deste livro convidam-no a integrar a magia dos Anjos e seres da Natureza de forma consciente no seu dia a dia, a ampliar o seu conhecimento e sabedoria e a fazer brilhar a sua luz interior. Que as Sete virtudes (fé, esperança, caridade, prudência, justiça, força e temperança) iluminem a sua vida e triunfem hoje e sempre sobre os Sete pecados capitais (soberba, ira, inveja, luxúria, gula, avareza e preguiça). E que assim seja!

A Magia e os Seres de Luz

A MAGIA DOS ANJOS E SERES DA NATUREZA REQUER UM EMPENHO constante de todos aqueles que, com sincera vontade interior de crescer, aprender e descobrir a sua verdadeira essência e propósito de vida se propõe a recordar/desenvolver dentro de si esta profunda e maravilhosa sabedoria.

Acredito que ainda temos muito para descobrir sobre a nossa realidade interior e o mundo a nossa volta, e que, à medida que vamos fazendo as nossas descobertas, ficamos cada vez mais em condições de compartilhá-las amorosamente com os outros.

Existem infinitas formas de trabalhar com os seres de luz; cada pessoa deve seguir a sua intuição e sentir a maneira que melhor funciona para si. Em todo o caso, há conhecimentos básicos que podemos adquirir e que nos ajudarão, e muito, a colocar em prática os rituais diários para nos comunicarmos com os seres de luz e usufruirmos da sua ajuda mágica. Para quem quer começar, mas não sabe o que fazer e se sente meio "perdido" com tanta informação disponível na internet e nos livros, entre outros, e também para quem já trabalha com os Anjos, Seres da Natureza e Seres de Luz, mas que pretende desenvolver mais as suas práticas, rever e aprofundar conhecimentos, certamente que este livro irá ajudar.

Sugiro que a prática da meditação comece a ser parte integrante da sua rotina. Através dela, você poderá entrar em contato com os seus Anjos, Guias, Seres da Natureza e Seres de Luz em geral. Para começar a meditar não tem de se sentar obrigatoriamente na posição de lótus (pernas cruzadas) como se vê no yoga, por exemplo. O requisito principal para entrar em estado meditativo é estar confortável para conseguir relaxar profundamente, embora sem se deixar adormecer. Pode colocar uma música suave que o ajude a viajar, a esquecer da rotina e das questões do dia a dia e a entrar num mundo mais elevado. Pode visualizar lindos bosques, campos, praias, rios e todo o tipo de lugares naturais maravilhosos, e a seguir praticar diariamente a meditação-base (capítulo "A Meditação-base da Magia dos Anjos e Seres da Natureza"). Esta meditação é realizada em cinco fases e possui alguns mantras (frases positivas) para ajudá-lo a fazer uma boa ligação com os seres de luz. Esta é a base da magia dos Anjos e Seres da Natureza; qualquer ritual começa sempre por aqui, por isso é tão importante que leia o livro na íntegra antes de iniciar qualquer prática.

Promova o seu relacionamento com os Anjos e Seres da Natureza na sua vida quotidiana. Coloque plantas e flores em sua casa e, se possível, no local de trabalho. Se não tem jeito ou tempo para cuidar de plantas, adquira apenas uma, para ser mais fácil, e procure tratá-la com muito carinho. As plantas são portais de luz maravilhosos, assim como os cristais. De manhã, ao levantar, e à noite, ao deitar, agradeça aos seres de luz pelo seu dia. Peça-lhes que lhe concedam uma boa noite de sono e que o levem a viajar enquanto dorme em total segurança na sua companhia, até as suas escolas de luz[3], para que possam instruí-lo e orientá-lo no cumprimento da sua missão na Terra.

Enquanto dormimos, a nossa alma viaja para outros planos, por isso aproveite essas viagens para iluminar um pouco mais o seu ser e o seu caminho, pedindo ajuda aos seres de luz. De manhã, ao acordar, poderá sentir uma sensação de paz, recordar-se de algum sonho, símbolo ou sensação, ou simplesmente de nada se lembrar. Nem sempre nos é permitido recordar as viagens astrais que fazemos durante o sono, mas, o que importa, é que as orientações celestiais fiquem gravadas no nosso interior, para, no momento certo da nossa vida, agirmos de acordo com elas por intuição.

De manhã, ao levantar-se, peça um dia repleto de amor e harmonia aos seus anjos e repita com toda a fé: *Bom dia, meus queridos anjos. Bom dia, vida. Bom dia, harmonia. Bom dia, saúde, paz, alegria, prosperidade e abundância. Obrigada, obrigada, obrigada por fazerem parte da minha vida.*

---

3. Escolas dos Anjos e Seres de Luz no plano espiritual, no plano da luz. São locais de cura e instrução, para onde a nossa alma viaja, muitas vezes enquanto dormimos e/ou meditamos.

Esses são pequenos passos para começar a se relacionar com os seres de luz de forma mais consciente, que certamente vão deixá-lo revigorado e com mais energias positivas. Você nunca está só, os anjos estão ao seu lado desde sempre e, a partir deste momento, estarão ainda mais presentes e passarão a interagir mais, agora que está abrindo a porta da sua vida para que possam entrar e atuar ainda mais no seu caminho.

Procure, sempre que possível, o contato com a Deusa-Mãe Natureza; medite, faça as suas orações, viva a vida com a maior tranquilidade possível, entregue o seu estresse e as preocupações aos anjos para que eles transmutem essas energias densas em energias positivas.

Tenho experienciado que a integração da prática meditativa e da oração com muita fé no nosso dia a dia pode nos ajudar, e muito, a chegarmos aos resultados que mais almejamos: uma transformação positiva de nós mesmos e da nossa vida. E, tal como a própria palavra "transformação" indica, não basta querer, é preciso "ação" da nossa parte. Por isso, decida e aja agora mesmo no sentido de começar a conviver de forma cada vez mais consciente com os anjos, todos os dias, para o resto da sua vida. Eles são, sem dúvida, a melhor companhia que podemos ter para todas as horas e todos os momentos.

Para mim, os Seres de Luz da Natureza são anjos na Terra, e os seres de luz em geral são os anjos, guias, mestres ascensos e todos os seres do Céu. Quando falo em seres de luz, estou me referindo a todos os anjos do Céu e da Terra, a toda luz, a Deus. Todos são múltiplas facetas de Deus, do Universo, da existência, da entidade suprema ou como lhe faça mais sentido chamar. Por isso, a sua essência é a mesma e as suas diferenças encontram-se nas missões e cargos que ocupam neste todo tão vasto, tão profundo e tão maravilhoso.

Cada cultura, cada religião, cada um de nós acredita no que lhe faz mais sentido de acordo com o seu código de valores e crenças. A verdade é que, quando se trata de luz – chamamos-lhes de anjos, deuses, santos, orixás, elementais ou simplesmente seres de luz –, estamos falando da mesma verdade nas suas diversas facetas, apenas com filtros diferentes. No dia em que o mundo adquirir essa compreensão de unificação e universalidade, o filtro usado por cada um deixa de ter importância, dando lugar ao respeito pela visão individual que cada pessoa constrói da pura luz, de acordo com a sua fé pessoal.

1. Um olhar sobre o Todo que se encontra perfeitamente interligado

Para aprofundarmos a magia dos Anjos e Seres da Natureza, é interessante alargarmos a nossa consciência para a realidade de que o Universo é um Todo interligado e perfeito, onde os seres de luz trabalham de forma conexa, complementar e exemplar. Isso pressupõe que, quando invocamos os anjos, estamos desencadeando um processo de reação Céu/Terra em que todas as forças criadoras se colocam em movimento para nos atender. Esse movimento pode partir do nosso chamado através dos anjos, mas toda a criação é envolvida, incluindo os Seres da Natureza. A nossa mente terrena pode ter alguma dificuldade em perceber a profundidade desse processo que, acredito, sinceramente, nos transcende, e muito. Todos os seres de luz (que estão a serviço da luz, seja quem for com os nomes ou designações que lhes quisermos atribuir), são emanações do grande Sol central, Deus, Universo, existência, entidade suprema, etc. Logo, todos, sem exceção, são manifestações de Deus que trabalham em equipe, de forma perfeita e profundamente coordenada, organizada e interligada em prol da evolução de todos os filhos do Universo.

Por exemplo: quando fazemos um pedido de oração aos anjos, os Silfos – Elementais do Ar (Seres da Natureza presentes no elemento Ar) – fazem parte deste trabalho de equipe, contribuindo para que as nossas preces cheguem a Deus. O mesmo acontece quando acendemos uma vela ao nosso anjo da guarda, as Salamandras – Elementais do Fogo (espíritos da Natureza ligados ao elemento Fogo) – dão toda a sua força e contribuição para que os nossos pedidos sejam ouvidos através do poder da sua chama.

Tenho me interessado pelo estudo da espiritualidade em geral, incluindo a análise de vários movimentos e religiões, e percebendo um pouco mais sobre as suas bases, origens e crenças. Acredito que este seja um processo de observação e de aprendizagem contínuos, pois a diversidade é imensa e, ao mesmo tempo, muito rica e interessante. E o mais curioso é que praticamente todos os movimentos e religiões falam o mesmo, mas por palavras, designações, perspectivas e conceitos diferentes. Todos visam, por meio de suas crenças e práticas, a atribuir um significado ao Universo e, claro, cada um faz a sua maneira.

A espiritualidade global, natural e inerente ao ser humano tem sido fragmentada por várias religiões ao impor, muitas vezes, a sua verdade como única e absoluta. O grande bolo foi cortado às fatias, e os humanos começaram a não conseguir ver "para lá da sua própria fatia". Com essa situação, geraram-se muitas guerras e conflitos, baseados na ilusão de que o seu Deus é o único verdadeiro, e em nome desse mesmo Deus, os homens cometeram as maiores atrocidades. Falo, intencionalmente, com o tempo verbal no passado para que as guerras fiquem sempre lá atrás e, no presente, reine a união, o respeito, a paz e o entendimento. É preciso respeitar a fé de cada um, seja ela nos orixás da Umbanda, nos santos católicos, em Jesus, na Mãe Maria, nas deusas e deuses da Wicca, em Buda, etc. Em cada um deles, ou em todos ao mesmo tempo, não importa. Toda fé tem a sua riqueza quando o caminho é na luz, não importando os nomes atribuídos a essa mesma fé. O que realmente interessa é o amor. E o amor gera a união e a consciência de que somos todos UM.

Em todo o caso, importa fazer referência a que, segundo a minha perspectiva, as religiões, os movimentos espirituais, etc., são importantes na sociedade, e a sua diversidade não deixa de enriquecer este Planeta. Eles têm, no fundo, cada um à sua maneira e de acordo com a sua frequência energética, não só a missão de oferecer uma via, um rumo espiritual às pessoas, como também de orientá-las para o caminho do bem. Se a religião e a crença de cada um forem respeitadas, se cada um tiver a liberdade de seguir o seu caminho, sem radicalismos, extremismos e imposições, o mundo tornar-se-á um lugar cada vez mais agradável, pacífico e harmonioso. Acredito que para lá caminhamos, mas não sei o tempo que vai demorar: podem ser centenas de anos, mas acredito que acontecerá! Havemos de chegar lá e, para isso, cada um tem, aqui e agora, uma cota de responsabilidade neste processo. Estamos todos juntos encarnados na Terra e, independentemente das nossas diferenças pessoais e energéticas, temos a missão comum de cuidar e de respeitar este Planeta, tornando-o um lugar cada vez melhor, e isso se dará ao curarmos as nossas emoções inferiores, ao perdoarmos e ao aprendermos a amarmos a nós mesmos para podermos amar o mundo.

A magia, a espiritualidade, a religião e a ciência são vistas por muitos como coisas distintas, quando na verdade estão, sempre estiveram e vão continuar estando, interligadas, fazendo parte do mesmo bolo (Cosmos).

A mente racional intelectualizada tem tendência a "não querer misturar as coisas" e separa-as de tal forma, que às tantas já não consegue ter noção do todo, onde tudo está, na realidade, intrinsecamente envolvido e interligado. Quer queiramos quer não, todos somos seres espirituais, todos somos filhos da existência e todos somos, na medida da nossa aceitação e abertura, inspirados por ela.

Isso quer dizer que, dos espiritualistas aos padres, cientistas e pessoas em geral, consoantes a abertura espiritual de cada um, todos podemos receber inspiração divina, todos somos dotados de terceira visão (intuição), todos descemos com uma missão de vida e para cumprir um propósito divino – evoluir. Evoluir no amor, na paz, na luz, na alegria, na harmonia, na prosperidade, na abundância, e não na dor, no sacrifício e no sofrimento, como muitas vezes nos fizeram crer que assim tinha de ser. É certo que, quem não evolui pelo amor, acaba muitas vezes por evoluir pela dor, na medida em que escolheu percorrer o caminho mais difícil, o mais longínquo do seu propósito e autenticidade.

Digamos que a vida nos empurra para frente, por isso, o tempo não para e a via pela qual vamos seguir em frente, menos ou mais iluminada, é escolha nossa. No final, todos nós voltamos ao plano espiritual, já fora do corpo físico, levando conosco a consciência e o fruto das ações tomadas e das experiências e aprendizagens adquiridas durante o percurso terreno.

Cada vez mais a ciência tem se mostrado interessada nos estudos relacionados com o "oculto" e vários cientistas têm conseguido apresentar a ligação entre a ciência e a espiritualidade de forma magnífica. Acredito que, com a evolução dos tempos desta Nova Era, mais e mais cientistas despertem para o seu propósito de realizar cada vez mais essa ligação, por meio de estudos e experimentações. Cientistas... mas não somente eles.

Também algumas religiões começam abrir um pouco mais a sua visão. Esse fato é interessante e necessário para acompanhar a evolução dos novos tempos e também para evitar a perda de fiéis. Podemos perceber claramente esta nova visão que começa a surgir, por exemplo, na Igreja Católica. As mensagens visionárias e inspiradoras do Papa Francisco já tocaram e despertaram muitos corações para um propósito mais elevado do que cumprir-se o ritual de ir à missa todos os domingos e nada fazer para melhorar como pessoa, ser mais autêntico, amoroso, consciente, honesto e humilde.

Claro que há e sempre houve pessoas que fazem a sua evolução espiritual por meio da religião Católica ou outras. Naturalmente que há pessoas que vão à missa, à igreja, ao templo, etc., com toda a sua fé, dedicação e intenção de crescimento. Devemos ir aonde nos sentimos bem, aonde nos faz sentido e aonde angariamos mais força para renovar a nossa fé constantemente. Há pessoas que preferem ficar em casa, algumas vão à igreja, há quem vá para o meio da Natureza, outras se juntam num grupo de meditação/oração. Outras, ainda, acolhem e participam de todas essas experiências de acordo com os momentos da sua vida. Está tudo certo, desde que ressoe no nosso ser e contribua para a nossa paz, harmonia, crescimento e bem-estar. Mas, se as reuniões apenas servirem para dizer mal da vizinha, não vá. Se servirem para julgar o outro, não vá. Se servirem para defender a ideia de que o seu grupo é que está certo e que os outros todos estão errados, não vá. A escolha é sua, mas fica a recomendação: saia daí enquanto é tempo e procure locais de paz, harmonia e equilíbrio ou então procure adquirir a capacidade de filtrar apenas aquilo que é realmente interessante para o seu crescimento e ponha à parte o que é limitativo e redutor.

O estudo das várias religiões é uma viagem interessante e peculiar. Pelo caminho encontramos uma série de correspondências que, no mínimo, nos fazem refletir. Todas elas surgiram com base na cultura e nas crenças de cada povo e é enriquecedor colher a sabedoria que cada uma nos apresenta. Compreender esse mecanismo também nos permite expandir um pouco mais a nossa consciência.

Nos primórdios da humanidade, os seres humanos viviam intrinsecamente e extrinsecamente ligados à Mãe Natureza, ligados ao Sol, à Lua, às estrelas, às plantas, etc. A noção da energia vital (que nos dá vida, que tudo permeia e sem ela nada vive) e o conhecimento das leis naturais e do seu funcionamento, eram bastante profundos. O contato Homem/Natureza era diário e permanente. Por uma questão de sobrevivência, os homens começaram a se agrupar, a conviver uns com os outros e a formar tribos, clãs, comunidades, etc. O contato deixou de ser tanto Homem/Natureza, para dar lugar à relação Homem/Homem. Assim, começaram as lutas pelo poder, as contendas, as relações interpessoais, os namoros, os casamentos, etc.

Claro está que consoante o clima, os perigos, as dificuldades e as facilidades com que cada grupo se deparava, era assim que se formava a noção da realidade daquela gente. Em todas as comunidades existia sempre um líder, um sábio, alguém com poder e influência sobre o grupo, atento aos fenômenos naturais e com uma abertura de consciência mais ampla, que lhe permitia receber inspiração do divino e formar uma imagem desse divino de acordo com a realidade da sua vida e do seu povo.

Praticar magia, se alinhar com o Cosmos, os ventos, as marés, as fases da Lua, etc., era uma questão de sobrevivência. Rituais para chover, para ter boas plantações e colheitas, para curar as pessoas, para boas caçadas, enfim, tudo isso era encarado como profundamente natural e necessário. À medida que cada comunidade desenvolvia as suas ideias sobre o que seria a força maior que tudo rege com base nos seus próprios "filtros", várias estruturas de crenças começaram a surgir e, com o seu desenvolvimento, muitas formaram as grandes religiões que perduram até hoje.

Dentro desses movimentos religiosos criados, uma parte manteve a sua pureza na intenção da evolução da humanidade, mas outra, percebendo que poderia ganhar poder e controlar melhor as massas, começou a manipular as energias no sentido não da luz, mas do controle e da ganância, apesar de esse fato ficar, na maioria das vezes, muito bem camuflado.

A verdade é que não importa se a pessoa tem preferência pela religião A, B ou C, o que realmente interessa é ter conhecimento de que essa preferência está contribuindo para que se torne uma pessoa melhor, mais autêntica e mais próxima da sua alma, da sua verdadeira essência. Se assim for, está tudo certo. Muitas almas iluminadas descem para atuar no seio das religiões. É muito reducente pensar que, se uma pessoa está vinculada a uma religião, ela é menos ou mais espiritual que outra que escolhe a liberdade de não pertencer a qualquer uma delas ou que decide colher um bocadinho de cada uma, pois todas têm as suas pérolas de sabedoria.

"Não sou de ninguém, mas sou de todo o mundo!" As almas iluminadas também têm de surgir e atuar nas religiões, cada uma a sua maneira, para que estas possam evoluir rumo à abertura de consciência de que somos todos UM.

Durante o sono, muita coisa acontece. Viajamos muitas vezes até aos reinos celestiais que são verdadeiras escolas de luz e lá somos instruídos sobre o trabalho a realizar aqui embaixo, na Terra. Grupos de almas juntam-se e recebem orientações, quer tenham consciência disso quer não. E, frequentemente, estas almas que se reúnem nas aulas celestiais nem se conhecem fisicamente, cada uma atua no seu país, na sua terra, no seu espaço. Como já mencionei anteriormente, a maior parte das vezes não nos é permitido recordar essas viagens, mas recebemos as instruções no nosso interior para que nos aproximemos cada vez mais do nosso divino interno. As turmas são organizadas pelos mestres e seres de luz de acordo com a evolução e a missão das almas alunas. Acredito que toda esta organização e a forma como as coisas se processam "lá em cima" nos transcende em muito.

A seguir, deixo-lhe uma sugestão de oração dos anjos para recitar à noite antes de dormir. Se trabalhar por turnos, pode fazê-la antes de se deitar para descansar, seja a que horas for.

1.1 Oração dos anjos ao deitar

Queridos anjos de luz, guardem-me,
acompanhem-me nesta noite para que,
enquanto o meu corpo físico usufrui
de sono e descanso reparadores,
a minha alma viaje até vossos reinos celestiais
para receber inspiração, instrução e iluminação.
E que assim que me levantar pela manhã,
bem-disposto e cheio de energia,
sinta uma vontade imensa de agir
de acordo com o que aprendi,
com amor e alegria.
E assim seja! E assim é!
Obrigado, obrigado, obrigado!
Amém.

Pelo mundo, encarnadas em corpos físicos, estão posicionadas várias almas mais evoluídas para que "puxem" pela evolução deste Planeta. Estão estrategicamente posicionadas nas várias profissões e com diferentes potencialidades de ação do divino na matéria. Algumas com postos considerados socialmente elevados, outras não. Os critérios do Céu não são as mesmas normas de julgamento e de catalogação da nossa sociedade. Uma alma iluminada tanto pode ser empregada doméstica como Presidente da República. E ambas têm a oportunidade de operar grandes mudanças no meio em que se encontram, mesmo que muitas vezes essas mudanças pareçam pequenas ou se mantenham ocultas para a maioria dos olhos humanos.

O oculto reside dentro de nós mesmos e está à vista de todos aqueles que desenvolvem a sensibilidade para trazê-lo à luz e transformá-lo em verdadeira sabedoria e iluminação. E só é oculto para aqueles que, entupidos em crenças e julgamentos sem fundamento real, obstruíram a sua capacidade de ver para lá das aparências. Fugir do oculto, só porque tem um sentido pejorativo para a sociedade julgadora, é fugirmos de nós mesmos durante a vida inteira. Dentro de nós habita todos os poderes ocultos. Abrirmo-nos à possibilidade de conhecê-los é como descobrir um segredo, que, depois de exposto, deixa de ser segredo e passa a ser conhecimento. E quando usamos esse conhecimento em prol da luz, do amor e da evolução, os transformamos em pura sabedoria divina.

Estamos realmente vivendo numa era de grandes mudanças, em vários sentidos. Os avanços tecnológicos são importantes para a sociedade, desde que saibamos usar as tecnologias de forma equilibrada, sempre numa perspectiva de evolução da consciência. Hoje em dia temos acesso à enorme informação na área da espiritualidade por meio de veículos como internet, televisão, revistas, livros, etc. Há três ou quatro décadas, os livros na área da espiritualidade eram bem mais escassos e não estavam colocados à vista nas prateleiras das livrarias. Uma amiga e grande mestre me contou que, para pedir livros nessa área, há trinta e tantos anos, tinha de entrar para uma área escondida da livraria e ali lhe eram mostrados e vendidos esses livros.

Isso para nós, hoje em dia, é impensável, pois se avançou muito no tempo. Em qualquer livraria encontramos uma seção de espiritualidade e temos os livros a nossa vista, o mesmo acontece nas livrarias online, em que é só apertar alguns botões e os livros chegam a nossa casa.

Tudo isso facilita o acesso à informação, mas também o dificulta e confunde quando não conseguimos organizar e definir prioridades, porque, de fato, os estímulos externos hoje em dia são muitos. Refiro-me não só à vastidão de temas na área espiritual como também a todos os outros temas e interesses que a sociedade nos apresenta. Para não nos perdermos, teremos de nos organizar, definir os temas de interesse e não nos deixarmos desviar a meio do caminho do desenvolvimento e da concretização dos nossos objetivos e estudos.

O uso abusivo dos celulares, das redes sociais e de diversas tecnologias está provocando um sem-número de problemas como estresse, isolamento e uma desconexão da alma e das suas prioridades. Estudos revelam que as pessoas reduzem a sua produtividade, baixam (perdem) uma boa parte da sua energia e ficam mais estressadas, porque estão constantemente interrompendo o raciocínio do que estão fazendo para responderem e enviarem mensagens no celular. É aqui que não podemos ser "nem tudo ao mar nem tudo à terra". Tudo na vida requer peso, conta e medida, para que possamos viver de forma mais equilibrada.

Deus Pai Céu e Deusa Mãe Terra convidam à evolução de consciência dos seus filhos e equilíbrio. A energia divina se faz sentir cada vez com mais intensidade, e quem não se alinha com ela, ainda que inconscientemente, entra numa espiral de estresse, de ansiedade e de falta de sentido para a vida. É como remar contra a maré. Será caso para se dizer que vale muito a pena nos dedicarmos ao nosso crescimento e a descobertas interiores, para podermos fazer esse alinhamento com mais consciência, alterando padrões de comportamento destrutivos e desarmonizadores, ao mesmo tempo que desbravamos o nosso propósito e cocriamos uma vida mais saudável, harmoniosa, próspera, iluminada e feliz. É fácil? Bem, como disse o mestre, *Ninguém disse que era fácil, mas também não é impossível.*

2. Desmistificando a magia

*A magia é uma ciência que ensina a verdadeira natureza
do homem interior, bem como a organização do homem exterior.*
Franz Hartmann

A magia tem sido associada ao oculto e ao desconhecido, por ser aquela parte de nós para a qual nem todos são muito sensíveis ou estão despertos para a sua presença. Digamos que anda no nosso bagageiro interno uma vida inteira, vida após vida, mas que, por mau uso noutros tempos, ignorância ou medos incutidos pela sociedade, nomeadamente por várias religiões, fica em muitos casos trancada a sete chaves e ignora-se a sua existência.

Mas, o que é realmente a magia?

A magia é a nossa presença divina, é a nossa capacidade de criar e transformar a realidade, é o nosso poder divino e cocriador. A tão conhecida frase "Nada se perde, tudo se transforma" demonstra a capacidade mágica dos humanos e da própria Natureza, a magia da alquimia, que pega em algo e o transforma. O homem é uma centelha do criador, que tem a capacidade mágica de transformar matéria-prima em lindas obras, ou, pelo contrário, de destruí-la. A opção entre o bem e o mal é da nossa inteira responsabilidade. É a conduta pessoal de cada um que define o bem ou o mal, não a magia.

A magia é a arte de causar mudanças nas nossa vida com base na Força Universal. Não é boa nem má, é o que é de acordo com a consciência de cada um. Fiquemos conscientes de que todo o pensamento, todo o sentimento, todo o desejo pedido, toda a vela acesa por alguém ou por algum objetivo, toda a oração, meditação, etc., são atos mágicos que visam sempre o mesmo: mudanças. A vida é uma mudança constante, logo, a magia está sempre acontecendo. Ela se encontra por toda parte, na nossa vida exterior e interior. E torna-se benigna ou maligna consoante a ética e o grau de pureza de cada um. Por isso, o amor é mágico e o ódio também. Ambos criam as nossas realidades, é uma questão de consciência e de escolha. Na verdade, a magia está sempre acontecendo através dos nossos pensamentos e sentimentos.

Toda a ação desencadeia uma reação. Como por vezes existe certo defasamento entre as atitudes (ações) e o seu retorno (reação desencadeada), o homem esquece-se dos atos cometidos (que podem, inclusive, ter sido praticado noutras vidas) e associa os acontecimentos às obras do acaso, ao sobrenatural, a "pouca sorte", ao oculto ou à magia. Esta é uma forma de retirar toda a sua responsabilidade criativa do processo. Trata-se assim de uma forma de fuga, ainda que por vezes inconsciente, da sua responsabilidade neste mundo, assumindo-se como vítima dos acontecimentos. Mas o caminho da evolução pede que assumamos não a culpa do que nos acontece, mas a responsabilidade de corrigirmos os nossos erros a tempo de repará-los e de decidirmos, a partir de então, cocriar um presente/futuro mais de acordo com o verdadeiro propósito que nos trouxe até aqui, a esta experiência de vida. E, sobretudo, a confiar na vida e integrar os seus acontecimentos como aprendizagens e bênçãos importantes no caminho.

Infelizmente, e por motivos religiosos, a magia tem sido associada em grande parte a todo o tipo de pessoas com ações malignas, como feiticeiros negros ou bruxas maquiavélicas com verrugas no nariz, que dão gargalhadas estridentes enquanto mexem no seu caldeirão com uma enorme colher de pau, entre outros cenários similares, para afastar as pessoas da sua verdadeira essência mágica, incutindo-lhes o medo de descobrirem e perceberem que, afinal, a magia faz parte do seu ser e que Deus vive dentro delas mesmas e não em qualquer igreja, religião ou altar. Esses locais e objetos podem até servir de estímulo para chegarmos mais facilmente a nossa divindade interior (se assim nos fizer sentido), mas nunca para nos convencermos de que vamos encontrar fora o que, na verdade, está dentro de nós. No nosso interior moram paisagens infinitas repletas de magia e mundos mágicos ainda por descobrir.

É importante para a nossa evolução, despertarmos e assumirmos o nosso poder interior, oferecendo-lhe um bom sentido e direção para que a magia que emanamos de dentro para fora possa atuar a favor de um caminho mais iluminado e ligado à consciência universal. Torna-se necessário libertar as velhas crenças e preconceitos para podermos abrir a mente e o coração, retirando toda a carga negativa de cima do termo magia, que nada mais é do que tudo quanto existe na ordem e na direção que o homem lhe quiser dar através do seu livre-arbítrio, recebendo sempre em troca, mais cedo ou mais tarde, o retorno – em qualidade e quantidade – dos seus atos.

A vida é magia, a vida é mágica.
Somos seres mágicos dotados de grande poder interior e cocriador
e os seres de luz são os nossos ajudantes orientadores.

Juntamente a deturpação do termo magia, surge também a adulteração dos termos bruxos e bruxas que, alegadamente, praticam a tal magia. Na verdade, bruxos e bruxas eram conhecidos como homens e mulheres sábios, que conheciam as leis naturais e se alinhavam sabiamente com elas. Amavam a Natureza, respeitavam os animais e todos os seres, acreditavam e veneravam Deus Pai Céu e Deusa Mãe Terra e os seus mensageiros, conheciam bem o poder das ervas, das plantas, dos cristais e das pedras, do Sol, da Lua e das estrelas, praticavam a magia do bem através do amor dos seus corações e da sua sabedoria interior, a maioria das vezes para tratar problemas de saúde e curar pessoas.

Muitas pessoas questionam: "Mas então, e os bruxos que fazem mal? Também existem e sempre existiram?" Sim, claro que sim. Mas antes de o conceito de bruxos ter sido deturpado, não se chamaria bruxo alguém sem consciência e praticante de maldades. Porque bruxos eram/são sábios que, noutros tempos, passaram pela experiência de serem difamados e condenados por motivos religiosos e na luta pelo poder. Esta situação colocou-os "dentro do mesmo saco" dos homens sem consciência divina. Outro fator a ter em conta é que nós, seres humanos, por vivermos num mundo dual, temos tendência a catalogar o que consideramos bom e o que consideramos mal, quando, na verdade espiritual, tudo é simplesmente o que é sem rótulos ou julgamentos. Mas, voltando ao tema, por motivos religiosos, não era favorável que o povo se tornasse consciente de que Deus e todo Seu poder habitava dentro dos seus próprios corações. Para controlar o povo seria necessário incutir o medo dos bruxos e da magia, associando-os à figura do Diabo, para que ninguém se aproximasse deles e assim mais pessoas despertassem, com base em seus ensinamentos, para a sua verdadeira essência, abandonando a religião e deixando de obedecer ao controle exercido por ela.

O verdadeiro bruxo é o sábio que está consciente de que só se alcança a sabedoria e a iluminação através do amor e nunca através do ódio, do rancor ou da tentativa de prejudicar, manipular ou controlar alguém. Pois acreditem, só o amor é real.

Também os mitos associados aos termos bruxos, magias, feitiçarias e oculto, no seu sentido deturpado, ficaram outrora, e pelos vistos motivos para superstição até aos dias de hoje, os gatos pretos, que podem ser dóceis, amorosos e fiéis amigos e companheiros como qualquer outro gato. Todos os gatos, mais peludos, menos peludos, amarelos, brancos, pretos, cinzentos, lisos, malhados ou às riscas são dotados de poderes curativos e são grandes transmutadores de energias negativas em positivas. Eu pessoalmente os chamo de anjos em forma de gato! Por isso, quando encontrar na rua um gato preto ou de qualquer outra cor, não se sinta amaldiçoado, mas, sim, muito abençoado.

Nada como uma boa mudança nas nossas perspectiva e atitude para vermos o mundo de forma mais positiva e vivermos bem mais leves, livres das amarras das crenças e dos julgamentos mundanos. Recomendo-lhe, caro leitor, a próxima receita mágica para a vida.

Ingredientes e modo de preparo:

- Foco (no objetivo, meta ou sonho);
- Concentração no que pretende alcançar;
- Intenção (que transporta a energia intencional até ao Cosmos que a fará retornar novamente a si);
- Ação (faça a sua parte);
- Uma pitada generosa de amor, fé, força de acreditar e gratidão.

Misture tudo e espere pelo tempo certo para acontecer.

Abordaremos agora alguns conceitos sobre Anjos, Seres da Natureza e Seres de Luz em geral. Respire fundo e vamos a isto!

3. *Os seres de luz*

Os seres de luz têm muitos nomes e cargos, embora geralmente sejam mais conhecidos por anjos. Apesar das diferentes incumbências, as suas missões têm o mesmo propósito: evolução, iluminação e amor universal.

Os anjos são reconhecidos por variadíssimas religiões, são mencionados nas escrituras sagradas e são-lhes atribuídas variadas designações e características. Se pensarmos na diversidade de raças e culturas que existem no mundo, talvez a imagem de seres alados, dotados de grandes asas, pele rosada e maioritariamente loiros e de olhos azuis não faça o mesmo sentido a todos. Deus não tem pessoas, cores, raças ou religiões preferidas, por isso as suas facetas só poderiam ser abrangentes e – à medida de todos – de acordo com as suas crenças. Uma vez que a energia não tem forma, apenas se materializa de determinadas maneiras para que possamos reconhecê-la e estabelecer a nossa fé em algo mais "tangível", nem sempre os anjos se apresentam a todos de acordo com a descrição anterior. Por isso, várias pessoas de diferentes culturas ou sistemas de crenças descrevem também a existência de anjos de pele escura, vermelha, amarela, branca ou rosada, com corpos atléticos, com asas, sem asas, alguns com um ar doce e sensível, outros com uma aparência poderosa e bastante forte. E, mesmo quem não os "vê", pode criar, através da visualização, imagens desses seres maravilhosos na sua mente de acordo com as suas crenças. A maioria das pessoas sente-se mais próxima dos seres de luz, nomeadamente dos anjos, quando os imagina junto a si, o que de fato funciona mesmo!

Em suma, tal como nós temos características distintas uns dos outros, mas não deixamos de ser humanos, também os seres de luz não deixam de ser seres de luz, independentemente das suas diferentes missões e das "características físicas" apresentadas. Eles têm o poder de se materializar e apresentar como quiserem, de acordo com os nossos sistemas de crenças, para, dessa forma, os reconhecermos. Na verdade, eles são apenas e somente pura luz.

Também nós, seres humanos, somos seres de luz em evolução. Estamos em constante descoberta do amor e da luz universal que nos compõe, da nossa fonte, da origem luminosa de todos nós.

3.1 Os anjos solares

O mundo a nossa volta está em harmonia quando expandimos o nosso anjo solar (o nosso verdadeiro Eu, anjo interno, alma ou Eu Superior). Essa expansão é como um prolongamento da nossa essência, que vai à frente abrindo e dirigindo o caminho no sentido do nosso propósito e de fazermos as nossas escolhas de acordo com esse objetivo divino de vida. Quando não permitimos nem nos propomos a fazer essa expansão de autenticidade e verdade, fiéis àquilo que é a nossa natureza real, nós criamos um mundo desarmonioso e muitas vezes contrário à vontade superior que nos habita. Pode-se dizer que ficamos dessa forma "fora do nosso caminho de luz".

Ficarmos conscientes e presentes para esse processo natural é o início para começarmos a agir no sentido de nos alinharmos com a nossa essência, vigiando a nossa mente e os nossos pensamentos dissonantes e criadores de desarmonias, para que possam ser substituídos por bons pensamentos.

O nosso anjo solar é o nosso Eu Superior. É a nossa parte divina e perfeita, que nos acompanha desde a nossa primeira encarnação na Terra e conosco continuará até à última – o regresso à casa. É quem possui os nossos registros cármicos, memórias de vidas passadas e todo o nosso histórico de vida, incluindo o nosso propósito; o Eu Divino. No fundo, o anjo solar é o anjo que habita em cada um de nós. Alinharmo-nos com ele é o que nos dá acesso à sabedoria interior que nos permite evoluir e crescer como seres espirituais que somos.

O anjo solar incentiva-nos a exteriorizarmos o nosso potencial criativo e a ganharmos autonomia de atitudes, pensamentos e sentimentos sem nos submetermos à vontade dos outros e da sociedade em detrimento do nosso caminho de luz.

Felizmente, a Mãe Natureza coloca à nossa disposição várias bênçãos, como cristais, plantas e flores, que nos auxiliam no alinhamento com o nosso Anjo Solar sempre que sentirmos essa necessidade. Por exemplo, feita a partir da receita abençoada dos Anjos e dos Seres da Natureza, e ainda da energia maravilhosa de flores e pedras, a Essência Floral Anjo Solar da *Aurora Angel Essences*®, auxilia no estabelecimento dessa conexão com o nosso Anjo Solar e a vivermos com mais equilíbrio, harmonia e conectados com a nossa luz interna"[4].

3.2 Os anjos da guarda / anjos pessoais

Todos nós temos pelo menos um anjo da guarda, um fiel amigo, companheiro, conselheiro e protetor para todas as horas e momentos da nossa vida, que nos acompanha desde o nascimento, por isso nunca, mas nunca mesmo, estamos sozinhos!

Nosso anjo da guarda nos acompanha 24 horas por dia, 365 dias por ano, até ao final da nossa vida. Esse é um compromisso que *ele* tem para conosco e para com o Universo, por isso nunca nos abandona. Pela minha experiência, tenho percebido que a maioria das pessoas é acompanhada pelo seu anjo da guarda e por outros anjos guardiões (uma equipe de luz) consoante o seu propósito de vida, sendo que alguns anjos as acompanham apenas em determinados momentos, prestando o auxílio necessário e seguindo viagem.

Costumo recomendar aos meus alunos que imaginem os seus anjos a acompanhá-los sempre, desde as tarefas mais rotineiras aos trabalhos mais complexos. Quanto mais vivamente os imaginarmos ao nosso lado, mais permissão lhes damos para agirem na nossa vida. É como criar amigos celestiais imaginários, mas que, na realidade, existem. Enquanto estiver trabalhando imagine os seus anjos trabalhando com você, mesmo quando

---

4. Saiba mais em www.joanabarradaszen.com.

limpa a casa, arruma a cozinha, estende a roupa, etc. Pode ter a certeza de que os seus fiéis amigos de luz vão ajudá-lo, *sempre!*

Os anjos têm a função de nos encaminhar para o bem. Ajudam-nos a evoluir, a expandir a nossa consciência e a nos libertar do sofrimento da vida na matéria. Estimulam o nosso potencial criativo e enchem-nos com verdadeiras bênçãos.

Podemos invocar a sua ajuda para tudo, até para carregar pesos e fazer as melhores compras. Tenho o hábito de perguntar aos meus anjos quais os alimentos que devo comprar, por exemplo.

O mesmo com a compra de qualquer outra coisa. Um dia entrei numa loja de celulares para comprar um telefone novo para mim. Vi vários modelos e um dos que gostei mais tinha um preço elevado. Vi outros, mas ao pegar naquele as minhas mãos aqueciam bastante. O meu pensamento dizia que "é melhor não, é um pouco caro", e os meus anjos diziam-me "é este que vai ser teu, não compres já, volte noutro dia". E assim o fiz: passados uns dias consegui reunir condições para comprar aquele aparelho e ele ainda estava ali, na loja, à minha espera, era o último daquele modelo e por isso comprei-o a um preço bem mais acessível.

Os anjos só podem nos ajudar se lhes pedirmos e se lhes dermos autorização, caso contrário, só em condições muito especiais poderão interferir em nossa vida.

Certo dia eu estava fazendo uma limpeza no meu quarto e precisei arrastar um roupeiro grande e pesado. Como estava sozinha em casa, pedi ajuda aos meus anjos e consegui fazê-lo sem qualquer dificuldade. Quando o meu filho, então com 4 anos, e o meu marido chegaram a casa e viram as mudanças que tinha feito, o meu filhote sorriu espantado e disse-me logo: "Mãe! Como foi que conseguiu isso? Pediu ajuda aos anjos para mudar o roupeiro de lugar, não foi?"

A princípio pode parecer um pouco estranho ou uma brincadeira de faz de conta, mas, depois, com a continuação e a bênção de começar a sentir os anjos na sua vida e ver os seus milagres acontecerem bem à frente do seu nariz, não só se habitua como já não dispensa esta ajuda celestial diária.

Não é que tenha grande importância, mas se tiver curiosidade pergunte ao seu anjo da guarda e aos seus anjos pessoais os respectivos nomes (pergunte um de cada vez e não todos ao mesmo tempo, pois seria uma confusão).

Muitas pessoas se sentem mais próximas dos seus anjos quando os tratam pelos seus nomes como o fazem com amigos terrenos. Comece por parar e respirar bem fundo, e quando se sentir totalmente calmo pergunte ao seu anjo da guarda como se chama e deixe que um nome lhe venha à mente ou preste atenção aos seus sonhos ou a algum nome que se repita várias vezes nos próximos dias, quer seja nas suas leituras, na televisão, na rádio, etc. Seja persistente e continue a perguntar até a resposta surgir. Depois de saber o nome do seu anjo da guarda, pode avançar para os dos seus anjos pessoais ou vice-versa. Pela minha experiência, apesar de poder verificar o nome do seu anjo cabalístico através da sua data de nascimento em vários sites na internet, os anjos da guarda apresentam-se muitas vezes com nomes mais simples e fáceis de perceber.

3.3 Os guias

Os guias podem ser almas de entes queridos, de familiares antepassados, de amigos que nos eram próximos ou até de almas que não conhecemos nesta passagem, mas que se juntam a nós com a missão de nos ajudar. Os guias podem chegar a qualquer momento na nossa vida para nos apoiar, e depois podem se retirar quando a missão terminar, quando for o momento de cumprirem outras incumbências ou reencarnarem novamente no plano terreno.

Podem ser provenientes de qualquer parte do mundo, de acordo com os nossos percursos de alma. É até muito comum que as pessoas com mais guias de determinada zona, como a Índia, o Tibete, o Egito ou outra, a título de exemplo, tenham um gosto particular por essas filosofias de vida e forma de viver a espiritualidade e se sintam inspiradas por essa via. E, quanto mais você mergulha no seu caminho espiritual, mais guias se juntam para lhe ajudar, não só nessa "via principal", digamos assim, como também em outras que queiram explorar e percorrer. Também os registros de vidas passadas da pessoa estão interligados à seleção dos guias presentes na sua vida no momento atual.

Um dos meus guias me disse uma vez, num sonho, que iria terminar a sua missão perto de mim, pois voltaria a reencarnar. Acordei com a sua voz me dizendo: "Olha-me nos olhos e irás me reconhecer". Creio que voltarei a cruzar com ele neste plano terreno quando chegar o momento.

3.4 Os mestres ascensos e a Grande Fraternidade Branca

Foi a influente Helena Blavatsky, nascida na Rússia, em 1831, quem recebeu e comunicou ao mundo – desafiando a Igreja e todas as condicionantes da sociedade da época em que viveu –, a primeira dispensação dos mestres ascensos para a Terra de que há memória e registro, através de um chamado em sonho do Mestre Ascenso El Morya. O seu trabalho, a sua história e o seu lema, "Nenhuma religião é superior à verdade", ficaram bastante conhecidos até hoje, assim como a Sociedade Teosófica por ela fundada, que visava orientar espiritualmente as pessoas no sentido de começarem a perceber que não existem caminhos certos ou errados e que só o nosso coração tem a capacidade de distinguir qual o melhor percurso para nós[5]. Helena Blavatsky trouxe a visão de uma nova espiritualidade firme na liberdade que cada um de nós tem para seguir o seu próprio trilho, o caminho da sua alma. Foi também ela quem, pela primeira vez no Ocidente, se pronunciou acerca da energia curativa das plantas, deixando-nos a ideia da possibilidade de uma nova medicina. Blavatsky escreveu vários livros e inspirou personalidades tão diversas como Albert Einstein, Mahatma Gandhi ou Paramahansa Yogananda, entre outros.

Os mestres ascensos formam a Grande Fraternidade Branca[6], uma comunidade de espíritos de luz a serviço da Terra. A palavra *branca* se refere à purificação/eliminação do ego. A Grande Fraternidade Branca é um sistema muito bem organizado que apoia a evolução terrena. Os mestres ascensos que a compõem foram pessoas como nós que passaram pela Terra e fizeram as suas aprendizagens, evoluíram espiritualmente e atingiram a iluminação (nirvana), ou seja, libertaram-se do ego e ascenderam à luz. Hoje se encontram em planos mais elevados com a missão de ajudar e inspirar a humanidade a fazer também a sua evolução.

Podemos dizer que o nosso caminho é o de nos tornarmos mestres ascensos, pois estamos na escola do Planeta Terra para aprender as nossas lições, transmutar o nosso carma e, depois de toda a missão cumprida (que

---

5. BLAVATSKY, Helena, *A Voz do Silêncio*, Marcador, Barcarena, 2012.
6. A designação Grande Fraternidade Branca surgiu após a morte de Helena Blavatsky, trata-se, portanto, de um termo mais recente, já do século 20.

pode demorar várias vidas), nos libertarmos do ego e subirmos à luz sem necessidade de voltarmos a reencarnar neste Planeta. A evolução continuará, mas em outros patamares de consciência e de elevação. Todos nós viemos a esta casinha chamada Mãe Terra por tempo determinado. Ninguém vem para ficar, este é um local de passagem.

São exemplos de mestres ascensos: Jesus, Nossa Senhora, Melquizedeque, Buda, Maomé, Kuan Yin, Saint-Germain, El Morya, Sr. Lanto, Mestra Rowena, Seráphis Bey, Hilarion, Mestra Nada, Paulo, o Veneziano, entre muitos e muitos outros conhecidos e desconhecidos de nós, seres humanos.

Os mestres ascensos são poderosíssimos e trabalham juntamente aos Anjos, Arcanjos, Seres da Natureza e todos os seres de luz em prol da aceleração do processo de evolução do Planeta. Podemos invocá-los, dirigir-lhes preces ou solicitar a sua ajuda, estando sempre conscientes de que nós, seres humanos, somos agentes de mudança que precisamos movimentar a energia espiritual por meio das nossas ações, dos nossos pensamentos e sentimentos. Devemos fazer isso quer seja pela partilha dos nossos conhecimentos com os outros, por meio da leitura, do estudo ou da meditação, quer seja pelos nossos rituais, pelas nossas orações, etc., para que a evolução possa fluir. É aí que a luz se manifesta e que a magia acontece! Peça ajuda, tendo em vista sempre um bem maior, e irá obtê-la.

Depois da Sociedade Teosófica de Helena Blavatsky, muitos outros movimentos foram surgindo a partir dos seus ensinamentos. Posteriormente, cada um, com base na sua cultura, sensibilidade e perspectiva, formou o seu próprio sistema de crenças e de visão acerca do assunto. Por isso, caro leitor, não se admire se encontrar algumas informações aparentemente contraditórias quando efetuar as suas próprias pesquisas sobre os mestres ascensos e a Grande Fraternidade Branca. Na minha humilde opinião, a associação de sete mestres ascensos a sete raios de luz correspondentes às cores do arco-íris e que representam sete departamentos, sete áreas em que os humanos precisam evoluir aqui na Terra, é meramente representativa e simbólica. As cores representam as áreas, os departamentos de determinada energia de evolução. Esse conhecimento é algo tão profundo e transcendente que talvez não seja possível conseguirmos integrar a totalidade do que isso realmente significa.

Alice Bailey, uma inglesa nascida em 1880, continuou o trabalho de Helena Blavatsky e falou em "sete importantes correntes de energia consciente através das quais a divindade se exprime e cuja influência estamos sujeitos"[7]. Todos estamos dependentes da evolução através dos sete departamentos em que operam os mestres ascensos em colaboração com os Arcanjos, os Anjos, os Seres da Natureza e todos os Seres de Luz com a missão de ajudar a Terra a evoluir.

Existe um número incomensurável de mestres ascensos, por isso não poderíamos conhecê-los todos, mas todos trabalham nesta missão, não apenas os sete mais citados. Os sete raios aparecem em correspondência com os sete dias da semana, no entanto, diferentes crenças atribuem essa associação aos dias da semana de forma também distinta. Considero importante abrir a nossa mente e integrarmos essa simbologia da melhor maneira que conseguirmos de acordo com o que nos faz mais sentido, respeitando o que mais faz sentido a outros, com a abertura para pensar que tudo está certo, apenas difere na perspectiva e na maneira de ver de cada um.

Nas tabelas seguintes, apresento um exemplo de algumas das diferenças mais comuns acerca do tema.

Para alguns movimentos:

Dia da semana	Raio	Cor	Mestre ascenso	Arcanjo
domingo	1.º	azul	El Morya	Miguel
segunda-feira	2.º	amarelo	Sr. Lanto	Jophiel
terça-feira	3.º	cor-de-rosa	Rowena	Chamuel
quarta-feira	4.º	branco	Seraphis Bey	Gabriel
quinta-feira	5.º	verde	Hilarion	Rafael
sexta-feira	6.º	rubi e dourado	Nada	Uriel
sábado	7.º	violeta	Saint-Germain	Zadquiel

---

7. FÉLIX, Maria José Costa, *Mais e Melhor*, Oficina do Livro, Alfragide, 2012.

Para outros:

Dia da semana	Raio	Cor	Mestre ascenso	Arcanjo
domingo	2.º	amarelo	Sr. Lanto	Jophiel
segunda-feira	3.º	cor-de-rosa	Paulo, o Veneziano	Chamuel
terça-feira	1.º	azul	El Morya	Miguel
quarta-feira	5.º	verde	Hilarion	Rafael
quinta-feira	6.º	púrpura e dourado	Nada	Uriel
sexta-feira	4.º	branco	Seraphis Bey	Gabriel
sábado	7.º	violeta	Saint-Germain	Zadquiel

Se o leitor tem o hábito de fazer as suas orações e rituais de acordo com os dias da semana e das suas respectivas cores (raios), mestres ascensos associados, anjos e arcanjos, pode perfeitamente continuar a fazê-lo. A sua fé e intenção é soberana, por isso irá funcionar. Apenas alerto para as diferenças de perspectivas, não para confundir ou sugerir que deixe de efetuar as suas práticas, mas para ficar atento às diferenças, integrando-as e aceitando-as como parte de um mundo tão rico e diversificado.

Os "arranca-rabos" só começam quando batemos o pé perante os outros, impondo a verdade que nos faz mais sentido, não levando em conta a verdade do outro. Somos humanos, todos filhos de Deus. No entanto, não nos regemos pelos mesmos valores, pelas mesmas crenças, pelo mesmo calendário, não festejamos a passagem de ano no mesmo dia, não vivemos todos na mesma faixa de evolução, não temos o mesmo grau de inteligência, etc. Temos, neste momento, pessoas vivendo ainda de forma muito pré-histórica e homens metidos dentro de foguetões visitando a Lua. Mas tudo é igualmente importante e necessário, tudo faz parte de um mesmo plano que é perfeito, de uma mesma verdade que só pode ser sentida com o coração e alcançada com a evolução espiritual.

3.5 Os Anjos e os Arcanjos

A palavra anjo tem origem no latim *angelus* e no grego *ángelos* e significa "mensageiro de Deus". Em hebraico, a palavra anjo é designada por *malakl* e tem o mesmo significado.

Os anjos são aqueles que têm missões divinas. Anjos são pura luz, pura energia com uma linda missão: transmitir as mensagens de luz à humanidade, dando-lhe proteção, luz e amparo na sua caminhada na Terra.

Vejo os anjos como extensões de Deus/Universo que estão mais próximos de nós, humanos, aqui na Terra. Mais do que intermediários entre os humanos e Deus, sinto-os como parte do próprio Deus que se estende até nós. É como se Deus fosse representado por um lindo Sol brilhante com muitos braços para acudir a todos os seres. Um desses "braços" poderíamos chamar de Anjos, outro, de Santos, de Deuses e por aí adiante, sendo que o mesmo "braço" pode assumir mais do que uma designação consoante os sistemas de crenças de cada um. Cada pessoa adota a que mais sentido lhe faz e tudo estará certo. É saudável que assim seja.

Nós, humanos, também somos pedacinhos desse Sol radiante. Aliás, toda a Natureza é composta por pedacinhos do grande Sol e é por isso que se diz que Deus Pai Céu e Deusa Mãe Terra estão por toda a parte e presente em todas as coisas, em cada gota de orvalho, em cada flor, em cada elemento da Natureza, em cada ser...

Deus Pai Céu e Deusa Mãe Terra estão presentes em toda a existência, aguardando que os seus filhos escutem a sua voz.

Os arcanjos são considerados os "chefes" dos anjos por terem um posto mais elevado nas esferas da luz. São anjos da mesma forma, mas com mais poder, digamos assim. Cada arcanjo chefia a sua legião de anjos de acordo com a sua missão e o seu campo de atuação. Bastante conhecidos na história de origem judaica ficaram os arcanjos Miguel, Gabriel e Rafael.

Existem alguns arcanjos mais conhecidos e sete deles incluem os três arcanjos acima mencionados que surgem associados, tal como os mestres ascensos, aos sete raios cósmicos da manifestação. São eles: Miguel, Gabriel, Rafael, Chamuel, Uriel, Zadquiel e Jophiel. Não nos esqueçamos de que existe um número incomensurável de arcanjos a serviço da luz e que, independentemente de não conhecermos a todos, pois tal não seria possível, não quer dizer que não existam e que não operem na globalidade dessa missão de evolução do Planeta Terra. Através da minha experiência sensitiva tenho conhecido outros arcanjos de que não encontro registro em lado algum. Eles existem, aparecem, nos ajudam, estão ao serviço de Deus, mas não são conhecidos. Podemos encontrar, mencionados nalguma literatura disponível, assim como na internet, vários arcanjos mais conhecidos. Neste livro me refiro aos 18 Arcanjos da base prática da magia dos Anjos e Seres da Natureza, criada por mim com base nos meus conhecimentos, experiências e aprendizagens com esses seres de luz.

Todos os arcanjos, conhecidos ou desconhecidos de nós, humanos, estão à nossa disposição para nos acompanhar, guiar, ajudar, apoiar e proteger. Podemos contatá-los diariamente, recorrer à sua ajuda para tudo, inclusive, e ainda mais, quando temos problemas para resolver, desafios para ultrapassar, em situações de perigo ou de sofrimento intenso. Estudá-los, descobri-los e senti-los é uma aventura mágica, repleta de sincronicidades, descobertas e verdadeiros milagres. É crer para ver!

Algumas pessoas evitam pedir ajuda aos anjos para não importuná-los ou chateá-los com os seus problemas. Os anjos nunca se incomodam, pelo contrário! Aguardam sempre que os chamemos para que possam entrar a serviço e interferir de forma positiva na nossa vida. Os anjos estão sempre desejosos de poderem nos ajudar e nos acompanhar a cada passo da nossa passagem pela Terra. Sem os nossos pedidos eles não poderão nos ajudar, pois respeitam o nosso livre-arbítrio e interferem sem a nossa autorização, apenas e tão somente em situações muito pontuais e no limite, como acidentes, situações que coloquem a nossa vida em risco, entre outras que considerem necessário.

Outro assunto tabu para muitas pessoas é a questão de ser ou não correto pedir abundância de dinheiro aos anjos. Não tem qualquer mal pedir abundância financeira para a sua vida. O estado natural e equilibrado de todos os seres humanos é um estado de abundância e prosperidade a todos os níveis e não de escassez e sofrimento. Deus quer que sejamos todos prósperos e abundantes, e os anjos também. O dinheiro faz parte da vida, tal como tudo o que encontramos presente no nosso Planeta, e tudo é divino. Por isso, o dinheiro é também uma energia divina que, tratado com o devido respeito e consideração, ajuda-nos a viver na Terra, a pagar as nossas contas, a adquirir alimentos, roupas e todo o tipo de bens essenciais à nossa manutenção e vivência com dignidade. O dinheiro pode ainda nos ajudar a fazer viagens e atividades interessantes para a nossa evolução, grandes mudanças positivas no mundo, apoiar instituições de solidariedade, ajudar outras pessoas, animais, etc. Peça dinheiro, sim! Se pedir só trabalho pode acontecer de não ter mãos a medir para tanto, e não haver necessariamente entrada de dinheiro. Nem sempre muito trabalho é sinônimo de prosperidade financeira. Seja específico nos seus pedidos aos anjos.

3.5.1 Tabela mágica dos 18 Arcanjos da Magia dos Anjos e Seres da Natureza, as suas cores e flores correspondentes.

Arcanjo	Resumo/áreas de auxílio
Arcanjo Ariel, "Forja do Senhor" Cor: cor-de-rosa claro Flor: jasmim	O arcanjo da Mãe Natureza, da Mãe Terra. Muito ligado às questões relacionadas com a vida material e a vida na Terra. Desenvolvimento do sentimento de gratidão para com as bênçãos que a vida nos oferece. O caminho da gratidão é o caminho da abundância. Encontrar objetos desaparecidos. Estudos relacionados com o meio-ambiente e a Natureza. Manifestação de bens materiais. Apoio em situações de carência e escassez financeira. Peça-lhe que lhe transmita mensagens orientadoras relacionadas com os seus pedidos em sonhos.
Arcanjo Azrael, "Aquele que Deus ajuda" Cor: branco/creme Flor: tomilho	O arcanjo do aconchego que oferece o seu abraço a quem passa por momentos difíceis e por grandes mudanças. Divórcios, perdas, lutos, alterações drásticas e repentinas, discussões, libertação de memórias do passado para seguir em frente.
Arcanjo Baraquiel, "Relâmpago de Deus" Cor: branco-dourado Flor: rosa branca	O arcanjo que tem todas as qualidades do nosso anjo da guarda exaltadas. Baraquiel pode dar força e auxílio ao nosso anjo da guarda sempre que lhe pedirmos.
Arcanjo Chamuel, "Aquele que vê Deus" Cor: cor-de-rosa e verde-claro Flor: rosa cor-de-rosa	O arcanjo do amor incondicional, o amor sem condições impostas, o amor puro e divino. Aprender a amar a si próprio e aos outros. Aprender a se aceitar e a aceitar os outros como são. Harmonia nas relações. Encontrar um amor para a vida, a cara-metade, um novo emprego, melhores condições de vida, etc. Compreender e aceitar a vida e as situações que dela fazem parte. Uma vez que a criatividade parte do Chacra Cardíaco, Chamuel é também o arcanjo da criatividade, inspirando pintores, artistas, artesãos e todas as pessoas que lhe solicitem criatividade para as suas vidas e tarefas.
Arcanjo Gabriel, "A força de Deus" Cor: branco Flor: alecrim	O arcanjo da direção divina. Peça-lhe luz sempre que se sentir sem norte e desorientado no caminho. Orientação divina, luz para descobrir a missão de vida e cumprir o seu propósito. Abertura de caminhos. Padroeiro dos novos projetos, projetos recém-nascido ou bebês ainda por nascer.

Arcanjo	Resumo/áreas de auxílio
Arcanjo Haniel, "A graça de Deus" Cor: azul-claro Flor: manjericão	O arcanjo dos cristais, das ervas sagradas, das essências florais, dos óleos, da medicina natural, do feminino e de tudo o que está relacionado com a Natureza. Liga-nos à energia do Deus Sol e da Deusa Lua. Desenvolvimento da intuição e dos nossos dons inatos, alinhamento com a Mãe Natureza. Auxilia-nos na compra dos óleos e essências certos e/ou na sua confecção, na escolha dos cristais, cursos, livros e mestres certos para cada momento da nossa jornada. Apoia todas as ações em benefício e proteção da Natureza e dos seus seres elementais.
Arcanjo Jeremiel, "Misericórdia de Deus" Cor: violeta-escuro Flor: salsa	O Arcanjo Jeremiel significa "Misericórdia de Deus", daí estar associado, tal como Zadquiel, à chama violeta que representa a misericórdia, a compaixão e o perdão. Jeremiel nos ajuda a fechar os ciclos da nossa vida com muito amor e misericórdia por nós mesmos e pelos outros. Auxilia-nos a parar de vez em quando para revermos a nossa vida com clareza e amor, o que já fizemos e o que ainda não fizemos e o que queremos fazer, sem culpas nem julgamentos. Ajuda-nos e dá-nos força, energia e vitalidade para operarmos as mudanças necessárias na nossa vida, de forma a atingirmos os nossos objetivos e a acedermos a novos patamares de consciência.
Arcanjo Jhudiel, "Louvor de Deus" Cor: cor-de-rosa velho Flor: oliveira	O arcanjo protetor de todas as pessoas que trabalham com afinco nas suas lidas. Protege quem persevera, com grande sentido de responsabilidade. Protetor dos trabalhadores espirituais. Patrono conselheiro e defensor de pessoas com cargos de responsabilidade em prol da evolução da humanidade, fazendo-lhes chegar recompensas e sucessos pelos seus esforços e empenho. Peça-lhe a sua bênção e proteção, e que lhe faça chegar os merecidos frutos do seu trabalho honesto.
Arcanjo Jophiel, "Beleza de Deus" Cor: amarelo Flor: rosa amarela	O arcanjo da beleza, da alegria e da sabedoria divina. Auxilia nos estudos e na aquisição de novos saberes e conhecimentos. Apoia na elevação do padrão de pensamentos negativos para positivos. Ajuda-nos a viver com mais alegria, mais otimismo e mais sabedoria.

Arcanjo	Resumo/áreas de auxílio
Arcanjo Metatron, "Aquele que ocupa o trono ao lado de Deus" Cor: mistura de violeta, branco, dourado, cor-de-rosa e verde Flor: lírio branco	Metatron e Sandalphon foram, segundo a história, dois seres humanos que passaram pela Terra e que ascenderam a arcanjos, daí serem os únicos arcanjos cujos nomes não terminam em *el*. São, por isso, muito sensíveis as nossas preces e percebem exatamente o que pensamos e sentimos, pois também já estiveram no lugar de humanos. Metatron é um arcanjo muito poderoso. Auxilia-nos quando precisamos de energia e vitalidade para colocar os nossos planos e objetivos em marcha. Auxilia todos os que procuram conhecimento espiritual e iluminação. É o patrono dos jovens despertos espiritualmente e de todos os novos projetos. Oferece-nos motivação e entusiasmo para cumprir e descobrir a cada dia o nosso propósito. Trabalha na linha do tempo através da sua *merkaba*, podendo antecipar sonhos e acontecimentos se assim for permitido pelo Universo.
Arcanjo Miguel, "Aquele que é como Deus" Cor: azul Flor: roseira-brava/ milefólio	O arcanjo poderoso da proteção, da fé, da coragem, da perseverança e da organização. Auxilia na libertação de medos e dúvidas, reforço da fé e da coragem para tomar as rédeas da nossa missão de vida. Oferece proteção a todos os níveis. Ajuda no bom uso da mente lógica e do intelecto e em tudo o que for questões de organização, arrumação e colocar tudo nos devidos lugares. A vida precisa de certa organização para que tudo possa fluir. A própria Natureza é organizada e nos mostra isso através das marés, das estações do ano, dos ciclos, etc. O Arcanjo Miguel pode nos ajudar a organizar o nosso ser e a nossa vida quando estamos em estado de confusão ou simplesmente precisamos nos organizar.
Arcanjo Rafael, "Deus cura" Cor: verde-esmeralda Flor: angélica	O arcanjo da cura e que, em equipe com a Mãe Maria, presta o seu auxílio na área da saúde em todos os níveis: físico, mental, emocional e espiritual. Auxilia na área da saúde e da prosperidade. Inspiração para todos os profissionais da área da saúde e terapeutas holísticos e para a descoberta de novas curas e formas de tratamento.
Arcanjo Raguel, "Amigo de Deus" Cor: azul-claro Flor: coentro	Raguel é o arcanjo com quem podemos sempre contar no que toca a todo o tipo de relacionamentos, decisões de trabalho em grupo, familiares ou que envolvam terceiros. Sempre que precisarmos tomar decisões que envolvam outras pessoas, decidir projetos em grupo e/ou de harmonia para as nossas relações, podemos contar com esse maravilhoso arcanjo.

Arcanjo	Resumo/áreas de auxílio
Arcanjo Raziel, "Segredo de Deus" Cor: mistura dos tons do arco-íris Flor: agrimônia	Raziel é o arcanjo da magia. É brilhante, sábio, mágico. O arco-íris e as fadas aparecem muitas vezes junto dele. Arcanjo que nos ajuda a desmistificar a espiritualidade, os segredos divinos, os sonhos, as mensagens e os sinais. Abertura de caminhos, avanços, concretizações, manifestação de sonhos, desenvolvimento da intuição. Ajuda-nos a descobrir a magia que há em nós e a aceder à sabedoria espiritual de vidas passadas.
Arcanjo Sandalphon "Guardião da Terra" Cor: branco e turquesa Flor: dedaleira/ campainha-branca	O arcanjo que foi humano, tal como Metatron. Sandalphon é um arcanjo muito poderoso e sensível a nossas dores e sentimentos. É o arcanjo da música, inspirando os músicos e a composição das mais belas melodias. Sandalphon também tem a maravilhosa missão de fazer chegar as nossas preces a Deus e de ajudar a iluminar o nosso coração. Por ter sido humano, compreende muito bem os pensamentos e sentimentos humanos. Invocá-lo antes de fazermos as nossas preces é um grande reforço para a nossa fé, além de ser uma companhia maravilhosa para as nossas orações e meditações.
Arcanjo Uriel, "Deus é luz" Cor: dourado/púrpura Flor: verbena e lavanda	O arcanjo da paz interior e da paz mundial. Patrono das crianças. Auxílio e inspiração a todas as pessoas que trabalham diretamente com o público. Apoio no estabelecimento da paz interior e na cura emocional. Clareza de ideias e das visões.
Arcanjo Zadquiel, "Justiça de Deus" Cor: violeta Flor: violeta	O arcanjo da misericórdia, compaixão e perdão. Zadquiel nos inspira e nos incentiva a perdoar e a sermos tolerantes e justos. Auxilia-nos nas aprendizagens da vida, de um modo elevado, e no trabalho com a chama violeta para transmutação de energias negativas em positivas.
Arcanjo Salatiel, "Oração a Deus" Cor: branco Flor: orquídea	O Arcanjo Salatiel é conhecido por estar sempre orando a Deus, pedindo-Lhe saúde e bem-estar para todos os seres humanos. Auxílio nas preces em benefício da saúde e do bem-estar pessoal, de alguém ou de grupos de pessoas.

> **NOTA MUITO IMPORTANTE:** *Não é recomendado em circunstância alguma a ingestão das plantas mencionadas neste livro, pois algumas são comestíveis, mas outras não. Tenha isso em mente e não coloque em risco a sua saúde, ou até mesmo a sua vida! Se quiser usar as plantas dos Arcanjos e Seres da Natureza para se conectar com esses Seres de Luz pode, por exemplo, ficar pertinho delas na Natureza, meditar junto a elas, colocá-las no seu altar/casa/varanda/jardim e/ou usar as Essências Aurora Angel®.*
>
> *Quem tem animais e crianças em casa, deve prestar atenção ao local ou locais onde coloca as suas flores e plantas (isso é válido para as plantas em geral, não só para as que menciono) para que não haja o risco de ingestão pelos mesmos.*

Seguidamente falarei um pouco mais sobre o arcanjo da proteção mais conhecido de todos: o Arcanjo Miguel.

3.5.2 O Arcanjo Miguel

Considerado o guardião do primeiro raio cósmico da manifestação, o raio azul da proteção e do poder divino, Miguel é um dos arcanjos mais conhecidos pelo seu grande poder, sendo mencionado, inclusive, na Bíblia. Aparece com o seu escudo e a sua espada, que protege todos os filhos de Deus que desejam a luz e a libertação da dor e do sofrimento.

Gostaria de compartilhar com o leitor um episódio em que eu e a minha família fomos salvos pelo Arcanjo Miguel.

Em um determinado dia, eu, o meu marido e o meu filho nos deslocamos à cidade de Setúbal para uma ida ao médico. Na viagem de regresso ao Alentejo, ao final da tarde, vínhamos cansados e eu nessa noite ainda ia partilhar Reiki e meditação com um grupo.

O meu marido acompanhava o menino que dormia na cadeirinha, no banco de trás. Como eu estava cansada, o Vítor (meu marido) me disse para descansar um pouco, pois nunca lhe fez diferença eu dormir ao seu lado enquanto ele dirigia. Ainda tentei resistir para lhe fazer companhia, mas acabei por adormecer. A dada altura eu fiquei consciente de que dormia no banco do carro, como se estivesse sonhando, mas sabendo que dormia em viagem ao lado de Vítor, mas não conseguia acordar. Uma sensação até difícil de descrever. Comecei a ver o Arcanjo Miguel ao lado do carro, do meu lado, e depois à frente, atrás e ao lado do Vítor.

Senti que algo não estava bem, mas não conseguia acordar, abrir os olhos e despertar daquele estado (o corpo físico não reagia). Os anjos diziam-me: "Joana, acorda. Joana... tens de acordar." E eu fazia um enorme esforço para conseguir me mexer e abrir os olhos, mas sem sucesso. Voltei a ouvir dizerem-me "Joana, acorda, por favor!" e eu consegui, naquele instante, acordar e abrir os olhos. O cenário com que me deparei foi o seguinte: o Vítor adormecera ao volante, estávamos já na faixa contrária e um caminhão buzinava e fazia sinal de luzes, pois estávamos prestes a chocar de frente...

Sou, por isso, profundamente grata ao Arcanjo Miguel e a todos os anjos de luz que nos salvaram a vida naquele dia.

Quando nos propomos a convidar os anjos para fazerem parte da nossa vida, mais auxílios eles podem nos prestar, pois estamos lhes dando a devida autorização para poderem fazê-lo.

Muitas e muitas pessoas em todo o mundo têm partilhado as suas histórias com os anjos, nomeadamente com o Arcanjo Miguel. Muitos dos meus alunos dizem já ter sentido a sua presença em momentos em que precisaram da sua ajuda e proteção.

Para solicitar a presença e a proteção do Arcanjo Miguel basta fazer uma pequena oração com muita fé. Pode seguir as sugestões recomendadas ou criar as suas próprias preces.

Pode pedir o seu auxílio em qualquer situação do cotidiano. A oração seguinte é apropriada, por exemplo, para quando se sente alvo de olhares negativos, inveja e todo o tipo de energias mais densas. Pode dizê-la em voz alta ou mentalmente.

Oração do círculo protetor do Arcanjo Miguel

Querido Arcanjo Miguel e sua legião de anjos azuis, selem-me agora no vosso círculo protetor azul e mantenham-me totalmente protegido.

Está feito! Obrigado, obrigado, obrigado.

Amém.

(três vezes)

Ao fazer essa oração com muita fé, os anjos vão imediatamente formar um círculo de proteção à sua volta. Visualize o melhor que puder os anjos formando esse círculo de luz azul à sua volta.

Se gostar de cristais, e fizer sentido para você, pode adquirir um cristal de cianita azul, conhecido também como espada-de-são-miguel-arcanjo. Uma amiga que adquiriu esse cristal partilhou comigo que começou a dormir com ele debaixo da almofada e a pedir-lhe proteção com muita fé, antes de adormecer. Uma noite de inverno acordou com um forte calor no rosto, na zona encostada à almofada. Ao tocar com a mão no cristal percebeu que o calor era irradiado por ele de uma forma tão intensa que a acordou. "Senti o cristal me passando energia, e o calor era tão intenso, que acordei", disse ela, maravilhada e profundamente agradecida.

O apoio do Arcanjo Miguel na vida quotidiana

O Arcanjo Miguel oferece-nos uma proteção muito rápida quando o invocamos com muita fé através dos nossos pedidos e orações, em voz alta ou em pensamento. Dá-nos orientação divina e nos ajuda a ter coragem, fé e determinação para fazer as mudanças necessárias na nossa vida e na nossa personalidade, a nos organizarmos e a nos sentirmos aconchegados e protegidos.

Em locais de muita confusão, como centros comerciais, concertos, eventos públicos, etc., ele também pode nos auxiliar bastante. Esses locais estão saturados de energias de milhares de pessoas que por ali passam. Dores de cabeça, dores nas costas, aperto e/ou dor no peito, sonolência, cansaço, falta de ar, arrotar e bocejar são alguns dos sintomas mais comuns experimentados por pessoas mais sensíveis ao contatarem com lugares impregnados com energias densas.

Invocar a ajuda e a proteção desse arcanjo antes de entrar em contato com esses locais pode ser de grande ajuda. A oração do círculo protetor de Miguel costuma funcionar muito bem nesses casos. Sempre que eu ia aos centros comerciais, regressava doente. Dores de cabeça, ou de garganta, diarreias e até um estado febril, a ponto de não abrir os olhos durante a viagem de regresso. A partir do momento em que percebi que quando pedia ajuda aos anjos nessas situações, incluindo o meu anjo da guarda e o Arcanjo

Miguel, esses sintomas abrandavam bastante ou desapareciam como por magia, nunca mais deixei de fazê-lo.

Os anjos, nomeadamente o Arcanjo Miguel, atuam como filtros protetores. É certo que o confronto com energias menos agradáveis é inevitável, faz parte deste mundo de opostos em que vivemos e da nossa própria evolução e crescimento. Mas ter esses filtros iluminados é, sem dúvida, de grande valia na nossa proteção e bem-estar.

Algo tão simples como afirmar com profundo sentimento, "Sou protegido e abençoado pelos anjos de luz, agora e sempre. Atraio apenas e somente boas vibrações. Obrigado, obrigado, obrigado!" pode fazer toda a diferença em nossa vida.

Invocar o Arcanjo Miguel e trabalhar em equipe com ele é muito positivo e ajuda a eliminar alguns incômodos e medos que possam existir. Ele nos ajuda também em tudo que diz respeito a organizar, estruturar e utilizar a lógica, assim como a aceitar, entender e compreender que tudo tem um propósito divino e que somos responsáveis por decidirmos fazer as mudanças necessárias.

As nossas próprias energias mais densas, como pensamentos e sentimentos negativos, precisam de luz para que deixem de nos atormentar e possam ser libertadas e transmutadas. Muitas vezes, as "sombras" que achamos que nos perseguem são os nossos próprios pensamentos e sentimentos negativos cristalizados[8], conscientes ou inconscientes, e energias mal resolvidas de vidas passadas. Todo o incomodo que sentimos é uma oportunidade de crescimento e de libertação, por isso nada há que temer. Pode sempre chamar o Arcanjo Miguel e as suas legiões de luz com muita fé, pedindo proteção e para que levem essas energias para a luz. Por vezes é

---

8. Quando damos força a determinados pensamentos e sentimentos negativos com persistência, corremos o risco de estes se cristalizarem no nosso campo de energia. Essas cristalizações formam uma espécie de entidades manipuladoras que parecem ganhar vida própria e que atrapalham grandemente o nosso caminho evolutivo. Em suma, a nossa cabeça pode ser o nosso paraíso ou o nosso inferno, consoante o uso que lhe damos consciente ou inconscientemente. O caminho da evolução nos ajuda a ganhar esta consciência de forma a podermos alterar os padrões negativos e crenças limitantes que temos enraizados em nós e que nos manipulam, controlam e escravizam.

recomendado procurar um terapeuta de confiança que o ajude a fazer esse processo de libertação/purificação e de tomada de consciência.

Chame o Arcanjo Miguel, trabalhe com os anjos, peça-lhes ajuda e proteção para cumprir a sua missão. Eles são os melhores amigos, conselheiros, companheiros e colegas de trabalho que se pode ter. Abençoados sejam!

3.6 Os Seres de Luz da Mãe Natureza – Elementais da Natureza

Os Espíritos de Luz da Mãe Natureza, Seres Elementais ou Devas da Natureza, são seres espirituais ligados aos quatro elementos básicos da vida: Terra, Fogo, Água e Ar, que atuam nos reinos: mineral, vegetal e animal. A palavra *deva* tem origem sânscrita e significa "aquele que brilha" ou simplesmente, anjo.

Desde pequena que tenho percepção da existência desses seres. À noite, quando fechava os olhos para dormir, as suas silhuetas apareciam. Com o tempo, e à medida do amadurecimento da minha consciência espiritual, foi-se desenvolvendo em mim a percepção sensitiva/visual dos Seres da Natureza com mais consciência e clareza. Gnomos, fadas, duendes, elfos, unicórnios e outros seres cobertos de folhas, parecidos com troncos de árvores, entre outros, fazem parte da minha experiência de vida.

Dei-me conta de que os Seres da Natureza se comunicam comigo tal como os anjos. Muitas vezes cheguei a confundi-los com os anjos comuns, pois a vibração que sinto é realmente semelhante e grandiosa. Para mim, os elementais são anjos com características muito próprias, são os obreiros de luz da Mãe Terra. Os vários seres de luz em geral trabalham em prol da evolução da humanidade e da criação de condições para que a vida na Terra seja possível. O que quer dizer que todos eles (Anjos do Céu e da Terra) trabalham em conjunto e são igualmente importantes. Neste todo que é a vida, nada está realmente separado, tudo se conjuga e complementa.

O meu trabalho de produção de essências florais, minerais e angelicais aprimorou bastante o meu contato com os Seres da Natureza. Comecei por me formar em terapeuta de Florais de Bach e por dar cursos nessa área durante vários anos. Assim que me formei, recebi a inspiração dos anjos para começar a preparar as minhas próprias essências. A partir de então nunca mais parei. Criei a *Aurora Angel Essences*®, onde produzo as minhas Essências

Florais, Minerais e Angelicais. Os Seres de Luz foram me indicando quais eram as suas Plantas Florais e como eu poderia trabalhar com elas nos processos de cura. Por meio delas, a energia sanadora dos Anjos e dos Seres da Natureza se expressa em abundância e de forma absolutamente maravilhosa. Sintonizei, portanto, os compostos florais dos dezoito Arcanjos que fazem parte desse método, associados aos compostos do Anjo Solar, do Anjo da Guarda, dos Seres da Natureza, a linha de essências das fadas, entre outras.

Para além das plantas florais que indico neste livro, existem outras flores associadas a alguns Arcanjos da Magia dos Anjos e dos Seres da Natureza. Esta é uma informação que, aliás, está sempre em atualização, pois recebo regularmente novas mensagens e informações dos Seres de Luz que vão dando seguimento a este trabalho de forma evolutiva e de acordo com cada momento. Por exemplo, a Essência de Metatron Arcanjo é confeccionada junto ao jardim de lírios brancos, mas, a confecção é realizada a partir da energia das flores cosmos e não dos lírios, que, devido à sua toxicidade, não são usados nas essências. O mesmo acontece com a Essência de Sandalphon Arcanjo, que é confeccionada junto ao jardim de dedaleiras ou campainhas-brancas, mas a sua confecção é realizada a partir da energia de flores de laranjeira, hibisco e alegria-da-casa.

Ao longo do dia, vamos perdendo energia; se nos aborrecermos ou ficarmos zangados, nervosos ou ansiosos, por exemplo, mais energia vital necessária ao nosso equilíbrio e bem-estar é desperdiçada, fazendo com que muitas pessoas cheguem ao final do dia completamente exauridas e sem energia para nada. As Essências têm, entre muitas outras de suas funções maravilhosas, a missão de nos ajudar a repor todas essas energias perdidas. Ajudam-nos também a curarmos todo o tipo de bloqueios que impedem a nossa vida de fluir de forma saudável, equilibrada, plena, harmoniosa, feliz e abundante.

Os anjos do Céu e da Terra sussurram-me as composições e as misturas. Muitas vezes acontece de eu estar falando com determinada pessoa e ter acesso à "receita" de que ela precisa de acordo com a sua energia e "problema". Ao conectar-me com a energia das plantas, comecei a ouvi-las, assim como com os cristais. São os anjos do Céu e da Terra que falam através deles. Para os ouvirmos precisamos ter sensibilidade, estar com a mente vazia, o coração limpo e em paz. Acredito que todas as pessoas têm potencial para desenvolver esta comunicação. O primeiro passo é olhar para a Natureza e para a vida com respeito e sensibilidade. A observação da Natureza é uma sala de aula repleta de aprendizagens infinitas, que contribuem para a nossa evolução. O Arcanjo Raguel pediu-me para colocar a energia dos coentros na essência dele. Jeremiel me pediu salsa. Achei muito engraçado. Os coentros e a salsa são muito utilizados na cozinha alentejana, a zona onde nasci, cresci e resido até ao momento. São deliciosos e têm um aroma divinal. Mas nunca me teria passado pela cabeça colocar a sua energia numa essência, daí a minha surpresa e admiração.

Por exemplo, a salsa facilita a cura de processos referentes a vidas passadas, nos ajuda a ter orientação espiritual, a aceder a novos patamares de consciência, a receber inspiração e criatividade divinas e nos confere um sentimento de bem-estar e confiança. Já o coentro promove a união entre as pessoas, o entendimento, a amizade, o amor, a compaixão e o alcance de metas em conjunto, além de promover também um sentimento harmonioso de paz, alegria e bem-estar. Fico sempre muito feliz e grata pelas informações que recebo quando me ligo às plantas, aos cristais e aos seus seres de luz. E mais feliz e grata ainda por ter a oportunidade de compartilhá-las.

Esse é um trabalho de equipe, que une o Céu e a Terra em prol da cura e da evolução do Planeta e dos seus hóspedes.

Os seres elementais também são mensageiros de Deus e estão mais presentes na Natureza e em zonas verdes. No entanto, ao contrário dos anjos celestiais, têm um tempo de vida útil e também morrem como nós. Para se ter noção, cada vez que o homem destrói uma planta ou corta uma árvore, o seu ser elemental morre com ela.

Isso não quer dizer que não possamos usufruir dos benefícios das plantas – pelo contrário, elas são essenciais à nossa sobrevivência –, mas precisam ser tratadas com respeito, consciência, peso, conta e medida.

Muitas plantas são alimentos, tanto para nós como para os animais, servem para fins medicinais e ainda nos permitem elaborar imensos objetos úteis a nossa vida e para a decoração do nosso lar. Plantas e flores trazem vida, luz, beleza, alegria e harmonia aos espaços e ao Planeta. Sem as plantas, a vida na Terra não seria possível. São elas que produzem o oxigênio e purificam o ambiente, pois absorvem o dióxido de carbono que nós expiramos a todo instante. É preocupante a destruição da Mãe Natureza.

Destruí-la é destruir-nos a nós mesmos, aos nossos meios de sobrevivência e a toda a vida na Terra.

A destruição não se passa só por cortar árvores e plantas sem necessidade, como também por alterá-las geneticamente e por "entupi-las" com pesticidas e fertilizantes químicos, bem como por poluir a terra, os lagos, os rios e oceanos. Como podemos ser saudáveis ingerindo alimentos carregados de produtos químicos e praticamente isentos de nutrientes? Precisamos curar o Planeta, para que todos os que nele vivem também sejam restabelecidos. Essa cura começa na consciência de cada um de nós, precisamos abri-la para o mundo Elemental, a fim de podermos colaborar com esses seres de luz na missão de preservarmos a nossa Mãe Terra.

É verdade que muitas vezes as pessoas mais conscientes desses impactos negativos sentem-se impotentes perante o mercado de consumo. Mas também é verdade que se cada um for mudando a sua mentalidade e apostar mais nas hortas no quintal, hortas na varanda ou, para quem não tem tempo, na compra de produtos orgânicos de pequenos produtores, ou nas zonas bio dos supermercados, os preços dos mesmos vão ter de começar a baixar e o mercado dos pesticidas começar a perder força. Os frutos e os vegetais biológicos podem, por vezes, ser menores, com aspectos menos agradáveis e trazerem uns "bichinhos", mas são mais gostosos, saudáveis e cheios de nutrientes e energia vital.

Desenvolva a sensibilidade e o hábito de pedir autorização aos seres elementais das respectivas flores e plantas para colhê-las. Peça autorização à árvore antes de apanhar os seus frutos e depois agradeça. Não colha só por capricho e evite desperdiçar. Se não tem contato com hortas e árvores de fruto, agradeça da mesma forma a Deus/Deusa, aos Anjos e aos Seres da Natureza a oportunidade de poder comprá-los e levá-los para casa, pois a única diferença é que alguém os colheu para você.

Se formos puros nas nossas intenções, os seres elementais colaboram alegremente conosco e nos ajudam a perceber quais as flores, as plantas ou os frutos mais indicados para colher ou comprar e que melhor irão nos servir.

Há uma lenda que conta que os lenhadores, antes de cortarem uma árvore, devem pedir autorização ao Elemental da mesma e prometer plantar uma nova árvore no seu lugar, caso contrário o Elemental pode ficar muito zangado e se vingar.

Não são os elementais da Natureza que são maus, são os homens que destroem a si próprios que precisam ser chamados à atenção pela Força Superior. É verdade que nem tudo são rosas e que também existem Seres da Natureza com vibrações mais baixas. Vivemos num mundo dual, onde os opostos estão presentes. É habitual esta dualidade como Céu e Inferno. Mas, na verdade, o nosso foco positivo ou negativo é que constrói, a todo instante, o nosso "Céu" ou "Inferno". Daí ser tão importante mantermos atitudes, pensamentos e sentimentos positivos.

Os seres elementais poderão também residir na nossa casa se sentirem pureza no coração de quem as habita e encontrarem as condições que apreciam: casas harmoniosas, repletas de plantas, frutos e flores bem cuidadas. Dizem alguns estudiosos da matéria que, se quiser descobrir se tem seres elementais da Natureza em sua casa, basta colocar um pequeno prato com uma maçã como oferenda a eles. Se a maçã apodrecer é porque não estão presentes, mas se murchar sem apodrecer é porque habitam no seu lar.

Elementais gostam de música alegre e relaxante, de instrumentos musicais, de pedras e cristais, plantas e flores, representações deles em bonequinhos, belas e lindas maçãs e incensos, entre outros. A palavra Elemental significa "espírito divino" *El*, "senhor", e *mental*, "vibração mental superior".

Quando tratados com respeito e amor, nos ajudam imensamente a equilibrar as nossas energias, a nos desenvolvermos espiritualmente, a nos libertarmos das dores e das prisões da vida na matéria e também na materialização de coisas e desejos, pois eles são os dinamizadores das energias das formas. Falam frequentemente por meio da linguagem dos sinais, ou seja, deixam sinais e pistas, muitas vezes por situações que se repetem na nossa vida, para que possamos dar atenção ao que é realmente importante no momento.

Uma vez que são seres dotados de grande sensibilidade e poder exigem muito respeito da nossa parte no momento em que decidimos trabalhar com eles – isso é válido, aliás, para o trabalho com qualquer ser de luz. Criar uma sintonia harmoniosa com esses seres é fundamental para o nosso equilíbrio, já que, afinal de contas, também somos Seres da Natureza. Todos os elementos (Terra, Água, Fogo e Ar) são uma parte de nós e nós uma parte deles.

Compatibilizarmo-nos com os seres elementais significa também nos harmonizarmos com nós mesmo e com toda a existência.

Esse contato com os seres elementais já foi algo muito natural no início dos tempos da vida humana na Terra. O homem era extremamente ligado à Natureza e aos seus devas, o que lhe conferia uma grande sabedoria. Com a evolução dos tempos esse contato foi se perdendo e o homem começou a se centrar no seu ego, criando a ilusão da separação, como se fôssemos uma coisa e a Natureza outra, quando no fundo tudo está interligado, mais do que possamos pensar com os nossos humildes cérebros terrenos. A maioria se convenceu de que os espíritos da Natureza, como os gnomos, as fadas e os anões só existem nos contos de fadas e no imaginário infantil.

Com a entrada numa Nova Era – a Era de Aquário –, Deus pai e Deusa mãe chamam os seus filhos a despertar novamente para a realidade dessa magia do amor e da união. O poder de curar, transformar, construir e dar vida, ou, pelo contrário, matar, prejudicar e destruir está em nossas mãos e reflete a nossa realidade de acordo com aquilo que escolhermos fazer.

Os seres elementais trabalham para manter o nosso Planeta em ordem e protegido. Preocupam-se, sobretudo, em manter a natureza preservada o mais que podem dos ataques dos homens inconscientes que maltratam a sua própria casa e, por sua vez, a si próprios. Esses obreiros de luz na Terra pedem respeito: respeito pela vida, pelas plantas, pelos animais, pela terra e por nós mesmos.

Elementais adoram crianças, por serem puras e autênticas, e geralmente estarem muito perto delas. Quanto a nós, adultos, um requisito fundamental para interagir com esses Devas da Natureza é mantermos o nosso coração o mais puros que pudermos.

Todas as atitudes negativas, poluição, maus pensamentos, emoções e sentimentos interferem e sobrecarregam os seres elementais. Muitas vezes, esses desequilíbrios se manifestam em catástrofes da Natureza, como grandes secas, chuvas torrenciais, etc. Costuma dizer-se que "anda tudo trocado, até o estado do tempo!", o que não podia ser mais verdadeiro. O alinhamento do homem com a sua alma e com o Todo, o respeito pela Natureza e por todos os seres, sem dúvida que interferem no equilíbrio natural global. E como a mudança que queremos ver no mundo tem de começar por nós mesmos, arregacemos então as nossas mangas e coloquemos mãos à obra no trabalho por um mundo equilibrado, iluminado, harmonioso, saudável e compassivo. Podemos contar com os nossos amigos Anjos, com os Devas da Natureza e com todos os seres de luz disponíveis, para nos ajudarem a fazer esse trabalho de luz.

Apesar de por vezes ser necessário destruir o velho para nascer o novo, renovado e com uma nova energia, tal como a Fênix que renasce das cinzas, talvez seja boa ideia trabalharmos no sentido de um equilíbrio natural sem ser obrigatoriamente necessário passar pela dor e pelo sofrimento que a força da destruição acarreta.

Quando nos abrimos às bênçãos da luz e colaboramos com ela, a nossa vida se torna, de certa forma, mágica e repleta de sentido divino.

Vejo os seres elementais como impressoras mágicas que imprimem na vida da matéria os nossos pensamentos e sentimentos. Por essa razão, se não gosta dos desenhos impressos na sua realidade é porque não está transmitindo à impressora a informação certa. Talvez os seus pensamentos e sentimentos estejam distorcidos e precisem de uma afinação. Por isso, é muito importante haver pureza de intenção ao invocar esses seres, assim como atitudes, pensamentos e sentimentos positivos para que a impressão saia limpa e com uma imagem agradável. Sempre que pedir a sua ajuda para concretizar os seus sonhos e planos, lembre-se de colocar as suas afirmações de forma positiva e como se já tivessem acontecido; afinal de contas, é isso que quer imprimir na sua vida. Coloque nas suas afirmações positivas um sentimento de profunda gratidão e deixe o resto com os Seres da Natureza e com os Anjos.

3.6.1 *O Elemento Terra*

O Elemento Terra é o que sustenta a vida humana e é a base em que assentam os outros três elementos: Fogo, Água e Ar. A sua direção correspondente em algumas tradições é o Norte e os seus signos Touro, Virgem e Capricórnio. Digo algumas tradições, pois nem todas consideram esta ligação do elemento Terra ao Norte, assim como a dos outros elementos às outras direções que vou apresentar mais à frente. Essa é uma associação muito intuitiva, como tal, poderá se deparar com associações diferentes. É importante considerar o fator intuitivo acima de tudo, sem julgamentos, e também é muito interessante abrir a mente a outros ensinamentos e perspectivas. Essa é a relação que me tem feito mais sentido e é a que me orienta nos meus rituais, daí apresentá-la aqui. No entanto, abro sempre espaço para novos pontos de vista e maneiras diferentes de fazermos as mesmas coisas.

Os seres elementais mais conhecidos associados ao elemento Terra são os Gnomos, conhecidos também por "homenzinhos velhos da floresta", por terem uma relação muito próxima com o Planeta Terra. São eles que garantem a manutenção da estrutura física do Planeta e conhecem profundamente as suas forças originárias. Têm fama de brincalhões e também de rabugentos, adoram pregar peças e esconder coisas, e são uns comilões. Amam frutos como morangos, cerejas, groselhas e amoras silvestres. Enquanto estava escrevendo esta parte do livro tive uma visão de um gnomo passando com um prato cheio de morangos com um aspecto delicioso. Ele fez uma expressão facial como quem diz: "Também gostamos de morangos, e muito!"

No mesmo dia, uma amiga minha, a Ana Luísa, me deixou de presente uma caixa cheia de amoras silvestres, o que achei uma "coincidência" muito curiosa. Peguei algumas amoras e as coloquei no meu altar como oferenda aos gnomos. Depois a contatei para agradecer e disse-lhe que tinha oferecido algumas das suas amoras aos queridos elementais e ela respondeu-me: "Oh, de nada! É um prazer. Olha, até estive para te levar morangos, mas depois achei as amoras mais bonitas..." Morangos? Amoras? Ela não sabia que eu estava escrevendo sobre os elementais nem o que estava se passando... A vida é mesmo muito mágica!

Os gnomos, quando sentem que podem confiar em determinadas pessoas, tornam-se grandes aliados e protetores. Se sentirem malvadez, orgulho ou ambição podem ficar muito zangados.

Durante o processo de escrita deste livro também tive a oportunidade de ver um gnomo passar com um ar muito atarefado pelo meu quarto. Parecia estar empenhado e envolvido, de alguma forma, na escrita deste livro. Não tinha mais do que o tamanho de uma régua de 50 cm, era todo feito de luz branca, mas não trazia na cabeça o caraterístico chapéu vermelho em bico. Apareceu e desapareceu da minha vista em poucos segundos, mas foi uma experiência muito engraçada. Poucas noites depois sonhei que os animais falavam a mesma linguagem que os humanos, mas que, no meio de tanta gente presente no sonho, apenas eu conseguia ouvi-los e percebê-los.

Também nesse sonho me foi pedido para transmitir às pessoas as mensagens dos seres elementais. Pouco tempo depois voltei a ver um gnomo, desta vez com o tradicional chapéu vermelho na cabeça e um grande bigode branco. Apesar de muitas vezes me sentir insegura, os seres elementais pedem-me para falar sobre eles às pessoas e ser uma de suas porta-vozes. Chamam-me Aurora há muitos anos e dizem-me que estou preparada para assumir esta missão muito mais do que possa imaginar. Inspiram-me igualmente há vários anos a produzir as essências florais, angelicais e minerais, para ajudar as pessoas no seu processo de cura (incluindo eu própria) e a dar formação nessa área. Procuro ser então o mais fiel que posso à minha intuição e transmitir meus conhecimentos e experiências com muito amor.

Os gnomos são responsáveis por nos ajudar a perceber as cores e a sentir o poder da energia da Mãe Terra. São eles também que nos ensinam a trabalhar com as forças ocultas da Natureza.

Cuidam das plantas, das flores e das árvores e conferem, tanto a elas quanto aos cristais e pedras, as suas características únicas.

No ser humano, os gnomos cuidam do corpo físico para que seja possível a assimilação de tudo que ele necessita para o seu bom funcionamento, como as vitaminas e os sais minerais, e tratam também do processo de enraizamento do ser humano.

O incenso sugerido para as práticas com esse elemento é o benjoim, mas pode usar qualquer outro, siga a sua intuição.

Uma curiosidade, o grupo dos gnomos abrange todo o tipo de seres elementais da Terra, sendo que os duendes, os trolls, as fadas da terra e os elfos de Luz, entre outros, também fazem parte desse grupo.

Ritual para harmonização com o Elemento Terra

Caminhe, se possível com os pés descalços pelo campo em zonas de muito arvoredo. Quando encontrar uma árvore que o "chame", sente-se junto a ela e peça permissão ao ser Elemental que aí vive, conhecido por *dríade*, para abraçá-la e receber a sua energia de luz purificadora. Abrace a árvore com gratidão durante o tempo que sentir ser necessário e, sentado junto a ela, faça a meditação-base repetindo os seus mantras (capítulo "A Meditação-base da Magia dos Anjos e Seres da Natureza").

Cada árvore tem a sua *dríade*, seres conhecidos por serem bastante poderosos e compassivos. Enquanto abraça a árvore pode visualizar a concretização do seu desejo com muita fé. Certifique-se sempre de que o seu desejo é para o bem supremo de todos, não viola o livre-arbítrio nem prejudica ninguém. Pode ainda – se quiser –, escrever o seu desejo (no tempo presente e como se já estivesse realizado), por exemplo: "Sou profundamente grato pelo restabelecimento do meu estado de saúde, pela harmonização da minha relação com................. etc.", numa fita de cetim vermelho e até num galho da árvore, agradecendo a Deus Pai Céu e Deusa Mãe Terra e à *dríade* pela sua concretização. No final agradeça de coração e, se lhe fizer sentido, deixe uma oferenda aos seres elementais perto da árvore: pode ser uma maçã bonita e fresca, um incenso ou o que intuir.

As oferendas não são de todo obrigatórias. Não temos de dar algo em troca a Deus Pai Céu e Deusa Mãe Terra e aos seus seres de luz para recebermos ajuda, apenas a nossa gratidão pela grande bênção que é estarmos vivos e por todas as outras graças que recebemos. Gratidão, sim, essa é a oferenda que devemos cultivar e oferecer à vida e a nós mesmos a cada instante. Existir em estado de gratidão é viver em estado de harmonia e recebimento de mais e mais bênçãos. Como sinal de gratidão, podemos deixar as nossas oferendas, não como uma obrigação de troca, mas como uma forma de o nosso coração agradecer, se assim nos fizer sentir bem e ficar ainda mais gratos.

3.6.2 O Elemento Água

Água é vida! Nós somos compostos maioritariamente por água, assim como o Planeta Terra. A água está associada ao nosso corpo emocional e confere-lhe a capacidade de sentir e perceber profundamente.

Os seres elementais da água são as Ondinas, que trabalham para manter as águas limpas, purificadas e energizadas. Elas estão presentes em todos os locais com água, como os mares, lagoas, rios, oceanos, charcos e até em nossas torneiras, por onde sai a água que nos lava o corpo e a alma. As ondinas têm uma energia riquíssima e muito poderosa. Já reparou como se sente revitalizado depois de tomar uma boa ducha ou de beber um belo copo cheio de água pura e fresca?

Conhecidas pelo seu toque doce, sensível e feminino, as ondinas estão associadas aos signos do elemento Água como Escorpião, Caranguejo e Peixes e a sua direção correspondente é o Oeste.

O incenso sugerido para as práticas com esse elemento é a lavanda, mas pode usar quaisquer outros, siga a sua intuição.

Uma curiosidade, o grupo das ondinas abrange todo o tipo de elementais da Água, sendo que as nereidas, as ninfas, as sereias e as fadas dos lagos, entre outros seres ligados ao meio aquático, também fazem parte desse grupo.

Ritual para harmonização com o Elemento Água

Para se purificar: tome uma ducha em água corrente. Coloque-se debaixo do chuveiro e respire fundo várias vezes, enquanto a água passa pelo seu corpo. Em pensamento, peça aos seres elementais da Água que lhe purifiquem o corpo e a alma. Mantenha-se por mais alguns instantes debaixo do chuveiro com a água correndo pelo corpo, respirando profundamente e mentalizando bons pensamentos e sentimentos. Se quiser, e se for possível, também pode substituir a ducha em casa por um bom mergulho na água do mar.

Para fazer os seus pedidos, tenha sempre atenção se os seus desejos são para o bem supremo de todos, não viola o livre-arbítrio nem prejudica ninguém. Se possível, sente-se na areia da praia e fixe o seu olhar no movimento das ondas até se sentir em estado meditativo, simplesmente a contemplar o mar. Em seguida feche os olhos e pratique a meditação-base. Durante a meditação visualize o seu desejo e peça aos elementais da Água que o ajudem na sua concretização. Visualize-os a ajudarem-no a construir o seu desejo e sinta-se como se já o tivesse realizado. Agradeça-lhes a sua preciosa ajuda. Se não puder ir até à praia, faça o mesmo observando a água de um rio, de uma fonte, de uma cascata ou do chuveiro durante o banho. Escolha locais com águas limpas e nunca águas poluídas. Agradeça do fundo do coração e, se lhe fizer sentido, ofereça-lhes um presente: pode ser uma flor, pétalas de rosa ou o que intuir, como símbolo da sua profunda gratidão. Repita o ritual quantas vezes sentir vontade para tal.

3.6.3 O Elemento Fogo

Esse elemento está ligado a nossa capacidade criativa e de expressão. A energia do Fogo flui pelo nosso corpo, permitindo a fluidez dos processos vitais. Estimula o metabolismo, auxilia a circulação sanguínea e a manutenção da temperatura corporal adequada. Está ligado à energia criadora e celestial. Os seres elementais do Fogo são as Salamandras. A sua função é proteger as forças divinas como o amor, a compaixão, a união, a iluminação, a paz, a harmonia e a amizade. Salamandras surgem do interior da terra e da aura que rodeia o Sol (cinturão de elétrons). Estão presentes em cada chama de fogo físico, chamas etéreas ou até na luz solar. Representam o Fogo de Deus que nos eleva cada vez mais alto, mediante a transmutação do nosso carma, alcandorando-nos em direção à iluminação.

Sem as salamandras, o fogo físico e o calor não existiriam. Diz-se que são dos mais poderosos seres elementais e que são grandes e imponentes. As salamandras são um grande auxiliar dos terapeutas holísticos nos seus trabalhos de cura, pois ajudam no processo de transmutação e desintoxicação dos corpos físico, mental, emocional e espiritual.

Vejo o Arcanjo Ezequiel muito presente nos trabalhos com esse elemento, assim como o mestre Saint-Germain, Kuan Yin e todos os mestres, anjos e arcanjos que trabalham com a chama violeta, a chama da transmutação.

As salamandras intensificam os nossos sentimentos de fé e entusiasmo e fortalecem o nosso campo de energia pessoal. Quando estamos em equilíbrio com o elemento Fogo somos dotados de magnetismo, autodeterminação, coragem, firmeza, autoestima e criatividade. As pessoas impacientes têm "excesso de Fogo" e as que são muito paradas e sem motivação para a vida estão com "falta de Fogo".

As salamandras representam mudança, vontade, paixão e também a luz divina que brilha no nosso interior e no interior de toda a vida.

A sua direção é o Sul e os signos de fogo são Leão, Carneiro e Sagitário.

Os incensos sugeridos para as práticas com esse elemento são a canela e o olíbano, mas podem ser usados outros, siga a sua intuição.

Ritual para harmonização com o Elemento Fogo

Para mim, sentar-me a apreciar o lume de uma lareira, salamandra ou fogueira é um exercício meditativo altamente relaxante que me traz paz, harmonia e bem-estar. Muitas pessoas dizem que "o lume faz companhia" e é precisamente isso que sinto – uma agradável, doce e quente companhia. Essa pode ser uma forma de nos harmonizarmos com o Elemento Fogo. Caso seja verão ou esteja calor para fazer fogueira, podemos fazê-lo simplesmente contemplando a chama de uma vela, com as devidas precauções e mantendo uma distância de segurança confortável para não prejudicar a vista. Em seguida, feche os olhos, relaxe e faça a meditação-base (ver capítulo respectivo). No final escreva o seu pedido num papel, como se já tivesse sido realizado, e queime o papel agradecendo aos seres elementais do Fogo (e aos anjos celestiais) o seu contributo para a sua realização. Se queimar o papel em uma lareira, a cinza fica lá, se queimar em um recipiente à parte pode jogar depois as cinzas para a terra, se possível junto de uma árvore frondosa.

Tenha sempre atenção e verifique se o seu desejo é para o bem supremo de todos, não viola o livre-arbítrio nem prejudica ninguém.

No final, agradeça com toda a sinceridade aos seres elementais do Fogo e a todos os seres de luz, e acenda um incenso como oferenda se lhe fizer sentido.

3.6.4 O Elemento Ar

Os nossos relacionamentos e pensamentos são regidos pelo elemento Ar. É por isso que os pensamentos voam pelo Universo e a nós retornam através desse elemento. O Ar é importantíssimo no processo de materialização das nossas ideias, pois o pensamento é criativo e é por ele que se propaga nossa intenção em direção à concretização. É também o Ar que transmite as informações de todos os tipos. Os seres elementais do Ar mais conhecidos são os Silfos ou Sílfides. Eles são descritos como claros e delicados, belos, humildes, sábios e excêntricos. São eles que cuidam da atmosfera e energizam o Ar. Geralmente se mostram e são representados pelas borboletas, abelhas, libélulas e insetos que voam.

Os seres elementais do Ar são os mais parecidos com os anjos celestiais e as fadas. As fadas do Ar trabalham conjuntamente aos anjos celestiais e são a fonte de toda energia vital. Consoante as suas missões, desenvolvem trabalhos de alívio das dores e dos sofrimentos, de estimulação da inspiração e da criatividade, do equilíbrio mental, da assimilação de novos conhecimentos, do desenvolvimento da intuição e da expansão da sabedoria, entre outros.

Também nos auxiliam no processo de assimilação do oxigênio pelo nosso corpo. Zonas poluídas pela indústria, fumaças, gases, etc., prejudicam grandemente o trabalho desses seres e todo o equilíbrio natural.

Diz-se que os elementais do Ar têm a tarefa de modelar os flocos de neve e de formar as nuvens, num trabalho em equipe com as ondinas.

A sua direção é o Leste e os signos associados são Gêmeos, Libra e Aquário.

Os incensos sugeridos para as práticas com esse elemento são alecrim e mirra, mas podem ser usados outros, siga a sua intuição.

Uma curiosidade, o grupo dos silfos ou sílfides abrange todo o tipo de elementais do Ar, sendo que os elfos, os zéfiros e as fadas do Ar, entre outros que habitam no mundo das árvores, flores, ventos, brisas e montanhas, também fazem parte desse grupo.

A propósito, sobre os elementos do Ar, disse o filósofo Sócrates: "Acima da Terra existem seres vivendo em torno do ar, tal como nós vivemos em torno do mar, alguns em ilhas que o ar forma junto ao continente; e, numa palavra, o ar é usado por eles, tal qual a água e o mar são por nós, e o éter é para nós. Mais ainda, o temperamento das suas estações é tal que eles não têm doenças e vivem muito mais tempo que nós, e têm visão e audição e todos os outros sentidos muito mais aguçados que os nossos, no mesmo sentido em que o ar é mais puro que a água e o éter é mais puro que o ar. Eles também têm os seus templos e lugares sagrados, onde os deuses realmente vivem, e eles escutam as suas vozes e recebem as suas respostas; são conscientes da sua presença e mantêm conversação com eles, e veem o Sol, e veem a Lua, e veem as estrelas, tal como realmente são. E todas as suas bem-aventuranças são desse género."

Ritual para harmonização com o Elemento Ar

Nada melhor para se harmonizar com esse elemento do que fazer várias, calmas e profundas inspirações e expirações. Traga a energia vital para dentro de você, permitindo que circule em todo o seu ser. Visualize essa energia da cor das nuvens brancas e brilhantes entrando pelas narinas e a rodear todo o seu corpo. Quando se sentir calmo, faça a meditação-base pedindo os seus desejos. Visualize-os como se já tivessem sido realizados e envie essas imagens o mais nítida que conseguir pelos seres elementais do Ar (e pelos anjos celestiais que trabalham lado a lado com eles), para que as possam imprimir na sua vida.

No final, agradeça de todo o coração e acenda um incenso de mirra ou alecrim como oferenda, se lhe apetecer. Para pedidos relacionados com prosperidade, o incenso de canela também pode ser adequado. Siga a sua intuição.

3.6.5 As Fadas

Não poderia deixar de dedicar um pequeno ponto neste livro às maravilhosas fadas. Elas fazem parte da minha vida, tal como os anjos. São lindas e absolutamente mágicas. Vejo-as exatamente como são retratadas nos contos de fadas: bonitas, elegantes, com asas finas, brilhantes, transparentes e mais parecidas com borboletas e pequenas libélulas. Geralmente aparecem-me com aspecto de fadas madrinhas, muito sábias e pequeninas (apesar de, por vezes, também aparecerem grandes, maiores do que os seres humanos), repletas de luz e com uma varinha de condão na mão. Os seus cabelos são grisalhos e estão muito bem penteados em forma de rolinho atrás da cabeça, como os penteados das avozinhas. As fadas mais jovens aparecem com os cabelos compridos, com outras cores, e às vezes soltos ou com penteados mais extravagantes.

Aparecem-me de forma mais frequente à noite, com os anjos, antes de me deixar adormecer, apesar de também me acompanharem frequentemente durante o dia, pairando ao meu lado, bem próximas do meu rosto. Ao fechar os olhos, desde bebê, esses mundos mágicos se abrem para mim, e ao abri-los, continuo vendo tudo bem à minha frente.

As fadas anunciam-me mudanças que se prevê acontecerem na minha vida, aconselham-me e alertam-me para alguns perigos e decisões importantes que devo tomar, mais sobre mim e sobre a minha própria vida do que sobre os outros. Não tenho como não acreditar no que vejo, no que sinto e no que me é transmitido. As fadas e os anjos costumam anunciar-me acontecimentos importantes da minha vida. Muitas vezes abrem-se perante os meus olhos imagens dos seus reinos. Quando eu era pequena, achava que estava sonhando com os contos e histórias que via nos desenhos animados...! Nesses locais parece estar sempre de noite, podem observar-se muitas estrelas e luzinhas cintilando. Árvores, flores, cogumelos e terra fazem parte desses cenários mágicos. Apesar de observar os seus reinos sempre como se estivesse de noite, também vejo as fadas de dia. Muitas vezes também me aparecem em sonhos e junto aos arcos-íris brilhantes.

Falando um pouco sobre a história das fadas, elas fazem parte de muitas das lendas e da tradição dos nossos antepassados. Diferentes culturas atribuem-lhes significados diversos; inclusive em algumas tradições, como a francesa, considerava-se que as fadas eram o feminino e os elfos o masculino. Já na tradição inglesa não se fazia essa distinção, sendo que fada e elfo seria exatamente a mesma coisa. Outros grandes autores e estudiosos da área atribuem designações e significados diferentes a esses seres mágicos da Natureza. Mas, como diz Édouard Brasey na sua obra *Elfos e Fadas*: "... tudo isso, tenhamos a certeza, reveste-se de pouca importância, porque as regras que regem o reino das fadas passam-nos despercebidas, e todas as nossas tentativas para impor a nossa ordem humana ao mundo dos elfos serão tão frágeis como os castelos de areia."

Para mim, as fadas são seres mágicos que nos orientam e nos guiam, tal como outros seres de luz, respeitando o nosso livre-arbítrio e de acordo com a qualidade dos nossos pensamentos e sentimentos. Quanto mais puro for o nosso coração e positivo o nosso pensamento, mais as fadas podem nos ajudar a fazer a magia acontecer. Relembremo-nos de que o Universo é um espelho que nos reflete o equivalente ao que emitimos. "As fadas e os seus companheiros, os elfos, refletem as nossas esperanças e os nossos medos, e vivem no coração da criança que nunca deveríamos ter deixado de ser."[9]

Muito associadas às culturas celtas, à Lua e ao culto da Deusa, as fadas são Seres da Natureza que nos ajudam a nos harmonizarmos com a Mãe Terra, com a vida e com a Natureza. Dotadas de poderes mágicos, as fadas podem ser de grande auxílio na conquista dos meios necessários para o cumprimento dos nossos projetos e missões de vida.

3.6.6 O Green Man

O *Green Man*, ou Homem Verde, é o espírito guardião da Natureza. Muito popular nas mitologias celta, pagã e nórdica, o *Green Man* é apresentado coberto de folhas. As suas representações são usadas como amuletos de proteção pessoal e das casas, e também como facilitadoras da comunicação com a Mãe Natureza e os seus poderes. O *Green Man* representa a força da Natureza viva, o poder das plantas e da materialização de tudo o que existe no nosso Planeta. Na cultura celta acreditava-se que o *Green Man* vivia dentro das árvores. A sua origem é muito antiga, remonta a muitos anos antes de Cristo, no entanto, mais tarde, escultores góticos ergueram representações suas em milhares de igrejas e catedrais cristãs.

---

9. BRASEY, Édouard, *Elfos e Fadas*, Pub. Europa-América, Mem Martins, 2002.

3.6.7 Ritual dos Cinco Elementos da Mãe Natureza

Os quatro elementos, Água, Terra, Fogo e Ar, são uma parte de nós e nós uma parte deles. Somos compostos ainda por um quinto elemento, o *Éter*, a força criadora, o Deus que habita em cada um de nós. Mantermos o equilíbrio com todos os elementos é muito importante. A Água está ligada às nossas emoções e sentimentos, o Ar à mente e aos pensamentos, o Fogo à intuição e à ação e a Terra ao corpo físico e as suas sensações.

Como podemos verificar na descrição de cada um dos elementos, o nosso signo solar está associado a um elemento, mas não quer dizer que esse seja o elemento com o qual mais nos identifiquemos. Até pode ser, mas não é regra. Os nossos mapas astrológicos pessoais são bastante complexos e interessantes e poderão nos explicar um pouco mais profundamente esta afinidade com os elementos, bem como nos ajudar no nosso processo de autoconhecimento.

Para isso, podemos recorrer a um bom astrólogo que faça a leitura e a interpretação do nosso mapa natal. Em todo o caso, pode acontecer de sentirmos mais afinidade com um ou outro elemento para fazermos os nossos pedidos. Para descobrir com que elemento sente mais afinidade e poder, desenvolva as práticas com todos eles e tome notas das suas percepções para não se esquecer. Deixo-lhe, em seguida, uma sugestão de ritual para trabalhar ao mesmo tempo com todos os elementos de forma equilibrada – o Ritual dos Cinco Elementos da Mãe Natureza.

Material Necessário

- 5 pedaços de papel branco e liso;   • 1 lápis de carvão;   • fósforos;
- 5 punhados de ervas sagradas de acordo com as suas intenção, intuição e preferência.

Como Fazer

Escreva o seu pedido com o lápis de carvão em cada um dos cinco papéis, de forma positiva e como se já o tivesse concretizado (deve copiá-lo de forma igual em cada pedaço de folha, ou seja, cinco vezes). Por exemplo:

Queridos Anjos de Luz e Seres da Natureza, estou muito feliz e agradecido pela concretização de ………. na minha vida de acordo com a vontade da minha alma e do Universo. Obrigado, obrigado, obrigado. Está feito!

O primeiro pedaço de papel deve ser entregue ao elemento Terra. Procure um local tranquilo na Natureza, junto ao mar ou a um rio, concentre-se, feche os olhos por breves instantes e faça algumas respirações profundas pedindo a bênção e a presença dos seus anjos, guias e protetores. Faça a meditação-base. Depois, em amor e gratidão, abra os olhos, volte as palmas das mãos em direção ao céu e diga:

> Que as forças positivas da Deusa Mãe e do Deus Pai
> estejam comigo e com todos os meus.
> Que as forças positivas do Sol, da Lua e das estrelas
> estejam comigo e com todos os meus.
> Que as forças positivas da Terra, da Água, do Fogo e do Ar
> estejam comigo e com todos os meus.
> E assim seja.

Em seguida, leia o papel com muita fé e gratidão, para que a terra ouça, rasgue-o em pequenos pedacinhos, faça um buraco na terra e enterre-o com um punhado de ervas sagradas da sua preferência. (Por favor, leia o capítulo "Velas, Incensos, Óleos e Ervas Sagradas" antes de efetuar esse ritual. Assim poderá concluir qual ou quais são as ervas mais apropriada para a Natureza do pedido que está a fazer.) Se usar mais do que um tipo de erva, sugiro que faça combinações em número ímpar (uma ou três qualidades de erva, por exemplo).

O segundo pedaço de papel deve ser entregue ao elemento Fogo (queime-o com um fósforo). Antes de queimá-lo volte a ler o pedido dirigindo a leitura, guiado por sua intenção, para que as salamandras ouçam. Depois, espalhe as cinzas pela terra com um punhado de ervas sagradas.

O terceiro pedaço de papel é entregue ao vento (elemento Ar). Leia o seu pedido ao vento, rasgue o papel em pedacinhos pequeninos, junte um punhado de ervas sagradas e atire ao vento.

O quarto papel deve ser lido tranquilamente junto a um local com água corrente limpa (rio ou mar), para que a Água o ouça. Depois o rasgue em pedacinhos pequenos, junte um punhado de ervas sagradas e atire à água.

Por fim, o quinto pedaço de papel, correspondente ao elemento Éter, deve ser guardado dentro de um envelope com um punhado de ervas e colocado no seu altar, mandala mágica (se não tiver, ver capítulo "A Mandala

Mágica dos Anjos e Seres da Natureza"), caderno ou caixa de Reiki (para quem é reikiano) ou outro local que intua, até que se concretize. Faça os seus mais profundos agradecimentos a Deus, aos Anjos e aos Seres da Natureza e o seu ritual ficará concluído.

Quando o pedido se concretizar ou você mudar de ideia (o que por vezes também acontece) queime o envelope com o pedido e jogue as ervas para a terra e agradeça.

3.7 As divindades (deuses e deusas)

As divindades são cultuadas como sagradas em várias culturas, religiões e tradições desde a antiguidade. São muitas vezes associadas aos elementos da Natureza e às várias virtudes e sentimentos do ser humano. Por isso existem deuses do amor, da misericórdia, do destino, da compaixão, da juventude, da justiça, da beleza, da saúde, dos mares, das diferentes fases da Lua, da prosperidade, etc.

Não se sabe ao certo quem foi o primeiro povo ou tribo a criar a ideia de uma divindade. Apenas se parte do pressuposto de que os deuses e as deusas foram criados pelo homem como forma de explicar e interpretar o divino e os fenômenos da Natureza, como as tempestades, os ventos, as estações do ano, a noite e o dia, entre outros. Foram então criados rituais e cerimônias para realizar pedidos e oferendas aos deuses. Apesar de muitas culturas e religiões como a dos hindus, a dos gregos, dos egípcios, dos nórdicos e a dos celtas, por exemplo, cultuarem os seus deuses, é interessante que, apesar de politeístas (venerarem mais do que um deus), todos eles consideram a existência de uma força maior "para lá dos deuses", muitas vezes mencionada como Deus, Universo ou simplesmente existência.

Na minha visão, também os deuses e deusas, tal como os anjos, simbolizam "braços" de Deus, que representam as suas mais diversas facetas, prontos para nos ajudar e amparar nesta jornada tão rica de conhecimentos, sabedorias e experiências. Tal como acontece com os anjos, santos e seres de luz em geral, existe uma vastidão enorme de deuses e deusas, por isso cada pessoa pode procurar sentir aqueles com que mais se identifica, dirigindo dessa forma os seus pedidos, preces e/ou oferendas. No final, todos nos referimos ao mesmo: energia de luz!

Tal como com os Anjos e Seres da Natureza, podemos desenvolver mais afinidade com determinados deuses ou deusas.

Hoje em dia, com a evolução da consciência espiritual, muitas pessoas procuram obter um conhecimento mais global e alargado do Todo. A noção de que existe, além da religião, um mundo "lá fora" para descobrir, estudar e, sobretudo, sentir, cresce dia após dia.

A visão espiritual é como uma escadaria para o Céu. A cada degrau subido, maior é o campo de visão do Todo que nos é permitido ver e perceber a partir do ponto em que estamos. Porém, não poderemos saber em que ponto estamos apenas percebemos no mais profundo do nosso ser que precisamos continuar a subir – meditar, orar, amar, explorar, estudar, descobrir, adquirir novos conhecimentos, aplicar no dia a dia, purificar o coração, a mente e o corpo, perdoar, celebrar, agradecer, aumentar o grau de sabedoria e compartilhar amor com os outros, com aqueles que estão dispostos a receber e a colaborar nessa partilha.

4. A aura humana e os chacras

Uma vez que ao longo da leitura deste livro encontrará várias vezes os termos aura (campo áurico, energético ou magnético) e chacras, torna-se essencial uma breve explicação sobre estes conceitos.

Tudo na existência possui um campo energético, pois tudo é energia em diferentes estados de densidade e vibração. Como tal, nós, seres humanos, não somos exceção e possuímos um campo energético a nossa volta conhecido também como aura.

É através da nossa aura que estabelecemos ligações sensoriais e energéticas. A aura é uma espécie de invólucro energético que nos envolve. Podemos, portanto, imaginá-la como um ovo de energia que nos rodeia, ampara e protege. A aura é o nosso campo de energia, que vibra de acordo com aquilo que pensamos e sentimos. Ela é também magnética, pois atrai para nós o semelhante àquilo que vibramos através dos pensamentos e sentimentos.

A aura é composta por várias "capas" e traduz aquilo que somos de verdade e não aquilo que parecemos ser. Uma vez que acumula todo o tipo de experiências positivas e negativas, como se fosse o nosso segundo cérebro, torna-se muito importante limpar e alinhar regularmente o nosso campo de energia para que possamos viver em equilíbrio. Qualquer doença, antes de chegar ao corpo físico, ocorre inicialmente nos corpos sutis. Por isso, faz todo o sentido intervir primeiro no campo áurico (como prevenção).

Esse trabalho de conexão com a magia dos Anjos e Seres da Natureza, a sabedoria do uso das velas, incensos, ervas, óleos, essências florais, minerais e angelicais, ou até mesmo as terapias holísticas como Reiki, cromoterapia, cristaloterapia, entre outras, podem ajudar muito a fazer esse trabalho de prevenção e purificação da aura.

Pessoas alegres, positivas, saudáveis, bem-dispostas, bondosas, com consciência espiritual, que cuidam e exercitam o seu corpo físico, primam pela sua higiene física, mental, emocional e espiritual e que procuram fazer uma alimentação saudável, têm geralmente auras grandes, vibrantes e iluminadas. Pessoas negativas, maldispostas, tristes, inconscientes da sua espiritualidade, doentes, com vícios prejudiciais à sua saúde, sedentárias ou que não cuidam do seu corpo, da sua higiene e/ou da sua alimentação têm auras muitas vezes carregadas, opacas, escuras, "encolhidas" e sem brilho.

Claro que temos uns dias mais alegres e outros menos, dias em que podemos estar doentes, tristes, cansados, preocupados, etc. Tudo isso vai interferir com a nossa energia pessoal no momento, por isso o nosso campo energético tem oscilações vibratórias e nem sempre vibra da mesma maneira. Há que dar um desconto a nós mesmos e aos outros nos dias piores, pois todos os temos. Também pode acontecer, por motivos cármicos, de determinadas pessoas desenvolverem certas doenças como forma de resgate cármico. No entanto, devemos sempre manter a fé, pedir ajuda ao Divino e cuidar o melhor que podemos da nossa morada terrena, sem descuidar das suas necessidades a todos os níveis.

À medida que desenvolvemos a nossa sensibilidade espiritual, vamos também desenvolvendo a capacidade de sentir as auras, tanto a nossa como as das outras pessoas, com mais intensidade. Isso nos permite sentir o nosso próprio estado energético – se estamos bem ou se estamos carregados e precisando purificar a nossa energia pessoal, reforçar a proteção energética, etc., e sentir a energia pessoal de outras pessoas, isso é, intuir o seu estado e aquilo que são de verdade.

Recorda aquelas pessoas para quem se olha e vê luz? E aquelas para quem se olha e sente peso e escuridão sem conseguir explicar muito bem por quê? Tem a ver com a percepção extrassensorial do campo de energia dessas pessoas. Já lhe aconteceu de conhecer alguém que nunca tinha visto antes e sentir de imediato uma grande empatia, como se já conhecesse a pessoa há muito tempo? E também o contrário: conhecer alguém que nunca viu antes, nem lhe fez mal algum, mas não gostar dessa pessoa? As auras se comunicam entre si e transmitem-nos sensações.

Essas sensações não devem ser confundidas com a voz do ego que, por vezes, julga as pessoas apenas pela aparência exterior e tira conclusões precipitadas. Distinguir uma coisa da outra é uma capacidade que vamos aprendendo a desenvolver à medida que fazemos a nossa evolução espiritual, ou seja, a libertação do ego (traços de personalidade não evolutivos, tendências autossabotadoras, crenças limitativas, julgamentos, etc.).

Os chacras são pontos energéticos presentes não só no nosso corpo físico, como em todo o nosso campo de energia. Existe imensa literatura sobre o assunto que pode procurar ler, estudar e se aprofundar. Neste livro, deixo-lhe uma breve e sucinta explicação acerca dos sete chacras principais que se situam no corpo físico. Mas, antes disso, é importante alcançarmos a noção de que, dentro do nosso campo de energia, temos vários corpos (as várias "capas") que se organizam como as bonecas russas matrioscas, que se encaixam umas dentro das outras, sendo, portanto, independentes, mas estando interligadas.

Os quatro corpos mais conhecidos são os inferiores, que são essenciais para a vida terrena:

Corpo físico	Permite-nos existir e nos mover na vida terrena; "pegada" a ele está uma capa protetora que o envolve, chamada corpo etérico, responsável por nos fazer chegar à energia vital e a todo o tipo de sensações corporais.
Corpo emocional	Responsável pelas nossas emoções, caráter e instinto. Aqui residem todos os nossos sentimentos conscientes e inconscientes.
Corpo mental	Situado logo a seguir ao corpo emocional, processa os nossos pensamentos conscientes e inconscientes, crenças, juízos, valores, hábitos, ideias, etc.
Corpo espiritual	Liga-nos ao nosso anjo solar, Deus Pai Céu e Deusa Mãe Terra, Universo, Força Maior. É ele que nos confere proteção a todos os níveis, incluindo de magias negras, invejas, doenças, radiações, etc.

Chacras, em sânscrito, significa "rodas" e são vórtices de energia em forma de cone. Os sete chacras principais estão distribuídos ao longo da nossa coluna vertebral, abrindo os seus cones para fora, para o mundo que nos rodeia, de forma a captarem a energia vital para o nosso campo de energia, alimentando todas as nossas "capas" e corpos, incluindo o nosso corpo físico. Por vezes, os nossos pensamentos e emoções negativas bloqueiam o bom funcionamento dos chacras. Também ambientes carregados ou frequentados por muita gente podem bloquear os chacras, por defesa (para se protegerem). Acontece que esse bloqueio deve ser resolvido (purificado, limpo, energizado) quanto antes, pois pode provocar vários distúrbios e desequilíbrios, incluindo obstáculos ao nosso caminho e doenças físicas.

Costumo dizer sempre que tão importante quanto tomar o banho diário é purificar diariamente o nosso campo de energia. Trabalhar com os anjos todos os dias, dirigindo-lhes os nossos apreço e gratidão, entregando-lhes as nossas preces a Deus e abrindo-nos aos seus sábios e amorosos conselhos e bênçãos, é sem dúvida uma terapia excelente para alinhar e desbloquear as nossas energias.

1º Chacra: da Raiz ou Básico

Situa-se entre os órgãos genitais e o ânus. O seu cone energético abre em direção a terra, sendo o elemento correspondente à própria terra. É esse chacra que nos mantém ancorados e enraizados à Mãe Terra e que nos permite movimentar e relacionar com o mundo físico. Está ligado à sobrevivência, à capacidade de ganhar e gastar dinheiro, ao emprego, à capacidade de luta e de realização dos nossos desejos e a tudo o que representa o sustento terreno.

O primeiro chacra está diretamente associado a nossa estrutura física, captando a energia para manter a coluna vertebral, os ossos, os dentes, os rins, o ânus e o reto. Suas cores são o vermelho e o preto.

2º Chacra: Umbilical ou Sacro

Situa-se um pouco abaixo do umbigo, está ligado às glândulas suprarrenais e à produção da adrenalina. O seu cone energético abre para frente e para trás. Esse é o chacra que regula a energia sexual, a reprodução, a criatividade, a sensualidade, o contato humano com a Natureza, o êxito, a alegria de viver e o gosto pelas coisas belas como a arte.

Os nossos pensamentos se manifestam no plano físico através desse chacra. Ele está relacionado com a qualidade das nossas relações e experiências vinculadas ao sexo. Fisicamente, rege os órgãos sexuais; está ligado aos ovários na mulher e à próstata e testículos no homem. A sua coloração é a cor de laranja.

3º Chacra: do Estômago ou Plexo Solar

Situa-se na região do estômago, está associado ao pâncreas e o seu cone energético abre para frente e para trás. É esse chacra que controla toda a nossa parte emocional. É por isso que quando nos apaixonamos sentimos "borboletas na barriga", quando recebemos notícias desagradáveis, sentimos um "peso no estômago" e quando estamos nervosos a digestão parece ficar comprometida.

Esse é o chacra que mais se relaciona com o nosso ego e fisicamente rege todo o aparelho digestivo. O Plexo Solar faz a ligação entre nós e as outras pessoas. Quando em estado de equilíbrio, promove a autoaceitação, a autoestima, a harmonia e a desenvoltura para viver e agir na sociedade. A sua cor é o amarelo.

4º Chacra: do Coração ou Cardíaco

Situa-se na região do coração, está associado ao timo e o seu cone energético abre para frente e para trás. Esse é o chacra do amor incondicional, dos sentimentos de proteção, segurança, amizade, compaixão, solidariedade e cooperação. É responsável pela saúde e vitalidade em geral e rege fisicamente o coração, os pulmões e a circulação sanguínea. As suas cores são o verde e o cor-de-rosa.

5º Chacra: da Garganta ou Laríngeo

Situa-se na região da garganta, está associado à tiroide e o seu cone energético abre para frente e para trás. Chacra da comunicação verbal e não verbal, da espiritual, do interior, do som, da vibração, da capacidade de receber e assimilar, da autoexpressão e da individualidade.

É responsável pela respiração e pela purificação das nossas energias. Fisicamente, rege a parte superior dos pulmões, a garganta, a laringe, a boca e o nariz. A sua cor é o azul.

6º Chacra: do Terceiro Olho ou da Terceira Visão

Situa-se na região da testa (entre as sobrancelhas), está associado à glândula pituitária e o seu cone energético abre para frente e para trás. É responsável pela concentração, memória, imaginação, pelo reconhecimento do nosso plano de vida e do autoconhecimento, a clarividência, a intuição e a visualização. O sétimo chacra, o Coronário, recebe as informações do Universo, e o sexto chacra as processa para que possamos compreendê-las por meio de imagens, pensamentos, símbolos, etc.

A sua cor é o azul-índigo e está fisicamente ligado aos olhos, aos ouvidos e à parte superior da cabeça.

7º Chacra: da Coroa ou Coronário

Situa-se no topo da cabeça, está associado à glândula pineal e o seu cone energético abre em direção ao céu. Este é o chacra mais complexo e se encontra diretamente associado à espiritualidade, ao contato com o nosso anjo solar, o Eu Superior ou a alma e a todos os seres de luz. É através dele que acontecem as canalizações e que se pratica meditação como forma de ligação com o Universo. É também através deste chacra que se desenrola o desenvolvimento físico e espiritual, bem como a compreensão e a ligação às energias superiores.

As suas cores são o violeta, o branco e o dourado.

5. A magia dos Anjos e Seres da Natureza e as fases da Lua

Desde a antiguidade que o poder da Lua é reconhecido pelos povos como o grande orientador dos ciclos, da magia, da agricultura, da pesca, dos nascimentos, das marés e de tudo o que é inerente à vida. Para calcular os nascimentos dos bebés, muitas mulheres têm o hábito de contar as luas. As suas fases influenciam os nossos comportamentos, o crescimento das plantas, etc.

A Lua é também reconhecida por várias culturas e crenças como a Deusa, que representa a energia feminina, o lado maternal e toda a nossa parte emocional.

Uma vez que a energia lunar rege a vida em geral, também o trabalho com os Anjos e os Seres da Natureza está incluído neste todo lunar.

Para trabalhar com esses seres de luz, no sentido de evoluir como pessoa e melhorar as suas condições de vida interiores e exteriores, é interessante haver esta harmonia com a sabedoria lunar para saber qual a época mais propícia para fazer certos rituais e pedidos aos Anjos e aos Seres da Natureza.

5.1 Lua nova

É a Lua dos novos começos, da abertura de um novo ciclo, das novas ideias. Representa o início, a renovação, o novo. Fase excelente para dar início a tudo o que é novo na nossa vida. Esta é a fase ideal para plantar as sementes.

> *Ideias-chave dessa fase: suavidade, descanso, calma. Ideal para um momento de introspeção e planejamento do futuro através da renovação e das novas ideias.*

Pedidos aos anjos na Lua nova: aqueles relacionados com novos projetos, novas ideias, mudanças, renovações, início de dieta, mudança de casa, começo da prática de algum esporte, adquirir hábitos saudáveis, mudar de visual, etc. O que já é "velho" pode ganhar agora uma energia renovada. Os resultados da Lua nova podem não ser imediatos, pois as sementes levam o seu tempo para germinar e para crescer; contudo, o que for semeado de novo nessa fase tem forte probabilidade de dar bons frutos no futuro.

5.2 Quarto crescente

É a Lua do crescimento, da expansão, de fazer andar para frente ideias e projetos que surgiram na Lua nova. Requer empenho, dedicação e persistência para cuidar das sementes plantadas. É uma fase de fortalecimento que nos estimula a crescer e a desenvolver os nossos projetos e ideias. Alguns obstáculos surgem no caminho como forma de testar a nossa persistência, ou, em alguns casos, para nos fazer ver que o caminho não é por ali. Por isso, é também um tempo de ajustes e afinações (época de sustentação das sementes que têm mais hipóteses de germinar). Devemos prestar atenção ao nosso interior, pois esta fase vai ditar, de certa forma, a qualidade de todo o ciclo lunar. Se estivermos com uma atitude negativa ela vai fazer crescer o negativo, mas se estivermos com uma atitude mais positiva vai fazer crescer o positivo. É uma época de crescimento e devemos conduzi-lo o mais que pudermos no sentido positivo, adotando uma postura mais de acordo com os objetivos que pretendemos alcançar.

> *Ideias-chave dessa fase: energia, movimento, vitalidade, fazer crescer, aumentar, persistência, ajuste e redefinição da rota. Continuidade do que começamos na Lua nova.*

Pedidos aos anjos no quarto crescente: assuntos relacionados com o aumento de ganhos, de clientes, de audiência, de popularidade, de sucesso, de saúde, amor, bem-estar, prosperidade, abundância, alegria, persistência, força, proteção, etc.

5.3 Lua cheia

A Lua cheia é a grande mãe. A Lua mais forte e mais poderosa, a potência máxima, que traz intuição e força aos nossos pedidos angelicais. É a Lua cheia que aprova ou reprova os nossos projetos e ideias da Lua nova, de acordo com o nosso caminho de aprendizagem. Quando acolhida, nos dá uma força sem igual e nos impulsiona no caminho da realização (rompe as sementes, fazendo-as germinar e dando-lhes toda a força para crescerem). É uma época, por norma, mais agitada devido à forte energia que se faz sentir. Mexe com as emoções e altera os humores, por isso é fundamental procurar manter a calma e evitar confrontos.

Geralmente, quando superados os testes e desafios do quarto crescente recebemos os bônus das realizações na Lua cheia. É comum a clientela aumentar nessa fase, assim como os eventos marcados para essa época costumarem contar com maior adesão do público.

> *Ideias-chave dessa fase: energia ao rubro, potência máxima. Agitação, movimento, interação, força, vigor.*

Pedidos aos anjos na Lua cheia: em geral, os pedidos têm mais força nessa fase, como encontrar um parceiro, pedir saúde, harmonia, proteção, prosperidade, abundância, boa sorte para os negócios e projetos, desenvolvimento da intuição, da espiritualidade, da energia, da força, do ânimo, etc.

5.4 Quarto minguante

O quarto minguante completa o ciclo lunar e pede recolhimento, limpeza e reflexão. É hora de expurgar as "cascas das sementes que não germinaram". Não é tempo de começar coisas novas, mas de limpar o velho, para poder vir o novo em seguida. Termine o que tem por concluir, descarte o que já não lhe serve, faça mesmo uma purificação completa. Essa é uma boa ocasião para limpar e purificar também a sua casa mais a fundo.

É excelente para pesquisar, arrumar, organizar e limpar.

> *Ideias-chave dessa fase: recolhimento, limpeza, purificação. Preparação para entrar novamente numa nova fase, a fase da Lua nova que vem a seguir.*

Pedidos aos anjos no quarto minguante: os relacionados com limpeza, purificação, terminar tarefas, projetos, etc. Peça nesta fase ajuda aos anjos para limpar a sua casa, dar o que já não usa e que pode servir a outros, jogar fora o que já não presta, terminar uma relação doentia, enfim, tudo o que tenha a ver com eliminar o que já não serve, terminar o que já começou e limpar o que precisa ser limpo, deve ser feito nessa fase.

6. O altar mágico dos Anjos e dos Seres da Natureza

Chegou a hora de começar a se preparar e a arranjar o seu espaço, a sua casa, o seu quarto, a sua sala de trabalho ou simplesmente um cantinho tranquilo, arrumado e limpo, destinado à sua interação diária com a magia dos Anjos e Seres da Natureza. Pode se conectar com esses seres de luz em qualquer lugar e a qualquer hora do dia ou da noite, não sendo "obrigatório" montar um altar, nem estar em um local específico, a não ser em determinados rituais. No entanto, se lhe fizer sentido e se o ajudar a desenvolver a sua fé e a sua conexão com os seres de luz, recomendo que prepare um pequeno altar em casa, ou em um espaço seu onde costume meditar ou pretenda começar a fazê-lo.

Comprometa-se a fazer esse trabalho com entusiasmo, vontade de aprender mais, descobrir a magia da vida e disciplinar-se a fim de abrir espaço na sua vida diária para meditar, orar e estabelecer a sua ligação com os Anjos e os Seres da Natureza.

O altar mágico ancora e vibra as energias tranquilizadoras e harmoniosas desses seres de luz. Trata-se de um local sagrado que forma um campo de força de energias positivas angelicais, sendo valioso tanto para a sua comunicação com eles, quanto para meditar e tranquilizar-se.

6.1 Preparar o altar mágico dos Anjos e dos Seres da Natureza

O altar não precisa ser muito complexo. Poderá ser algo simples ou mais elaborado, de acordo com o seu gosto pessoal. O importante é sentir-se bem. Sempre que possível, construa-o numa zona da casa voltada para o Norte. Os Anjos e os Seres da Natureza adoram flores, ervas sagradas, cristais, essências florais, óleos naturais, música suave, incensos e velas. Você pode optar por colocar todos esses objetos ou apenas alguns deles, siga primordialmente as suas intuição e sua preferência.

De qualquer forma, recomendo-lhe que os quatro elementos da Natureza (Água, Terra, Fogo e Ar) estejam presentes no seu altar para harmonizá-lo e energizá-lo, e trazer equilíbrio energético.

Se montar a sua mandala mágica (ver capítulo respectivo), ficará logo com todos os elementos presentes no altar. De qualquer forma, para você ter uma noção, os elementos podem ser representados por alguns materiais naturais, como por exemplo:

Elemento Água	Coloque um copo com água no seu altar (a água deve ser trocada diariamente).
Elemento Terra	Coloque uma planta num vaso com terra, um ou vários cristais da sua preferência, ou uma taça com sal grosso, por exemplo.
Elemento Fogo	Pode ser representado por uma vela.
Elemento Ar	Representado pelo incenso em varetas, barras, cones ou por ervas para defumação.

É particularmente positivo para a conexão com os Anjos e Seres da Natureza dar um toque angelical ao seu altar, ou até mesmo à sua casa, com imagens de anjos e Seres da Natureza. Pode também usar quadros, imagens impressas, pagelas ou pequenas estatuetas de gesso, por exemplo.

O importante é que fique em harmonia com o seu gosto.

Muitas pessoas perguntam qual o incenso adequado para trabalhar com os Anjos e os Seres da Natureza. Eu diria que o mais adequado é aquele de que você mais gostar. Em todo caso, deixo várias sugestões de incensos neste livro. Procure dar preferência aos incensos naturais, de fabricação artesanal e não tóxicos. No capítulo "Velas, Incensos, Óleos e Ervas Sagradas", você vai encontrar informações um pouco mais detalhadas sobre vários incensos e ervas sagradas, e as suas propriedades.

Poderá também recorrer a um artista espiritual que pinte o seu anjo solar, se sentir essa vontade e tiver a oportunidade. Pessoalmente, considero uma experiência lindíssima, sendo de mais valia colocá-lo no seu altar, pois se trata de um poderoso portal de ligação com o reino angelical e com o ser divino que nos habita. Esta pode ser uma forma de trabalhar com o seu anjo solar diariamente, acendendo uma vela a ele, dedicando-lhe uma oração e/ou meditando fixando a sua imagem. A pintura abre um canal de ligação entre o Céu e a Terra e nos inspira a fazermos o alinhamento com a nossa alma.

Tenho a pintura do meu anjo solar numa moldura por cima do meu altar. Escrevi grande parte deste livro sentada à sua frente. Durante o processo, na fase em que estava decidindo a organização dos capítulos, senti a pintura do meu anjo solar me chamar. Parei por alguns momentos para contemplar a beleza da imagem e ela me disse: "Conecta-te comigo, vou ditar-te o resto do livro e ajudar-te a organizar os capítulos." As cores da pintura como que pareciam se movimentar e terem ficado mais vivas naquele momento. Respirei fundo, sorri de gratidão e continuei a escrever...

6.2 Preparação do seu altar mágico

Primeiro, escolha um local calmo e mais reservado para montar o seu altar. Pode ser no quarto de dormir, no escritório, quarto de meditação (se tiver) ou onde for mais conveniente e tranquilo.

Em seguida, arranje uma mesa, uma prateleira, um móvel ou uma cômoda onde possa montar o altar (se já tiver um altar da sua religião ou preferência espiritual, poderá apenas acrescentá-lo e complementá-lo). Tenha em atenção o espaço necessário para instalar a sua mandala mágica, se assim o entender. Veja mais informação no capítulo "A Mandala Mágica dos Anjos e Seres da Natureza".

Numa terceira fase, opte por colocar uma toalha de linho ou outro tecido de que goste. Escolha a cor que mais ressoar no seu ser. As toalhas podem ser lisas ou podem conter bordados, pinturas ou estampas de símbolos esotéricos. Escolha de acordo com a sua preferência.

Segue algumas sugestões para o que deve colocar no seu altar mágico:

- A sua mandala mágica;
- Imagens de anjos de papel e/ou estatuetas;
- A pintura do seu anjo solar (se tiver);
- Uma jarra com flores (que devem ser substituídas logo que comecem a murchar) ou uma planta;
- Um copo com água (a água deve ser substituída regularmente);
- Base para incenso e incenso a seu gosto;
- Cristais. As selenitas têm grande poder purificador e as angelitas e celestitas promovem a ligação com os anjos fazendo despertar a parte angélica que existe em nós. Mais informação sobre cristais e pedras no capítulo "Os anjos-cristal".

Se tomar ou usar essências florais, angelicais e/ou minerais pode colocá-las no seu altar para que se mantenham purificadas e energizadas, assim como os seus óleos essenciais.

Pode colocar uma vela de cor branca, pois, além de refletir todas as cores do espectro, representa a paz, a pureza e a espiritualidade. Se colocar a mandala mágica no altar não necessitará de mais velas além das que são sugeridas na mandala, a não ser que faça questão de tê-las.

Pode ainda juntar imagens de gnomos, fadas, duendes ou simplesmente lindas maçãs e outros frutos como morangos ou amoras, por exemplo, um pote de mel, leite, sementes ou gengibre. Os Seres da Natureza vão adorar!

Finalmente, disponha os artigos em cima da toalha de forma harmoniosa e de acordo com a sua intuição. O altar é o seu espaço sagrado de luz, que ancora as energias angelicais e que deve ter o seu cunho pessoal. Representará um auxílio para você no que diz respeito a estabelecer uma conexão maior com os seres de luz, renovar a sua fé e as suas forças e mergulhar numa viagem mágica de autoconhecimento na companhia dos anjos e Seres da Natureza. No entanto, é importante que mantenha a consciência de que a essência está dentro de si mesmo, e não em qualquer outro lugar.

Caso tenha algum tarô ou oráculo dos anjos, fadas ou outro que goste, pode deixar espaço para ele no altar. Assim manterá as cartas energizadas e prontas para serem consultadas diariamente.

Se optar por começar as suas práticas sem montar um altar, sugiro que pelo menos encontre um lugar tranquilo onde possa se instalar, coloque uma música relaxante, acenda um incenso e/ou uma vela e prepare-se para uma viagem mágica.

6.3 Altar mágico removível

Para quem tem pouco espaço em casa ou viaja muito, o altar mágico removível pode ser uma boa opção. Consiste numa caixa de madeira onde pode colocar os artigos do seu altar para poder transportar para qualquer parte quando viaja, quando faz meditações no campo, na praia, no jardim, etc.

Dentro do seu altar removível pode colocar uma pequena toalha, imagens dos anjos, incensos, velas, uma pequena garrafa ou frasco de vidro com água, cristais, um terço dos anjos, um japamala, essências dos Anjos e dos

Seres da Natureza, enfim, o que lhe apetecer e lhe fizer mais sentido. Apenas não poderá transportar a sua mandala mágica na caixa do altar removível, mas pode sempre fotografá-la e usá-la também dentro da caixa.

6.4 Consagrar o seu altar mágico

Depois de terminar a montagem do seu altar, pode consagrá-lo à energia angelical para que seja protegido, purificado e abençoado pelos seres de luz, estabelecendo ligação entre ele e o divino.

6.4.1 Como fazer

Fique em frente ao seu altar mágico. Tranquilize-se, respire fundo várias vezes, enraíze-se (ver ponto 7 deste capítulo) e imagine os anjos de luz perto de você e à sua volta formando um círculo de proteção.

Acenda um incenso (que represente o elemento Ar; costumo usar sálvia branca, mirra, pau-santo, rosas ou outro que intuir no momento) com a intenção de purificar o ambiente e o seu altar, e uma vela (elemento Fogo) branca dirigida aos seus anjos e guias. Coloque um copo com água ao lado (elemento Água).

Erga os seus braços em direção ao céu e diga:

Em nome do anjo de luz que habita no meu interior,
e dos quatro elementos, Terra, Água, Fogo e Ar,
eu consagro este altar às mais elevadas energias angelicais,
para que se torne num templo sagrado,
protegido e sustentado pela energia divina.
E assim seja! E assim se faça!
No amor e na luz.
Obrigado, obrigado, obrigado.

Amém.

Uma nota, sempre que quiser adicionar objetos ao seu altar pode consagrá-los dessa mesma forma, adaptando a oração ao objeto a ser consagrado. Isso vai purificar o objeto de outras energias antes de entrar no seu espaço sagrado, o seu altar. Pegue-o com as mãos e erga-o em direção ao céu, enquanto diz a oração com muita fé. Visualize uma luz violeta sobre todo o altar e todos os objetos, incluindo você mesmo, durante esse processo de consagração. Antes de qualquer consagração ou ritual, lave bem as mãos em água corrente. Pode também usar a sua mandala mágica para purificação dos novos elementos do seu altar.

7. A importância do enraizamento na Mãe Terra

É muito importante estarmos bem enraizados na Mãe Terra para podermos fazer uma conexão com o Céu de forma equilibrada, aqui neste plano terreno onde nos encontramos. Quem tem tendência para ser mais aéreo e despistado ("cabeça no ar") deve trabalhar ainda mais afincadamente o seu enraizamento, podendo, para isso, solicitar a ajuda dos seres elementais da Terra e também usar no bolso um cristal de enraizamento, como a hematita, a turmalina negra ou outro da sua preferência para realizar práticas de visualização, meditação e/ou oração. As *Essências dos Gnomos* e do *Arcanjo Ariel*, por exemplo, além de muitos outros benefícios iluminados, podem também nos ajudam a enraizar, focar e concentrar.[10]

7.1 Como podemos nos enraizar

O enraizamento deve ser feito diariamente, principalmente antes de qualquer trabalho espiritual, como meditar, orar, purificar, etc. É uma prática simples, mas muito poderosa.

Existem várias formas de se fazer, sendo que lhe apresento uma das maneiras que, na minha experiência de trabalho e pessoal, tem se mostrado muito eficaz e fácil de aprender.

Faça o seu enraizamento, se possível logo pela manhã, antes de sair de casa para o seu trabalho, ir às compras, lidar com pessoas na rua, etc.

---

10. Mais informação em www.joanabarradaszen.com.

Ao se enraizar ganhará sustentação e proteção face às energias de vibração mais baixas, energizando os seus corpos físico, mental, emocional e espiritual. Ao mesmo tempo, essa ligação à Mãe Terra permite-lhe escoar o excesso de energia ou energias dissonantes que possam estar no seu campo energético pessoal. Concentre-se, sente-se ou fique em pé, com as pernas ligeiramente afastadas para não perder o equilíbrio. Mantenha os pés descalços (pode usar meias). Feche os olhos e inspire profundamente algumas vezes. Chame os seus anjos de luz para junto de si, bem como os seres de luz da Terra, para que o ajudem a enraizar/conectar corretamente.

Imagine-se como se fosse uma árvore que fixa as suas raízes no chão e ergue os galhos em direção ao céu. Imagine que dos seus pés e pernas saem raízes fortes que perfuram as várias camadas da terra e se fundem bem no centro desta. Do seu tronco, cabeça e braços crescem lindos galhos de folhas verdes em direção ao céu.

Sinta-se grande, poderoso, imponente e bem conectado ao Céu e a Terra. Apesar de se imaginar uma árvore, tem-se a noção de que pode se mover perfeitamente e que as raízes e os galhos o acompanham suavemente para onde quer que vá. Elas estão ancoradas ao centro da terra e permitem uma locomoção perfeita sobre toda a superfície terrestre, logo, pode viajar e ir para onde quiser.

Respire profundamente algumas vezes e diga calmamente:

Enraízo-me na Mãe Terra e conecto-me com o Céu (respire fundo) e obtenho a proteção e a sustentação energética de que necessito para viver em equilíbrio a todos os níveis (respire fundo).

Ao mesmo tempo, todas as energias dissonantes que possam estar contidas no meu campo energético são escoadas para o centro da Terra, agora e de forma retroativa, e são transmutadas em energias positivas pela amável e poderosa Mãe Terra (respire fundo).

E assim é! Está feito!

Obrigado, obrigado, obrigado
(respire fundo).

Amém.

Agradeça aos seus anjos, aos seres elementais de luz da Terra e à Mãe Terra e siga a sua vida quotidiana normal.

Este exercício demora poucos minutos e lhe dá uma poderosa sustentação e proteção energética, proporcionando-lhe um maravilhoso equilíbrio natural. Facilita, harmoniza e equilibra as relações interpessoais à medida que nos ajuda a lidar melhor com as energias pessoais e envolventes e saber, instintivamente, "o que fazer com elas", em vez de acumulá-las até nos causarem desequilíbrios, obstáculos e problemas de saúde.

Durante e após o enraizamento, é natural sentir uma energia muito agradável no Chacra Cardíaco. Uma vez que o coração faz a ponte entre as energias do Céu e da Terra, esta sensação é muito normal. Também há muitas pessoas que dizem sentir mais energia na zona da cabeça, como se os anjos estivessem "mexendo-lhes na cabeça", ou ondas de energia pelo corpo todo. Outras ainda nada sentem de físico, apenas uma agradável impressão de paz e bem-estar. Cada pessoa tem as suas sensações e percepções, e, em dias diferentes, podemos ter percepções diferentes, o que é perfeitamente normal.

Esse exercício de enraizamento pode também ser usado como SOS em momentos de aflição, estresse, desespero, angústia, etc. Uma vez que quando estamos nesses estados nos encontramos temporariamente desconectados da fonte, isso gera falta de energia vital e conduz a todo o tipo de estados negativos, dada a "escassez de energia". Ao enraizarmo-nos fazemos a conexão com as energias do Céu e da Terra e estamos automaticamente nos ligando à corrente da fonte divina, restabelecendo o nosso equilíbrio para que possamos sair desses estados mais depressa. O efeito é praticamente imediato quando feito com fé e convicção.

Essa conexão em direção ao centro da Terra e ao Céu faz com que busquemos as duas energias (Céu e Terra) para o nosso campo de energia pessoal e, dessa forma, possamos viver em equilíbrio e devidamente conectados.

Como habitantes e filhos da Terra que somos, precisamos da energia de sustentação da Mãe Terra para vivermos em equilíbrio aqui embaixo. Muitas pessoas descuidam da importância dessa energia em detrimento da ilusão de que evoluir espiritualmente é ligar-se apenas às energias espirituais do Céu. Equilibrar as energias do Céu e da Terra é o que nos dá sustentação para vivermos de forma harmoniosa e materializarmos a concretização das nossas tarefas divinas na Terra.

A vida espiritual vivida na matéria precisa da sustentação tanto da Terra como do Céu para poder se equilibrar. A prova disso é que se descuidarmos do corpo físico, não nos alimentarmos, não nos hidratarmos, não descansarmos, não nos agasalharmos no inverno nem tivermos cuidados de saúde e higiene, certamente que não conseguiremos nos manter vivos, o que significa que a parte material é também espiritual e essencial à vida humana. Essas duas energias não são "energias separadas", são antes complementares. Aliás, se não tivéssemos corpo físico não existiríamos neste plano terreno, onde, por alguma razão, nos encontramos fazendo a nossa evolução.

A Meditação-base da Magia dos Anjos e dos Seres da Natureza

1. A oração positiva e o seu poder

Há alguns anos comecei a fazer palestras sobre o poder da oração. Considero este tema particularmente interessante e muito importante para o desenvolvimento da fé e da consciência espiritual no ser humano, e que está amplamente interligado ao tema dos anjos e subjacente a todo o desenvolvimento espiritual. Velhos ditados como "Quem não pede, não ouve Deus" têm um significado profundo e revelam a importância de fazermos os nossos pedidos ao Universo.

Os anjos me dizem muitas vezes que orar é muito importante, pois por meio delas as energias angelicais descem com mais intensidade, amparando, protegendo, orientando e abençoando a nossa vida. Orar não tem de ser necessariamente a verbalização oral ou mental de "orações feitas"; pode ser simplesmente uma conversa com Deus, afirmações positivas ou declarações, tais como: "Eu sou um filho querido de Deus", "Eu sou abençoado", "Eu sou próspero e abundante de tudo quanto é bom".

As Afirmações podem ser criadas para todas as áreas da sua vida, e as Declarações são muito parecidas com elas; eu costumo me referir a elas como afirmações positivas também. Pela minha experiência, tenho percebido que algumas pessoas sentem dificuldade em proferir afirmações positivas quando se sentem para baixo ou estão enfrentando dificuldades. Esta é uma prática que requer algum treino e persistência. De qualquer forma, creio que pode ajudar fazer as suas afirmações positivas em forma de declaração.

Digamos que alguém está enfrentando questões financeiras. Se essa pessoa tiver dificuldade em Afirmar que é próspera e abundante, poderá Declarar de forma que talvez lhe soe a mais verdadeira no momento:

"Eu .... (dizer o nome) declaro que a minha vida financeira está se curando e melhorando significativamente a cada dia. Eu sou cada vez mais prospero e abundante!"

Faça as suas afirmações/declarações procurando sentir que aquilo que está dizendo é de fato verdadeiro! Sinta gratidão por isso! E tenha a certeza que, de tanto declarar, tudo melhorará!

Oração e rituais de oração a Deus são magníficos e de grande poder quando ressoam no nosso ser e nos faz sentido ao serem realizados com fé e a convicção de que estamos sendo ouvidos, e com intenção no amor incondicional para o bem supremo de todos.

Lembre-se de que na espiritualidade tem de crer para ver e não ver para crer. É precisamente esse crer, essa fé e esse amor que conferem luz e grande poder às nossas orações. Só assim poderemos realizá-las com a nossa força interior, movendo harmoniosamente as energias do coração e fazer, dessa forma, os "milagres" acontecerem.

As orações e rituais da magia dos Anjos e Seres da Natureza apresentados neste livro são sugestões orientadoras para as suas práticas. Pode ter a certeza de que se as seguir com empenho e dedicação vai melhorar o seu ser e a sua qualidade de vida. Para quem está começando, ter orientação pode ser de grande valia, e mesmo para quem já está familiarizado com esses temas é sempre benéfico e inspirador encontrar novas linhas orientadoras. O saber não ocupa lugar e estamos sempre crescendo e aprendendo. A cada dia aprendemos e descobrimos algo novo, pois nunca sabemos tudo. O importante é filtrar com o seu coração e, mais do que palavras ditas, realizar práticas repletas de sentido, luz e amor.

A oração sempre existiu na Terra, desde a mais remota antiguidade. Ela é a base de todas as religiões do mundo. A própria ciência tem se interessado por esse tema, descobrindo que a oração produz benefícios e resultados palpáveis e, no mínimo, muito interessantes. Os seus efeitos têm despertado a atenção das pessoas em geral, inclusive de vários cientistas.

A oração é uma poderosa força do Universo que temos a nossa disposição para nos ajudar a seguir a nossa caminhada, contribuindo positivamente para a resolução dos nossos desafios pessoais.

Dr. Alexis Carrel, filósofo e médico cirurgião francês, que recebeu o Prémio Nobel de Fisiologia e Medicina em 1912, pela sua contribuição no campo da cirurgia dos vasos sanguíneos, publicou um artigo na *Reader's Digest* que dizia o seguinte: "A oração é a forma de energia mais poderosa que se pode gerar. O ser humano tem tanta necessidade de oração como o corpo de água e oxigênio."

Também Platão se pronunciou: "O que o ser humano pode fazer de melhor para a felicidade da sua vida é pôr-se em relação contínua com Deus por meio de orações. Todas as pessoas deveriam, no início das suas tarefas, invocar o auxílio de Deus."

O mestre Jesus também disse: "Pedi e recebereis", "Crede firmemente que recebereis tudo quanto pedirdes na oração", "Tudo o que pedirdes com fé, na oração, alcançá-lo-eis."

A oração é uma ajuda terapêutica que higieniza a mente e as emoções. Auxilia no alívio de dores, angústias e sofrimentos, e faz de nós pessoas mais calmas e equilibradas.

2. As orações não são apenas palavras ao vento

*A parte mais importante da oração consiste naquilo que sentimos
e não no que dizemos. Passamos demasiado tempo dizendo a Deus
o que achamos que devia ser feito, mas não esperamos tempo suficiente,
no silêncio, que Ele nos diga o que devemos fazer.*

Madre Teresa de Calcutá

Para se orar de verdade é preciso sentir a oração, pois o sentimento é a própria oração. Mais importante do que proferir palavras é o que o nosso coração sente. É o sentimento que comunica com as forças da criação, permitindo que o Universo nos responda de acordo com o que sentimos no nosso coração.

Mais importante que aquilo que você diz é o que sente. É isso que vai comunicar com o Universo e fazer retornar a si o equivalente àquilo que emana em sentimento. O que significa que, se emanar um sentimento de falta e de carência, mais situações e circunstâncias o Universo lhe enviará para que continue sentindo mais falta e carência. Por outro lado, se emanar um sentimento de gratidão para com tudo àquilo que já têm na sua vida, mais circunstâncias o Universo vai lhe fazer chegar para que se sinta ainda mais agradecido.

Palavras ditas com todo o fervor, intenção, sentimento e fé são grandes instrumentos de cocriação e acredito que sejam os mais poderosos que existem!

Enfim, pode se dizer que estamos aqui no Planeta Terra para aprender a viver, descobrir as leis naturais e como elas funcionam, e alinharmo-nos com essas leis para uma vida mais próspera e abundante em todos os sentidos. Note que a prosperidade não se refere apenas a dinheiro. Prosperidade é um termo infinitamente mais abrangente. Existem pessoas ricas que, apesar de possuírem muito dinheiro, não são prósperas. A verdadeira prosperidade é a consciência espiritual de quem somos na verdade, é um coração limpo, uma mente sã, é o amor, a compaixão, o respeito pela Mãe Terra e por todos os seres, a saúde, o equilíbrio, a harmonia, a paz e a abundância a todos os níveis. Isso sim é prosperidade! Ter dinheiro e recursos materiais em abundância é apenas uma parte dela, não a totalidade.

Gregg Braden é um cientista reconhecido internacionalmente por realizar um trabalho muito interessante de união da ciência com a espiritualidade, que nos explica que são os nossos pensamentos que desencadeiam as emoções e que, por sua vez, criam os sentimentos:

Pensamento + Emoção = Sentimento

Pensamentos positivos geram emoções positivas = sentimentos positivos enviados para o Universo → *Retorno positivo*

Pensamentos negativos geram emoções negativas = sentimentos negativos enviados para o Universo → *Retorno negativo*

Essa noção nos ajuda a entender melhor como funciona a lei natural. Se tivermos pensamentos positivos desencadeamos emoções positivas e, por sua vez, desenvolvemos sentimentos positivos dentro de nós. A sequência é a mesma quando temos pensamentos negativos. Pensamentos negativos desencadeiam emoções negativas que, por sua vez, nos "entopem" de sentimentos negativos.

Uma vez que nos comunicamos com o Universo através dos nossos sentimentos, torna-se de vital importância cultivar pensamentos positivos, para que assim se desencadeie um processo positivo de comunicação com esse Universo, cocriador de abundância e prosperidade a todos os níveis. É a força dos nossos sentimentos que abre as portas às possibilidades daquilo que criamos na nossa vida.

Quando me sento para meditar fico atenta aos pensamentos que passam em minha mente e ao que estou sentindo nos primeiros instantes. Procuro me alinhar com a minha alma e com o Universo, em estado de gratidão e amor por quem sou, por quem amo e pela minha vida, e visualizo essas emanações de gratidão e amor saindo da minha cabeça, do meu coração e de todo o meu corpo em direção à existência. Elas ficam impregnadas em cada partícula da Natureza, das plantas, dos montes e vales, da vida. Dessa forma, sinto que contribuo com boas vibrações para o Planeta e a vida me oferece um retorno generoso. Essa é uma das formas de oração/meditação que mais pratico, é a meditação-base que criei com a ajuda da minha equipe de luz.

Voltando ao cientista Gregg Braden, ele viajou pela primeira vez ao Tibete em 1998, com o intuito de explorar uma cultura viva que lhe pudesse dar pistas e informações sobre a oração e a forma de estabelecer uma comunicação saudável com o Universo através dela. As conclusões a que ele chegou foram as já amplamente conhecidas pelos nossos povos ancestrais, mas que, por alguma razão, foi ficando adormecida e esquecida.

Hoje em dia, com o despertar espiritual que muitas pessoas estão vivenciando e descobrindo, memórias e sabedorias antigas começam a emergir novamente, e esse tipo de informação começa a regressar à nossa consciência no momento em que estamos preparados para acolhê-la.

Nos mosteiros tibetanos, os rituais de oração duram cerca de 12, 14, 16 horas por dia, ou mais. Os monges recorrem à meditação, *mudras*, mantras, sinos, taças, gongos, carrilhões, cânticos... Gregg Braden apreciou durante vários dias essa rotina, a parte visível aos olhos físicos, a porção que conseguia, exteriormente observar. Mas o que se passava no interior daquelas pessoas que despendiam tantas horas nesses rituais de oração? Por que fazem todos aqueles rituais? Questionava-se. Com a ajuda de um tradutor, comunicou-se com um dos abades e perguntou-lhe: "Quando vemos os vossos rituais, o que acontece no vosso interior? O que acontece ao vosso corpo? Em que pensam? O que sentem? O que estão dizendo ao longo de todas aquelas horas?"

O abade riu e respondeu: "Tu nunca vês as nossas preces porque uma prece não se consegue ver. Aquilo que viste são as coisas que fazemos para criar o sentimento certo para o nosso corpo, e esse sentimento é a prece."

E adiantou que esse é um modo de oração baseado no sentimento, e que devemos gerar o sentimento como se a oração já tivesse sido respondida. É por esse sentimento que nos comunicamos com as forças da criação, que responderão de acordo com o que sentimos no nosso coração.

Para ilustrar o que acabei de descrever, partilho com o leitor uma experiência de vida incrível desse cientista, que aconteceu também nos anos 1990, no Novo México. Conto essa história muitas vezes aos meus alunos nos cursos e palestras, pois é simplesmente maravilhosa e nos faz refletir...

O deserto do Sudoeste estava passando por uma das maiores secas da história, e um nativo americano, amigo de Gregg Braden, convidou-o para ir com ele a um lugar situado nos altos desertos do Novo México, para participar de uma oração pela chuva. Depois de vários quilômetros chegaram a um local muito antigo, formado por um círculo de pedras posicionadas tal qual como os antepassados as tinham deixado, há muitos e muitos anos.

O nativo tirou os sapatos e caminhou descalço para dentro do círculo. Venerou todos os seus antepassados, as quatro direções, e manteve as mãos numa posição de prece apenas por alguns segundos. A seguir, ele se voltou para Gregg Braden e lhe disse: "Estou com fome, vamos comer alguma coisa."

O cientista não acreditou. Pensava que ia participar de um ritual de prece para que chovesse...! O que fez ele naqueles escassos segundos, além de se descalçar, venerar os antepassados e as quatro direções? E o nativo esclareceu: "Se rezarmos para que chova nunca irá chover, porque quando rezas para que algo aconteça estás a admitir que aquilo não exista neste momento (...) Quando fechei os olhos comecei a vivenciar aquilo que sinto quando chove na nossa aldeia, cheirei os odores de que me apercebo quando a chuva cai nas paredes da nossa casa e senti o que experiencio quando ando com os pés descalços e a chuva é tanta que forma imensa lama... E dessa forma abri a porta à possibilidade de chover na nossa terra."

Agora a parte mais incrível: choveu naquela noite e na seguinte; choveu e choveu. Gregg Braden ligou ao amigo e perguntou-lhe "O que se passa? Está chovendo muito! Os vales e os caminhos estão inundados" O amigo nativo ficou calado por um momento, após o que respondeu: "Essa é a parte da prece que nunca percebi muito bem[11]."

---

11. Dados recolhidos do vídeo *O segredo da dança da chuva*, de Gregg Braden.

3. Os Anjos, os Seres da Natureza e a Oração

Os anjos me transmitem frequentemente mensagens sobre a importância de rezarmos e fazermos os nossos pedidos a Deus. Certo dia, eu estava deitada em minha cama antes de adormecer, quando me apareceram vários anjos lindíssimos, dourados e grandes. No meio deles surgiu o Anjo Jesus (chamo-lhe assim porque esse anjo é enorme e fisicamente igual a Jesus, mas com grandes asas). Sempre que o Anjo Jesus me aparece sinto uma espécie de vento de luz nos olhos que me encandeia e a seguir a sua imagem luminosa surge diante de mim. A minha casa deixa de ter paredes, teto e chão, torna-se um espaço amplo e iluminado, sem limites espaciais. Sinto que entro nitidamente em outra dimensão, uma dimensão mais elevada que me transmite uma paz indescritível. O Anjo Jesus mostrou-se com lindas e compridas vestes brancas e douradas e trazia uma espiga dourada em uma das mãos. Pareceu-me que era de trigo, e ele exibia-a num movimento que fazia lembrar uma dança. Olhou para mim e me disse telepaticamente: "A oração é o caminho para a prosperidade a todos os níveis. Transmite isso às pessoas."

A oração está subjacente a todas as práticas holísticas, espirituais e religiosas. Todas elas são efetuadas com uma intenção, seja a de pedir paz, seja a de curar alguém, seja a de ajudar em determinada área da vida.

Qualquer pessoa em certos momentos da vida já se deu por si muito provavelmente a dizer "Ai, meu Deus" ou "Que a vida/Deus me ajude". Também muita gente já fez os seus pedidos ao ver uma estrela cadente, ou enquanto comia as 12 uvas passas na passagem do ano, por exemplo. Tudo isso são formas de prece, mesmo que as pessoas não se apercebam.

Orar é um livre exercício que todos podem praticar, independentemente das suas inclinações espirituais e/ou religiosas. Talvez seja necessário abrir a mente ao conceito de oração e interiorizar que orar é conversar com o Universo/Deus. Orar é cocriar a nossa realidade, é movimentar as energias no sentido da concretização e da superação dos nossos desafios. Orar é afinar as antenas com a Força Superior. Jamais orar poderá ser punição, dor, castigo ou sofrimento. Sabemos que muita gente faz promessas de oração que acarretam dor, esforço e sofrimento a vários níveis. Trata-se da opção e da convicção de cada um, há que se respeitar a sua ideia e a sua dor, mas, por favor, não confunda oração com dor, sofrimento, castigo ou penitência.

A oração e a meditação andam de mãos dadas. Quanto a mim, orar e meditar deve se tornar um prazer, um ato de amor e de paz, ser um momento de ligação, de conexão com a Força Maior para nos alinharmos com a nossa essência divina. A meditação-base une a meditação e a oração positiva numa só prática muito simples de realizar e ao alcance de todos que queiram praticá-la.

Os anjos são seres de luz que respondem rapidamente às nossas preces. Estão sempre prontos para nos escutar e fazer chegar as nossas orações a Deus. Auxiliam-nos também a elevar a frequência vibratória dos nossos pensamentos, emoções e sentimentos, para que nos comuniquemos de forma segura e positiva com as forças da criação.

Os Seres da Natureza imprimem as nossas preces na nossa realidade. São as "impressoras" mágicas que copiam a realidade interior cá para fora. Felizmente, os pensamentos e sentimentos positivos são enviados com mais força para as "impressoras" do que os negativos, havendo também um intervalo de tempo entre o envio e a sua impressão/manifestação na nossa realidade, o que nos permite corrigir alguns detalhes.

A intenção e o sentimento são soberanos,
tanto nas orações como em todo o trabalho espiritual.

Quando praticamos uma ação como orar, invocar os seres de luz, meditar, fazer um ritual angelical ou qualquer outra coisa na nossa vida, somos movidos por determinadas intenções e sentimentos. Há sempre uma intenção/sentimento que nos impulsiona. É essa intenção ou sentimento, ao praticarmos a ação, que vai definir os resultados alcançados.

Uma mesma ação com duas intenções/sentimentos diferentes
resulta em dois resultados distintos.

Torna-se então necessário ficarmos conscientes do que fazemos, por que e com que intenção o fazemos, para podermos aperfeiçoar a nossa maneira de estar na vida e garantirmos a integridade e a pureza das nossas ações.

Como costumo dizer, não vale a pena tentar fazer trapaça com o Universo. Ele sabe sempre as verdadeiras razões que nos movem e faz regressar a nós o equivalente aos sinais enviados, para que possamos nos aperfeiçoar e nos alinhar corretamente com as leis universais. Já ouviu dizer que o que conta é a intenção? Isso significa que, mais do que aquilo que faz ou dá, o importante é o sentimento e a intenção com que o faz.

Em suma, na hora de fazer as suas orações, meditações, rituais angelicais ou qualquer outra atividade na sua vida, inspire e expire tranquilidade, traga pensamentos positivos de gratidão e geradores de boas intenções para a sua mente. Eles irão desencadear emoções positivas e motivadoras que irão, por sua vez, gerar um sentimento poderosamente positivo, repleto de intenção positiva e de autenticidade, alinhados com a sua alma e direcionadas para aquilo que pretende fazer acontecer ou manifestar na sua vida.

4. A Magia dos Anjos e dos Seres da Natureza e a Oração

Sintonizar-se com o mundo dos Anjos e dos Seres da Natureza é uma experiência mágica repleta de bênçãos, que pode proporcionar muito mais do que o maravilhoso sentimento de bem-estar e de paz. Conectar-se com esses amigos celestiais confere-lhe a oportunidade de ver a sua vida mais iluminada, de encontrar o seu caminho de luz, de descobrir a sua missão a cada dia, de trazer para a sua vida harmonia, amor, proteção, saúde, abundância e prosperidade a todos os níveis positivos.

Para fazer conexão/sintonização com o reino celestial em segurança, deve-se ter em atenção alguns procedimentos que, apesar de muito simples, farão certamente toda a diferença. O ser humano é magnético, o que significa que age como uma antena que capta vibrações. Esta antena, se não estiver devidamente sintonizada, pode estar sujeita a interferências não desejadas e igualmente a alcançar resultados não desejados. Quanto mais "afinada" estiver a nossa antena, maior a qualidade daquilo que atraímos. Quanto mais limpos e purificados mantivermos os nossos corpos físico, mental, emocional e espiritual melhor será a qualidade das energias que atraímos.

Podemos comparar a nossa "antena" com a televisão. Quando você assiste televisão em sua casa e o programa não lhe agrada o que faz? Certamente o mesmo que a maioria: muda de canal. Pode agir da mesma maneira com a sua mente, quando os pensamentos não lhe agradar. Nós temos o poder de escolher os pensamentos que queremos ter. Mude o canal, pense em coisas positivas, leia um bom livro, ouça uma música de que goste, tome um banho relaxante, brinque com crianças ou com o seu animal de estimação, pinte, cante, dance, faça afirmações positivas ou alguma coisa que lhe traga felicidade e bem-estar e que o ajude a mudar de frequência.

Se não programar a sua mente corretamente, corre o risco de ficar à mercê de um mar de pensamentos frenéticos, que o cansam e lhe tiram a energia. A nossa mente é como um computador que precisa ser bem programado para funcionar corretamente. Aprender a mudar de frequência não se trata de fugir das situações, mas apenas de elevar a sua vibração para poder discernir a melhor forma de resolver as suas questões, encontrar soluções vantajosas e fazer as melhores escolhas. De cabeça cheia e mente negativa dificilmente se encontram soluções mais iluminadas para os nossos desafios.

Na magia dos Anjos e Seres da Natureza estabelecemos a nossa ligação com Deus e com esses magníficos seres de luz através da meditação/oração. Como já mencionei, a meditação e a oração positiva andam de mãos dadas com esta prática e são facilitadoras do processo de conexão com a Força Maior.

5. A importância de um estado positivo para uma boa conexão

Já vimos que a oração positiva tem o poder de alterar nossa vida para melhor, elevando a nossa vibração de um estágio inferior para outro mais elevado. Ao orarmos de forma positiva, abre-se um portal de luz que nos ilumina, ampara e protege. Milhares de seres de luz descem para nos acudir quando oramos. A melhor ajuda que podemos ter, em fases de desorientação na nossa vida, é reforçar as nossas orações com muita fé. O Arcanjo Sandalphon e a sua legião de anjos encarregam-se da tarefa iluminada de ajudarem a fazer chegar as nossas preces a Deus sempre que lhes solicitamos ajuda, assim como os silfos, as fadas do Ar e outros seres de luz.

A oração é uma conexão entre nós, seres humanos, e o Universo. Pessoalmente, não dirijo as minhas preces aos anjos, mas a Deus, sob a forma de afirmações positivas, e peço aos Anjos e Seres da Natureza que as façam chegar a Deus. Os anjos e seres de luz em geral são intermediários entre nós e a Entidade Suprema, por isso, eu os vejo como uma ponte. Uma vez que o divino habita em cada um de nós, costumo dizer que os anjos e seres de luz são a ligação entre aquilo que pensamos que somos e o que somos de verdade. Ajudam-nos a desbravar o caminho rumo ao nosso divino interior e a descobrirmos quem realmente somos e o que estamos fazendo aqui.

Quando nos propomos a fazer este trabalho com disciplina e comprometimento, podemos ter a certeza de que a nossa vida vai se alterar de forma positiva. Esse comprometimento vai nos ajudar a mudar a vibração da nossa vida e a fazer uma transformação pessoal absolutamente maravilhosa.

Para garantirmos uma boa conexão é importante nos recordarmos que "o sentimento é a prece", o que significa que, se começarmos uma oração reclamando, resmungando, chateados com a vida e com maus sentimentos, em vez de ampliarmos o nosso campo de energia pessoal com a luz celestial brilhante, vamos "entupir" ainda mais a nossa energia, pois não estamos "bem sintonizados" e estaremos "puxando" mais vibrações densas.

5.1 O que fazer no caso de não nos sentirmos positivos

A primeira coisa a se fazer é parar, respirar profunda e tranquilamente várias vezes e pedir aos anjos que nos ajudem a libertar todos esses pesos e energias negativas que estamos sentindo. É importante converter esses estados negativos, aceitando, apesar de tudo, que é normal que passemos por eles, pois fazem parte do processo de limpeza e superação cármica que viemos fazer na Terra. Ao sermos confrontados com esses desafios, devemos pedir força e orientação aos anjos para os superarmos, apesar de muitas vezes podermos não ter vontade. Sim, porque geralmente, quando andamos em baixa e "do avesso", parece não haver paciência para fazer absolutamente nada, mas é então, precisamente nesses momentos, que precisamos agir para sair desses estados, e bem rapidamente!

Pode acontecer de acordarmos maldispostos de manhã e nem sabermos o motivo: podem ser preocupações com alguém querido, com o trabalho, com as finanças, com a saúde, uma chatice com alguém, etc.; não importa o que seja, o que interessa é que precisamos tomar consciência de que é necessário fazermos tudo o que está ao nosso alcance para sairmos desse campo de vibração denso e negativo. Nós, seres humanos, somos muito complexos e temos mecanismos inconscientes de autossabotagem da nossa felicidade, harmonia e bem-estar. A tendência mais comum é culpar o exterior, as situações, os outros, arranjando desculpas para justificar o fato de não nos sentirmos bem. É preciso dar a volta e adquirirmos uma nova e iluminada perspectiva sobre esse assunto. Em primeiro lugar, nada nem ninguém, mas nada mesmo, tem o poder de interferir no nosso caminho, salvo quando nos vitimizamos e não assumimos a nossa responsabilidade.

O que quero dizer com isso? Que somos responsáveis pelos nossos pensamentos, que temos a tarefa de reprogramá-los de forma positiva e que isso vai mudar a nossa realidade tanto interior como exterior.

Obviamente que, se assumirmos o papel de vítimas dos acontecimentos exteriores, estamos nos colocando numa posição de desvantagem, pois perdemos a consciência de que são os nossos pensamentos os construtores da nossa realidade, por dentro e por fora. Então o mundo exterior muda à medida que o mundo interior passa por um processo de transformação.

Não fui eu que inventei isso. São leis do Universo que existem e sempre existiram. As mesmas que muitos autores descrevem nos seus livros e que eu própria testemunho na minha vida e nas mensagens que recebo dos anjos. O nosso ego resiste a aceitar esse fato, mas, depois, à medida que vamos interiorizando o modo de funcionamento do Universo, começamos "baixar a guarda" e tudo se torna mais claro.

As pessoas que nos magoam, invejam, ofendem, tratam mal, etc., só têm o poder que lhes dermos! Porque na verdade elas não passam de campainhas. Sim, campainhas. Elas tocam e dizem: "Atenção! Tens isto para limpar dentro de ti!" Aquilo que elas nos fazem (seja o que for) aciona os nossos botões internos que abrem sentimentos de que não gostamos, como rejeição, dor, medo, tristeza, mal-estar, etc. Esses sentimentos são sentidos porque, na verdade, estão dentro de nós à espera de poderem vir à tona para serem libertados. E ao adquirirmos essa consciência tudo pode mudar, porque às tantas damos por nós agradecendo ao "mau da fita" que nos tocou à campainha, a excelente oportunidade que nos deu de nos libertarmos de pesos inconscientes, que, frequentemente, nem sabíamos que tínhamos. Isso não é uma desculpa para quem nos faz mal, nem muito menos para apoiar quem prejudica os outros. Há realmente pessoas que são grandes mestres da campainha, mas que não interessa minimamente mantê-las no nosso campo de energia. A diferença está na consciência com que provocamos esse afastamento. Sem ressentimento, mágoa ou peso, mas com gratidão, perdão e consciência do quanto Deus escreve direito por linhas tortas. "Muito obrigada, já fizeste a tua parte, agora segue o teu caminho em paz que eu também seguirei o meu." Quando esta consciência brota das profundezas do nosso ser, a própria vida se encarrega de afastar quem já não interessa que esteja no nosso caminho.

Somos seres repletos de memórias e de registos do nosso passado, desta e de outras vidas, apesar de não nos lembrarmos. Se os registos negativos e desequilibrados se mantiverem ocultos vão continuar a dificultar-nos a vida enviando obstáculos para o nosso caminho. Por isso é tão importante remover essas barreiras, e o mais curioso é que nem sempre precisamos saber exatamente do que se trata, o que se passou, em que vida, etc. Basta termos a consciência de que, se estamos sentindo desconforto com alguém ou alguma coisa, é porque está na hora de libertar mais algumas pedras do caminho, e o Universo fará o resto por nós.

5.1.1 As técnicas de libertação: a oração de Karol Truman

Existem várias técnicas espirituais muito eficazes para aprendermos a lidar com o mar de sentimentos negativos que por vezes é acionado dentro de nós. O Reiki pode ser de grande ajuda, assim como a técnica havaiana *Ho'oponopono*, o método Sedona ou a regressão da memória, entre outros. Cada um deve procurar as ferramentas, os métodos e as técnicas que mais lhe façam sentido. Pessoalmente prefiro trabalhar com várias técnicas de acordo com a minha intuição no momento. Uma delas, que se revela no meu caso bastante eficaz e pela qual sou imensamente grata, é uma oração que encontrei há uns dez anos num livro intitulado *O Fator Atração*, de Joe Vitale. A oração é de Karol Truman, autora do livro *Feelings Buried Alive Never Die*. Trata-se de uma oração poderosa para libertação de modelos, sentimentos e crenças indesejáveis. Assim, sempre que sentir desconforto em relação a alguém ou a alguma situação, pode usá-la para se libertar. Que maravilha...! Repita-a quantas vezes sentir serem necessárias, peça ajuda aos anjos para fazê-la e ela vai trazer magia à sua vida!

Espírito superconsciente, por favor, descobre a origem do meu sentimento/da minha ideia de _____.

Leva cada um dos níveis, camadas, áreas e aspectos do meu ser até essa origem. Analisa-a e resolve-a na perfeição, com a verdade de Deus. Atravessa todas as gerações do tempo e da eternidade, curando cada incidente baseado nessa origem, bem como as respectivas sequelas.

Por favor, faça-o de acordo com a vontade de Deus, até que me encontre no presente repleto de luz e de verdade, de paz e amor divino, de perdão pelas minhas percepções incorrectas, de perdão a todo o ser humano, lugar, circunstância e acontecimento que possa ter contribuído para esse sentimento/ideia.

Com total perdão e amor incondicional, permito a transformação de todo e qualquer problema de ordem física, mental, emocional ou espiritual, bem como de qualquer comportamento inadequado que tenha por base a origem negativa gravada no meu DNA.

Eu Escolho Ser _____

Eu Sinto _____

Eu Sou _____

Está feito. Está curado. O objetivo foi alcançado!

Agradeço-te, espírito, por vires em meu auxílio e por me ajudares a alcançar a medida exata da minha criação. Obrigado, obrigado, obrigado! Amo-te e louvo a Deus, fonte de todas as graças.

No primeiro espaço em branco vai dizer o que o incomoda. Por exemplo, se for uma pessoa em particular diga: *Espírito superconsciente, por favor, descobre a origem do meu sentimento em relação a .... (nome da pessoa).*

Se for um pensamento negativo ou uma ideia tola que insiste em não sair da sua cabeça, diga: *Espírito superconsciente, por favor, descobre a origem da minha ideia de .... (descreva a ideia ou o pensamento).*

Na sequência da oração, nas três linhas por preencher (Eu escolho ser, Eu sinto, Eu sou) escreva frases positiva como se a situação já estivesse resolvida. Ao fazê-lo, procure sentir mesmo que já está tudo sendo libertado, curado e tratado.

Alguns exemplos:

Eu escolho ser uma pessoa harmoniosa, positiva e bem-disposta. Eu sinto que a situação está curada. Eu sou harmonia, luz e paz.

Sente-se mal? Não sabe o que fazer? Está negativo? Algo ou alguém o incomoda? Faça esta oração e liberte-se!

5.1.2 A chama violeta

Visualizar uma luz violeta girando em torno de si, enquanto diz a oração acima, também pode ajudar bastante neste processo de purificação, limpeza e libertação de padrões negativos.

Pode visualizar a luz violeta limpando, transformando e preenchendo todas as células do seu corpo, para que as forças negativas sejam neutralizadas e a luz o preencha por completo. A chama violeta tem um grande poder purificador e acelerador no nosso desenvolvimento. Trata-se de uma forma de transmutar, no nosso campo energético, as energias negativas em positivas.

A chama violeta é a luz do sétimo raio. Concentra qualidades como a compaixão, a misericórdia, o perdão, a transmutação, a abertura de caminhos e a liberdade, e tem o poder de acelerar o processo de evolução dos seres humanos. Quando a visualizamos girando, em movimentos espiralados em torno do nosso corpo e de toda a nossa energia, estamos ativando o poder angelical do sétimo raio no nosso campo de energia pessoal. O Arcanjo Ezequiel é o seu guardião, juntamente a alguns mestres ascensos como Kuan Yin e Saint-Germain. A chama violeta tem operado muitos milagres pelo mundo, pois detém o poder da alquimia e da transformação do negativo em positivo. Trata-se de uma dispensação divina muito poderosa, conhecida também como a "borracha cósmica que apaga o negativo", que se encontra ao nosso alcance.

Há vários anos que eu sou instruída pelos anjos acerca da chama violeta. Praticando a sua visualização, envolvendo-nos e atuando em todo o nosso campo de energia, podemos alterar não só o nosso estado de humor como trabalhar todo o tipo de padrões e comportamentos negativos ou destrutivos, inclusive de vidas passadas.

Uma vez que somos um todo, a atuação da chama violeta nos engloba por inteiro e em todos os aspectos. Podemos ainda visualizar os nossos projetos, trabalhos, relações, casa, carro, local de trabalho, oceanos, planeta, etc., envolvidos nesta luz com a intenção de limpar, transmutar o negativo e proteger. Imagine-se tomando grandes banhos de chama violeta, assim como todo o Planeta. Os seres elementais ficarão imensamente gratos pela ajuda, pois a luz violeta tem o poder de restabelecer e purificar a energia da Mãe Terra, minimizando os efeitos nefastos da poluição e das constantes agressões ao Planeta.

Podemos usar a chama violeta todos os dias. Entre cinco e quinze minutos é o tempo suficiente e recomendado. Apesar de ser um excelente auxiliar para quando estamos mal-humorados, podemos nos beneficiar sempre dela, até mesmo nos dias em que nos sentimos pra cima, felizes e bem-dispostos. É importante mantermos a intenção firme de nos libertarmos de energias negativas e não ficarmos remoendo e alimentando pensamentos e sentimentos que não nos levam a lugar algum.

Para elevarmos a nossa vibração podemos ainda tomar um chá, essências florais, angelicais e/ou minerais, recorrer a óleos essenciais naturais, passearmos no campo, praticarmos esportes (de preferência ao ar livre, na Natureza[12], caminhar, mexer na terra, cuidar das flores, brincar com crianças ou com animais de estimação, ouvir música boas, relaxantes e/ou alegres, fazer terapias de limpeza e purificação da nossa energia, tomar banhos de ervas sagradas, cantar, dançar, etc.).

Tenho aprendido com os anjos que jamais conseguimos fazer uma boa conexão com eles se estivermos estressados, chateados e com a cabeça a mil. Por mais desesperados que estivermos, temos de aprender a elevar a nossa vibração de forma a conectarmo-nos corretamente com um campo

---

12. Praticar exercício físico é muito importante para a saúde física, mental, emocional e espiritual do ser humano. Meia hora por dia é suficiente para purificar e renovar as energias. A prática de exercício físico ajuda a ancorar as energias da luz no nosso corpo, trazendo saúde, vitalidade, iluminação, harmonia, boa disposição e bem-estar. Os anjos incentivam muito a prática de esportes e explicam que o segredo de um ser humano bem-sucedido a todos os níveis passa, grandemente, pelo abandono do sedentarismo, dando lugar ao exercício e à vitalidade.

de energia superior. Por isso, respire fundo e eleve os seus pensamentos a Deus e aos seus anjos de luz...

6. A meditação-base é uma viagem mágica

Como em todas as viagens que fazemos, desejamos sempre que tudo corra bem. É muito comum desejarmos "uma boa viagem" a quem está partindo. A viagem pela magia dos Anjos e dos Seres da Natureza não poderia ser diferente. Essa é uma viagem para ser feita de mente e coração totalmente abertos, com fé e a certeza de que todos, todos mesmo, sem exceção, podemos contatar e nos comunicar com os seres de luz e obter a sua ajuda. À medida que treinar essa comunicação, vai desenvolver essa capacidade, o importante é ser persistente e jamais desistir.

A preparação para essa viagem é de suma importância e requer apenas um pouco de prática. Siga as fases recomendadas com muita fé e fará, certamente, uma viagem celestial muito agradável.

Deus criou o mundo de forma perfeita, não nos atribuindo tarefa alguma que não sejamos capazes de cumprir, por isso, todos, sem exceção, com fé, amor, paciência, empenho, persistência e vontade, podemos nos sintonizar com o reino angelical abrindo a porta à sua manifestação na nossa vida. Deus colocou a nossa disposição todos os meios de que necessitamos para concretizá-lo.

Lembre-se sempre de que "a vida se assemelha mais a uma maratona do que a um *Sprint*", simplesmente porque mais importante do que andar depressa é conseguir cumprir cada estágio com sucesso, fazendo a devida aprendizagem e sem querer "saltar etapas".

Repare como tudo na vida se torna mais fácil, organizado e exequível quando nos propomos cumprir as nossas tarefas por etapas. Se quiser fazer tudo ao mesmo tempo, a vida se torna uma confusão e o estresse e as frustrações se instalam. Por isso é tão importante a organização, para não perdermos o foco naquilo que é realmente importante e não queimarmos etapas da nossa aprendizagem, até porque, se o fizermos, a vida irá se encarregar de nos trazer de volta as mesmas lições até as superarmos e passarmos para o próximo nível.

No final deste capítulo você encontrará uma tabela de resumo da meditação-base para facilitar a interiorização dos passos a seguir. A princípio pode parecer complexo, mas depois de ler e de assimilar a informação, vai ver que é bastante simples. Com a prática, você vai começar a fazer a meditação naturalmente e já sem pensar nos passos a seguir, pois eles surgirão com naturalidade.

6.1 Meditação-base

Para começar, tenha sempre em mãos um bloco de notas. A partir do momento em que começar a desenvolver a magia dos Anjos e Seres da Natureza na sua vida, habitue-se sempre a ter em mãos um bloco onde possa registar todas as sensações, percepções, sonhos, visões e/ou intuições que surgirem.

Coloque-o na mesa de cabeceira todas as noites para poder anotar, assim que acordar, as suas percepções, sonhos, palavras, símbolos ou objetos que lhe possam ter sido mostrados durante o sono.

Na última fase do método (5ª fase) faça as suas preces e peça os seus desejos a Deus por meio de afirmações e de visualizações positivas dirigidas aos anjos. Isso inclui tudo o que possa imaginar: resolução de problemas, harmonia para as suas relações, compra de uma casa ou um carro novo, recuperar a saúde, a inspiração para fazer um trabalho, boa sorte para uma reunião importante, abundância de dinheiro, enfim, o que quiser.

6.1.1 A magia vai começar!

Refugie-se num local calmo onde não seja interrompido. Desligue o telefone. Se tiver um altar sente-se tranquilamente à sua frente.

Note que para se conectar com os seres de luz não precisa de algo mais do que de si mesmo. As suas vontades, entrega, fé, dedicação e o comprometimento são soberanos neste processo. No entanto, existem objetos, símbolos e elementos da Natureza que podem nos dar uma grande ajuda, pois contribuem para um relaxamento e um bem-estar mais profundo, promovem a ligação com as energias angelicais e naturais e nos ajudam a focar, concentrar e direcionar as energias com mais vigor e determinação. No fundo, funcionam como bengalas para o ser humano.

Para obter resultados profundos, sentir cada vez mais a magia dos Anjos e Seres da Natureza na sua vida, e desenvolver a comunicação com eles, recomendo que seja persistente e que faça a meditação-base todos os dias. Reserve alguns minutos por dia para esse feito e vai notar uma transformação maravilhosa tanto em você como na sua vida. Esta não é só uma forma de implementar diariamente a prática da meditação na sua vida, como de desenvolver a sua intuição e o trabalho com os seres de luz. Para isso deve procurar disciplinar-se a fim de trabalhar no seu processo de desenvolvimento espiritual e fazer os trabalhos de casa diariamente.

6.1.2 Como fazer

Comece se enraizando e afirmando de maneira convicta diretamente do seu coração:

Sou abençoado e protegido pelos anjos de luz,
assim como todos os meus.

(Repetir três vezes)
Pausa – respire fundo

Os seres de luz acompanham-me 24 horas por dia,
orientam-me, amparam-me e protegem-me.

(Repetir três vezes)
Pausa – respire fundo

Sou feliz e muito grato pelas maravilhosas
bênçãos dos anjos de luz na minha vida.

(Repetir três vezes)
Pausa – respire fundo

Esboce um sorriso de agradecimento sincero e avance...

1ª Fase da meditação: *Relaxo, solto as tensões e elevo os meus pensamentos a Deus para que os anjos de luz possam ficar junto de mim.*

Mantras

Eu relaxo...
Eu respiro profundamente e solto todas as tensões do meu corpo...
Eu elevo os meus pensamentos a Deus...
Eu me concentro e me conecto com a divina luz dos anjos...
Eu sou a paz em pessoa...

Sente-se confortavelmente, com a coluna vertebral ereta, a cabeça em linha com a coluna. Relaxe os ombros e os braços e coloque as mãos em posição de prece em frente ao coração, feche os olhos e respire profundamente. Se for sentar numa cadeira de frente para o altar, deixe as pernas descruzadas e os pés bem assentados no chão; também pode optar por se sentar em posição de lótus no chão (pernas cruzadas).

Comece por respirar profundamente. A inspiração profunda é o primeiro passo para mudar a sua vibração, oxigenar o cérebro, contribuir para uma mente limpa e positiva e chamar os anjos de luz para junto de si.

Inspire pelo nariz e expire pela boca, com calma, devagar e profundamente, pelo menos 21 vezes.

Continue respirando profundamente com fôlegos geradores de vida que sustentam a sua energia vital de forma equilibrada. Recorde-se de que, por uma questão de boa sintonização, não deve embarcar nesta viagem angustiado, desesperado, chateado ou reclamando com a vida. Isso iria interferir negativamente com o processo. Se considerar necessário, respire fundo algumas vezes mais, até encontrar dentro de si um estado positivo, tranquilo e harmonioso.

Mentalmente ou em voz alta, fica a seu critério, vá repetindo para si mesmo os mantras dessa primeira etapa, de forma pausada e com inspirações profundas entre cada um:

Eu relaxo...
Eu respiro profundamente e solto todas as tensões do meu corpo...
Eu elevo os meus pensamentos a Deus...
Eu me concentro e me conecto com a divina luz dos anjos...
Eu sou a paz em pessoa...

Recorrendo à sua imaginação, visualize a luz branca dos anjos cercando todo o seu corpo.
Depois de se sentir bastante calmo, siga para a segunda fase.

2ª FASE: *Agradeço aos anjos e a toda a vida.*

Mantras

Sou grato aos meus anjos por todo o seu amor e apoio incondicional...
Sou grato por tudo o que sou, tudo o que sei e tudo o que tenho...
Sou grato à Mãe Terra que me acolhe e a todos os elementos
que a compõem, que me sustentam e me dão vida...

Abra o seu coração e agradeça pela sua vida com todo o fervor. Agradeça a saúde, a casa, a família, os amigos, o trabalho, o animal de estimação, a comida, as roupas, os sapatos. Agradeça o sabonete, a pasta de dentes, a água potável. Agradeça os desafios que o fazem crescer, aprender e tornar-se mais forte. Agradeça todas as oportunidades e a proteção que a vida lhe tem dado. Agradeça ao elemento Ar que respira; ao elemento Água que dá vida ao Planeta, que lhe mata a sede e cuida da sua higiene; ao elemento Fogo que o aquece e ilumina todos os dias; ao elemento Terra que o acolhe e lhe dá alimento e sustento; a companhia do seu anjo da guarda e ao apoio que todos os seus anjos, mestres e guias lhe têm prestado ao longo da vida.

Agradeça o amor, o apoio, a paciência, a proteção, a companhia, os conselhos e as bênçãos que lhe têm prestado, apesar de muitas vezes poder não estar consciente disso. Agradeça também tudo o que tem concretizado na vida, tudo o que você é, tudo o que você tem e tudo o que você sabe. Agradeça os livros, as informações e toda a sabedoria que os seus anjos lhe fazem chegar para que possa se desenvolver espiritualmente.

Repare como, à medida que vai agradecendo, a sua mente flui continuamente numa vibração mais positiva, de amor e gratidão.

Segundo as leis naturais, o Universo é um espelho que reflete para nós aquilo que lhe enviamos através dos nossos sentimentos. Se quisermos ter cada vez mais razões para agradecer, então teremos de agradecer primeiro. O sentimento é refletido no espelho e retorna a nós com mais intensidade. Esse é o segredo para uma boa afinação com o Universo e as suas leis. Quanto mais agradecermos, mais razão para agradecer a vida nos trará.

Agradeça, agradeça, agradeça até o seu peito transbordar gratidão e veja os resultados maravilhosos se manifestarem na sua vida. Agora que transborda em gratidão e já a expandiu por toda a Mãe Terra...

3ª Fase: *Uno-me em amor aos anjos de luz.*

Mantras

Eu sou luz...
Eu sou um anjo de luz na Terra,
que se une aos anjos de luz do Céu
para ancorar a luz no Planeta...

Esta terceira etapa é lindíssima. Em poucos segundos, imagine que é um anjo e que se junta aos anjos de luz para ajudá-los na missão de trazer mais luz para o Planeta. Visualize-se de mãos dadas com eles.

Em união com os anjos... avance.

4ª Fase: *Ofereço o meu amor incondicional ao mundo.*

Mantras

Eu sou amor...
Eu ofereço o melhor de mim ao mundo...
Eu envio amor para todos os seres em sofrimento...
Eu contribuo para a formação de um mundo
cada vez mais amoroso e compassivo...

Ofereça o seu amor incondicional ao mundo. Depois de, na fase anterior, se unir à força da luz, abra agora o seu coração e deixe essa energia de amor e de luz transbordar para o mundo inteiro. Para todos os seres em sofrimento, para todas as pessoas maltratadas, para todas as crianças indefesas, para todas as causas do mundo.

Visualize-se nas nuvens com os anjos e derrame com eles cálices de pétalas de rosas cor-de-rosa pelo mundo inteiro. A fragrância agradável das rosas espalha-se pelo mundo e todos os seres sentem-se felizes e em paz... E avance!

5ª E ÚLTIMA FASE: *Recebo todo o amor e bênçãos que o Céu tem para me oferecer.*

Mantras

Abro-me ao amor e às bênçãos que o Céu tem para me oferecer...
Eu mereço viver em abundância e prosperidade a todos os níveis...
Eu vivo em equilíbrio, pois sei dar e receber na mesma proporção...
Estou cada vez mais aberto e receptivo ao contato com os anjos
e às mensagens que me transmitem...

Quando damos, recebemos. A vida funciona assim, é o fluxo de dar e receber. Mantendo esse fluxo em equilíbrio, a nossa vida se torna mais brilhante e harmoniosa.

Depois de oferecer o melhor de si ao mundo (4.ª fase), chegou a hora de fazer as suas preces/pedidos sob afirmações positivas, como se já tivesse concretizado os seus desejos. Visualize o melhor que conseguir essas imagens na sua mente, para que os anjos possam interpretá-las corretamente e os Seres da Natureza (as "impressoras" de luz) possam imprimi-las. É como se tivesse de enviar fotografias mentais para os anjos observarem e perceberem exatamente o que deseja. Direcione a sua intenção para os seus pedidos pessoais, para a sua família, amigos, etc. Este é o momento de fazer as suas preces e de pedir aos anjos que o ajudem a manifestar os seus pedidos. Mais uma vez reforço: lembre-se de visualizar os seus pedidos como se já tivessem sido realizados! Sinta-se como se já os tivesse concretizado! Terá de fazer refletir no espelho do Universo o sentimento, como se os seus pedidos já tivessem sido realizados. Não se preocupe com o "como" conseguir, visualize apenas o resultado desejado e deixe o "como" com os anjos de luz, que eles tratam do resto.

Seja flexível e deixe que o Universo trabalhe de acordo com o seu propósito e o seu caminho. Por vezes pode acontecer de pedirmos coisas que não estão de acordo com o nosso propósito, sendo que, nesses casos, a sua não realização se torna uma grande bênção.

Fale com os seus anjos, converse com eles, peça-lhes ajuda, orientação e a realização dos seus desejos.

Por favor, mais uma vez recomendo que leia todo o livro pelo menos uma vez antes de começar as suas práticas. Em todos os capítulos você encontrará informações úteis que vão ajudá-lo. Se sentir necessidade faça um resumo da informação, tire apontamentos, passe as fases da meditação-base para um dossiê ou um caderno. Organize-se da forma que lhe der mais jeito e que for mais confortável.

Tabela-resumo

1.ª fase	Relaxo, solto as tensões e elevo os meus pensamentos a Deus para que os Anjos de Luz possam ficar junto a mim. Respiro fundo, devagar e pausadamente várias vezes.
2.ª fase	Agradeço aos anjos e à vida tudo o que sou, tudo o que sei, tudo o que tenho.
3.ª fase	Uno-me em amor aos anjos de luz. Sou um anjo na Terra que ancora as energias angelicais neste plano, contribuindo desta forma para a iluminação de todo o Planeta.
4.ª fase	Ofereço o meu amor incondicional ao mundo. Envio energias de amor para todos os seres por igual, independentemente do seu grau de merecimento, porque estou consciente de que os que menos merecem são os que mais precisam.
5.ª fase	Recebo todo o amor e as bênçãos que o Céu tem para me oferecer. Faço os meus pedidos de oração, visualizando-os como se já estivessem, efetivamente, concretizados. E termino a minha conexão dizendo obrigado, obrigado, obrigado.

Sensações/percepções que pode se desenvolver com a prática

Algumas sensações e percepções podem se desenvolver extrassensorialmente com a prática regular dessa meditação; nem todos os casos são iguais, cada pessoa tem o seu caminho a percorrer. No entanto, a experiência tem mostrado que todos aqueles que se dedicam de corpo, alma e coração ao trabalho com os anjos, desenvolvem a sua intuição, ficam mais atentos aos sinais do Céu, recordam-se melhor das mensagens transmitidas em sonhos e passam a ter uma percepção mais apurada no que diz respeito ao sentimento de proteção e de orientação dos anjos, além de se tornarem pessoas mais calmas, tolerantes, compassivas, flexíveis e iluminadas pela maravilhosa luz angelical.

O que foi apresentado aqui é a meditação-base de todo e qualquer ritual de magia dos Anjos e Seres da Natureza. Assim que fizer essa etapa, estará apto a avançar para grande parte dos vários rituais apresentados neste livro. No entanto, gostaria que ficasse ciente de que, se praticasse somente a meditação-base com muita fé e persistência todos os dias, mesmo sem executar os rituais, já estaria operando mudanças mágicas no seu interior que iria refletir de forma positiva na sua vida exterior. De qualquer forma, os rituais dão um reforço magnífico à concretização dos desejos da alma.

Velas, Incensos, Óleos e Ervas Sagradas

1. As Velas

As velas são dotadas de um forte poder energético, por isso são usadas pela maioria das religiões e rituais no mundo. Através da sua chama acontecem trocas de energia com os seres de luz. Por essa razão, é de muita valia acender uma vela ao nosso anjo da guarda e/ou anjo solar, aos nossos guias protetores, aos anjos e arcanjos e seres de luz em geral. Essa é uma forma de nos comunicarmos com eles, de lhes pedirmos proteção, iluminação, saúde, e também a realização dos nossos desejos, objetivos e necessidades.

As velas são lindas representações da luz das estrelas na nossa grande mãe, a Mãe Terra. As suas chamas significam "luz divina" e são compostas pelos elementais do Fogo – as salamandras, que lhe dão vida. Quando acendemos uma vela aos seres de luz e a Deus, com a intenção de pedir, por exemplo, proteção e iluminação para nós ou para outras pessoas, estamos enviando uma energia baseada nessa intenção de proteção e iluminação para o Universo que a fará voltar a nós através do chacra da coroa (topo da cabeça), sob a forma de energia divina purificadora.

Quando pedimos ajuda para outras pessoas, além de recebermos esse retorno como bênção, a pessoa para quem foi feito o pedido também recebe essa energia divina através do seu chacra da coroa. Isso significa que, sempre que usarmos uma vela com a intenção de ajudar alguém, estamos também sendo ajudados e recebendo energias positivas do Universo como agradecimento pela nossa boa e genuína vontade de ajudar. Aliás, é assim que o processo funciona sempre, independentemente de acendermos velas ou não. É simples: o que damos recebemos!

É importante formular uma intenção clara, positiva e harmoniosa no momento de acender uma vela, e não acendê-la mecanicamente sem um objetivo concreto. Ela trabalha como um espelho para nós, tudo o que lhe mostrarmos na hora de acendê-la é o que ela nos irá devolver.

Sinto as velas como uma espécie de amplificador de orações e preces. Elas representam um portal de luz que mantém as orações mais "vivas" e fortes durante o consumir da sua chama e até mesmo depois de terminarem de arder. Existem muitos mitos, histórias, crenças e especulações em torno das velas. Muitas pessoas receiam acendê-las porque já ouviram falar que faz mal, que não se deve ou simplesmente porque o movimento espiritual que seguem não é a favor. Bem, se esse é o seu caso respeito totalmente a sua crença, tal como respeito a minha. Sempre gostei de acender uma velinha no meu altar para orar ao meu anjo da guarda. Sempre usei velas nos meus rituais e já pude ajudar muitas e diversas pessoas através das velas, da minha forte intenção e das orações. Mas esta é a minha realidade, a minha crença, pode não ser a do leitor e, mais uma vez, com respeito e amor há espaço para todos. Pode sempre optar por ajustar alguns rituais, retirando-lhes as velas, por exemplo.

Não é recomendado acender velas dentro de casa a pessoas que já partiram, nem acendê-las sem encaminhar a sua chama a Deus e/ou aos seres de luz. Isso para evitar que outras entidades não convidadas se aproximem. Também não é recomendado utilizar velas partidas ou usadas. Pedidos novos, velas novas. Se estiver chateado, zangado ou sentindo-se tenso, eleve a sua energia antes de acender uma vela e de fazer qualquer ritual. Pode fazê-lo seguindo as várias sugestões deste livro. Aliás, se mergulhar profundamente na meditação-base estará num estado de profunda gratidão para iniciar qualquer ritual angelical (um dos objetivos é precisamente esse).

1.1 Ritual de vela e mel para pedidos em geral

MATERIAL NECESSÁRIO:

- uma vela branca em forma de cilindro;
- uma colher de mel;
- ervas sagradas (o quanto achar necessário);
- um lápis de carvão;
- uma folha de papel branco;
- um prato ou tabuleiro resistente ao calor;
- um copo com água.

Em primeiro lugar, verifique qual o anjo mais indicado para ajudá-lo tendo em conta o tema do pedido que vai fazer. Para isso, a tabela mágica dos 18 Arcanjos poderá ser útil (ver pág. 54). Verifique também qual a flor associada a esse anjo e use-a, se possível, no ritual. Pode também utilizar qualquer das outras plantas e ervas sagradas que intuir.

Em seguida, acenda um incenso da sua preferência, conforme a sua intuição ditar, com o intuito de limpar as energias do local (ou faça uma defumação – veja mais à frente como fazer uma defumação no tópico *Os Incensos*), enraíze-se e faça a meditação-base.

Ainda em estado meditativo e de pura gratidão, segure a vela entre as mãos, concentre-se nela e ofereça-a ao seu anjo da guarda e ao anjo/arcanjo que escolheu para ajudá-lo nesta tarefa e solicite a sua ajuda. Agora mentalize o que deseja de forma clara e positiva, como se já tivesse sido realizado (pode ser proteção, harmonia, saúde, cura, pedir para uma reunião correr bem, arranjar emprego, etc.). Lembre-se de que está imprimindo uma fotografia na sua mente com a imagem exata daquilo que pretende e que essa fotografia é, em seguida, entregue ao anjo a quem você está solicitando ajuda, que a fará chegar a Deus. Escreva no papel com o lápis de carvão o seu pedido, no presente e de forma positiva. Por exemplo, vamos imaginar que pretende vender a sua casa:

Obrigado, meus queridos anjos, pelo sucesso da venda da minha casa e pelo negócio feliz para ambas as partes.

No final da visualização, e de escrever o seu pedido no papel, diga e escreva por baixo:

> Peço isso ou algo ainda melhor, meu Deus,
> e que seja feita a Sua vontade.
> Amém.

Muita atenção! Procure sentir sempre com o seu coração se os seus pedidos não prejudicam nem violam o livre-arbítrio de ninguém e se são para o bem supremo de todos.

Em seguida, coloque o papel dobrado com o pedido dentro do prato ou tabuleiro e o copo com água ao lado. Coloque uma colher de sopa com mel em cima do papel e cole a vela com o mel. À volta da vela, ou ao seu lado, coloque a flor, a planta ou a erva sagrada que escolheu (pode, por exemplo, colocar a flor correspondente ao arcanjo, no seu estado fresco, numa jarra com água ao lado do prato/tabuleiro e, com as ervas sagradas que escolheu, faça um círculo protetor com o pedido à volta da vela). As flores e ervas sagradas vão dar força e energia ao seu pedido. Com um fósforo acenda a vela e mantenha clara a intenção na sua mente por mais alguns instantes. Depois, relaxe, agradeça e deixe a vela arder até ao fim[13].

O que fazer com os restos dos materiais do ritual?

No final, depois de a vela arder por completo, queime o papel com o pedido e jogue-o na terra numa zona de campo ou, se possível, em águas correntes limpas como o mar ou um rio. Jogue fora a água do copo, pelo esgoto ou por terra, e guarde o copo a ser usado unicamente para este fim. Faça os seus agradecimentos, que os Seres da Natureza e os Anjos tratarão do resto.

---

13. Se não puder deixar arder as suas velas até ao final por qualquer motivo (atenção que o ideal é arderem sempre até ao fim), apague-as com um abafador de velas ou outro utensílio que possa adaptar para o mesmo efeito, mas não sopre, pois os elementais do Fogo não gostam. Já os fósforos devem ser colocados numa taça ou cinzeiro, ainda acesos, sem sacudi-los ou soprá-los, deixando-os apagarem-se sozinhos ou abafando-os também.

1.2 Outros rituais simples com velas

1.2.1 Para purificação da energia pessoal

MATERIAL NECESSÁRIO:

- uma vela branca em forma de cilindro, ou daquelas pequenas com a base de alumínio (vamos tratar essa segunda vela como redonda);
- ervas sagradas ou óleos de ervas (o quanto achar necessário - sugestão para este ritual: óleo de lavanda);
- um copo com água;
- incenso;
- cristais (o quanto achar necessário - uso facultativo);
- um prato ou tabuleiro resistente ao calor.

Lembre-se de verificar qual o anjo mais indicado para ajudá-lo tendo em conta o tema do pedido que vai fazer. Para isso, a tabela mágica dos 18 Arcanjos poderá ser útil (ver pág. 54). Sugestão para este ritual: Arcanjo Miguel e Arcanjo Zadquiel.

Em seguida, acenda um incenso da sua preferência conforme a sua intuição ditar, com o intuito de limpar as energias do local (ou faça uma defumação – veja mais à frente como fazer uma defumação, no tópico "os incensos"). Em todo o caso, deixo a sugestão do incenso de pau-santo, alecrim ou sálvia branca. Enraíze-se e faça a meditação-base.

Ainda em estado meditativo e de pura gratidão, segure a vela entre as mãos, coloque nela três gotas de óleo de lavanda (coloque as três gotas em cima da cera da vela; veja como fazer os seus óleos mágicos caseiros mais à frente, no tópico "Os óleos"). Coloque o copo com água ao lado da vela e mentalize que toda a sua energia pessoal começa agora a ser purificada pela energia do óleo de lavanda e dos seres de luz. Inspire e expire profundamente várias vezes. Acenda a vela e ofereça-a aos arcanjos Miguel e Ezequiel ou a qual intuir, podendo ser mais que um, e ao seu anjo da guarda e guias de luz protetores, para que lhe prestem auxílio e proteção neste processo.

Obs.: quando a vela terminar de queimar, jogue pelo esgoto (ralo, pia, vaso sanitário) a água do copo e guarde-o unicamente para este fim.

Visualize a chama da vela transmutando todas as energias negativas em positivas[14].

Segue uma sugestão de oração para o momento em que acende a vela (esta alternativa de oração serve para todos os rituais simples com velas apresentados em seguida, bastando adaptá-la):

Queridos anjos de luz, meus companheiros de todas as horas e momentos, que através do círculo de proteção que se formam à minha volta agora, e do poder da chama desta vela e da força da abençoada lavanda[15], que o meu campo de energia fique totalmente limpo e iluminado, que eu seja protegido de tudo o que não me quer bem e que o meu desejo _____ (dizer o desejo) seja concretizado.

Abro espaço para que o Universo realize o que peço, ou algo melhor ainda.

E assim é e assim está feito! No amor e na luz.

Obrigado, obrigado, obrigado.

Amém.

Deixe a vela arder até ao fim e vai sentir-se mais leve e revigorado. Pode jogar no lixo os restos de cera, num pequeno saco à parte, enterre-os ou jogue-os em águas correntes limpas.

---

14. Se gostar e tiver um cristal de ametista (ou outro que prefira), limpe-o, energize-o com a mesma intenção de purificação e coloque-o ao lado da vela para dar mais energia ao seu pedido. No final, volte a limpá-lo e a energizá-lo para utilizações futuras. Se o cristal se partir durante o processo, está na hora de devolvê-lo a terra e agradecer o tempo que esteve com você e o que lhe fez (mais informações sobre cristais no último capítulo). Pode fazer este ritual, ou qualquer dos rituais apresentados em seguida, diariamente ou sempre que sentir necessidade. Geralmente faz-se 1, 3, 9, 21 ou 33 dias seguidos. Siga a sua intuição para decidir como vai fazer.
15. Se estiver usando outro óleo que não seja de lavanda, por exemplo, alecrim, pode dizer "E da força abençoada do alecrim" e assim sucessivamente. Se eventualmente não tiver os óleos, pode substituí-los pela própria erva sagrada. Faça um círculo com a erva sagrada à volta da vela. No final ofereça à Natureza a erva sagrada utilizada, deixando-a no campo junto a uma árvore frondosa ou em águas correntes de mares ou rios. Pode jogar no lixo apenas os restos da cera da vela, se assim o entender, de preferência num saco fechado à parte.

1.2.2 Para pedidos relacionados com a alegria, a harmonia, a paz e a felicidade

O procedimento é o mesmo do ritual anteriormente mencionado, apenas mudando os ingredientes e as intenções/objetivos.

MATERIAL NECESSÁRIO:
- 1 vela redonda amarela com três gotas de óleo essencial de alecrim;
- Cristal: drusa de quartzo (facultativo);
- Incenso recomendado: sândalo.

Sugestão: oferecer ao Arcanjo Jophiel, ao seu anjo da guarda e aos anjos que zelam pela alegria, harmonia, paz e felicidade;

1.2.3 Para pedidos relacionados com a saúde

MATERIAL NECESSÁRIO:
- 1 vela redonda verde, com três gotas de óleo essencial de eucalipto;
- Cristal: malaquita (facultativo);
- Incenso recomendado: mirra.

Sugestão: oferecer ao Arcanjo Rafael, ao seu anjo da guarda e a todos os anjos da cura;

1.2.4 Para pedidos relacionados com a prosperidade

MATERIAL NECESSÁRIO:
- 1 vela redonda verde, com três gotas de óleo de canela;
- Cristal: malaquita ou pirita (facultativo);
- Incenso recomendado: canela (um pau de canela também serve de incenso).

Sugestão: oferecer aos arcanjos Ariel e Rafael, ao seu anjo da guarda e a todos os anjos da prosperidade.

1.2.5 Para pedidos relacionados com o amor

MATERIAL NECESSÁRIO:

- 1 vela redonda cor-de-rosa, com três gotas de óleo essencial de rosas cor-de-rosa ou vermelhas;
- Cristal: quartzo-rosa em forma de coração ou outra;
- Incenso recomendado: rosas.

Sugestão: oferecer ao Arcanjo Chamuel, ao seu anjo da guarda e a todos os anjos do amor incondicional;

1.2.6 Para pedidos relacionados com o desenvolvimento pessoal e espiritual

MATERIAL NECESSÁRIO:

- 1 vela redonda branca, com três gotas de óleo de mirra;
- Cristal: angelita, celestita ou cristal de quartzo (facultativo);
- Incenso recomendado: mirra.

Sugestão: oferecer aos arcanjos Metatron e Gabriel, ao seu anjo da guarda e a todos os anjos da iluminação;

1.2.7 Para pedidos relacionados com a libertação de energias pesadas, invejas, etc.

MATERIAL NECESSÁRIO:

- 1 vela redonda preta, com três gotas de óleo de arruda, três gotas de óleo de alecrim e três gotas de óleo de lavanda;
- Cristal: turmalina negra (facultativo, apesar de ser a mais poderosa);
- Incenso recomendado: sálvia branca ou alecrim.

Sugestão: oferecer aos arcanjos Miguel, Zadquiel e Baraquiel, ao seu anjo da guarda e a todos os anjos da proteção e da transmutação.

2. Os Incensos

Incensos representam o elemento Ar, purificam os ambientes e ajudam a fazer chegar os nossos pedidos ao Céu. Os anjos, os seres da Natureza e os seres de luz em geral os adoram. Incensos são utilizados por muitas religiões e culturas espirituais desde a antiguidade. Os sábios sempre escolheram os incensos mais apropriados, de acordo com a sua intuição e conhecimento, para alcançarem os objetivos pretendidos. Tornaram-se assim poderosos instrumentos universais nos trabalhos e rituais de meditação, oração, purificação e proteção.

Nem todas as pessoas os apreciam. Podem já ter sentido cheiros de incensos de fraca qualidade de que não tenham gostado, por vezes até tóxicos, ou simplesmente não estão habituadas as suas fragrâncias. Como existem muitos aromas, o ideal é experimentar e perceber com quais se identifica mais e quais estão de acordo com as suas intenções. Conheço muitas pessoas que não gostavam do cheiro dos incensos – aliás, diziam mesmo que não os suportavam e hoje em dia são completamente fãs e os usam em suas casas. Pela minha experiência, tenho percebido que quem se interessa pelo assunto começa a usá-los e acaba por se habituar e gostar das suas fragrâncias.

Na hora de comprar, dê prioridade aos incensos naturais que são feitos à mão e que preservam a energia das plantas ao máximo. Também pode optar por usar as próprias ervas correspondentes e fazer os seus defumadores. Por exemplo, se não tiver incenso de alecrim pode usar o próprio alecrim em planta, apanhado no campo (deixado secar) ou vendido em muitos supermercados na zona bio dos chás ou em ervanárias e lojas esotéricas (se não existir na sua zona de residência pode sempre procurar em lojas online).

Adquira pastilhas de carvão para defumador (são as mais indicadas e fáceis de acender) ou use carvão normal. Comece por acender o carvão, coloque-o no fundo de um recipiente resistente ao calor (existem os incensários apropriados para esse efeito, no entanto, um prato ou taça de barro ou outro material resistente ao calor também serve) e, pegando no exemplo acima, coloque algumas ervas de alecrim seco (ou outras que queira utilizar) por cima. Essa fumaça que irá sair purifica o ambiente, substituindo todos os tipos de incensos, sejam eles em varetas, barras, cones, pós ou grãos.

Quando acender um incenso, tal como as velas, mentalize a sua intenção, seja ela proteção, purificação ou outra, e não acenda só por acender. O cheirinho por si só pode ser agradável, mas estará perdendo uma boa parte dos seus benefícios e potencialidades se não mentalizar a sua intenção na hora de o acender.

2.1 Ritual para defumação da sua casa/espaços

MATERIAL NECESSÁRIO:
- 1 incensário ou taça resistente ao calor (de barro, por exemplo);
- 1 pano ou luva para segurar sem se queimar;
- 1 pastilha de carvão litúrgico;
- ervas sagradas (o quanto achar necessário);

A defumação também pode ser feita com incensos em vareta, barra, cone, pó, grão, etc.

Comece por se enraizar e por fazer a meditação-base, se possível em frente ao seu altar. No final da meditação-base, quando faz os seus pedidos, pode começar logo por solicitar a ajuda dos anjos e dos seres de luz para defumar a sua casa ou qualquer outro espaço que tenha intenção de purificar.

Em seguida, vá até ao local e dê início à defumação. Peça o reforço da proteção dos anjos e visualize-se dentro do círculo protetor de luz azul do Arcanjo Miguel. Comece de dentro para fora da casa, ou seja, principie no interior da casa e termine à porta da rua. Primeiro deixe as janelas e as portas todas fechadas, e depois, quando terminar de "encher" a casa de fumaça com movimentos em forma de cruz, abra uma janela para arejar. Passe por todas as salas, principalmente por todos os cantos da casa, com a intenção de limpar as energias. Deixe o recipiente do defumador ou do incenso (o que estiver utilizando no momento) terminar de arder atrás da porta da rua. No final, atire os restos para a terra numa zona de campo ou com águas correntes. Se não for possível, coloque num saco à parte do lixo comum e jogue fora.

Sempre que sentir o ambiente carregado peça ajuda aos anjos e faça uma boa defumação. A Mãe Terra coloca à nossa disposição todos os meios para uma vida mais harmoniosa, saudável e equilibrada. Conhecê-los é de grande valia, pois o saber não ocupa lugar, afasta a ignorância e, colocado em prática, torna-se uma sabedoria valiosa, de muita importância, sem sombra de dúvida.

Durante a defumação recomendo-lhe que faça uma oração para reforçar a sua intenção:

Oração para defumação com Ervas Sagradas
(e quaisquer incensos)

Obrigado, minha Mãe Terra, pela bênção de nos presenteares com tudo o que necessitamos para o nosso sustento, saúde e equilíbrio.

Obrigado, seres de luz, pelo conhecimento e sabedoria transmitidos amorosa e incansavelmente, para crescer e evoluir.

Amado Arcanjo Miguel, peço-te a tua bênção, proteção e presença durante esta defumação. Fica comigo e com todos os meus, acompanha-nos e protege-nos hoje e sempre.

Que as forças angelicais da luz ativem ao máximo o poder purificador desta erva sagrada – dizer o nome da(s) erva(s) ou incenso(s) –, para que limpem, purifiquem, energizem e protejam este espaço, a mim, a todos os meus e àqueles que nele habitam.

Que a luz, a saúde, a sorte, a harmonia, a paz, a abundância, a prosperidade, a alegria, a amizade e os bons pensamentos e sentimentos me preencham, a este local e a todos os meus.

E que todos os espaços vazios sejam agora preenchidos com a luz dos anjos!

E assim é! Está feito!

Obrigado, obrigado, obrigado.

Amém.

Tal como a limpeza física da nossa casa, também a limpeza espiritual é muito importante. É interessante, após a limpeza física (lavar o chão, limpar o pó, etc.), fazer uma boa defumação para limpar as energias da casa, convidando os anjos de luz, a paz e a harmonia a entrarem e a permanecerem no local.

Apesar de os olhos físicos, na maioria dos casos, não conseguirem ver, as energias das pessoas que nos visitam e as nossas próprias energias – através dos pensamentos, emoções e sentimentos que emanamos constantemente – vão ficando acumuladas no espaço. Isso para não falar nas energias que se acumulam quando há discórdias, contendas e discussões no local. Chega a um ponto em que as energias ficam saturadas, o ambiente se torna pesado, esgotando-nos a todos os níveis, chegando a provocar estresse, insônias, ambiente ruim e mal-estar. Em casos extremos, chega mesmo a provocar doenças físicas.

Em espaços públicos, onde entra muita gente, torna-se ainda mais necessário esse cuidado de limpeza das energias. Quando não é possível defumar, pode sempre optar por outras técnicas de limpeza mais discretas, como usar cristais, borrifar essências florais, minerais e/ou angelicais no local, visualizar a chama violeta, fazer Reiki a distância (no caso dos reikianos de Nível 2 e 3) ou pedir aos anjos que façam uma boa limpeza no espaço, entre outras.

3. *Os óleos*

Os óleos essenciais totalmente puros são extraordinários para a nossa saúde e o equilíbrio físico, mental, emocional e espiritual, ou seja, em todos os aspectos! São também excelentes auxiliares em vários rituais de magia, nomeadamente na magia dos Anjos e Seres da Natureza. A única desvantagem é que são realmente muito caros, porque é necessária uma quantidade enorme de flores para efetuar a extração do óleo puro.

Aqueles óleos de preço acessível que encontramos em várias lojas esotéricas, bazares, etc., não são puros nem recomendo o seu uso nestas práticas e rituais. É preferível criarmos os nossos próprios óleos mágicos e impregná-los com a nossa intenção e a energia dos Anjos e dos Seres da Natureza.

3.1 Como fazer os nossos óleos mágicos

Óleos mágicos servem para as práticas de magia dos Anjos e Seres da Natureza. Apesar de alguns também servirem para a culinária, como o de alecrim ou o de tomilho, por exemplo, não irei debruçar-me nesta área da gastronomia.

Podemos fazer óleos mágicos de qualquer erva (atenção que nem todos servem para fins culinários, nem é esse o tema deste livro), porém, use-os apenas para os seus rituais.

Coloque a erva escolhida dentro de uma garrafa de vidro. Para um óleo mais puro pode optar por usar azeite extravirgem. O óleo de amêndoas doces puro é excelente para esse efeito, mas fica bastante dispendioso. Então, a opção mais em conta é mesmo o azeite.

Passada uma semana ou duas transfira o óleo para uma garrafa de vidro escuro, para conservar.

Coe ou transfira com as ervas, é indiferente. Coloque rótulos nas garrafas para saber sempre quais óleos têm à sua disposição e assim não esquecer ou trocar as garrafas. Por exemplo: óleo de alecrim, óleo de lavanda, óleo de arruda, etc.

Conserve de preferência num local escuro e fresco, como um armário de madeira, por exemplo. Uma pequena quantidade do conteúdo dessas garrafas vai ser usada nos seus rituais, por isso elas duram muito tempo. Há quem também use alguns desses óleos em massagens. Para esse efeito é necessário, na minha humilde opinião, ter certo grau de conhecimento acerca do poder medicinal oculto das plantas e das suas aplicações, efeitos secundários, contraindicações, etc. Este livro trata exclusivamente das aplicações mágicas dos óleos, sendo necessário recorrer a outros livros ou a estudos específicos para diferentes efeitos e aplicações.

No momento de confeccionar os seus óleos, consulte a tabela mágica dos 18 Arcanjos do primeiro capítulo e verifique qual o anjo ou anjos que podem ajudá-lo, de acordo com a sua intuição e intenção. Quando lhes pedimos ajuda, os anjos descem para nos auxiliar a ancorar as energias angelicais nos nossos óleos. Se for reikiano pode também aplicar alguns minutos de energia Reiki nos seus óleos. Pode ainda energizar os seus óleos na mandala mágica (veja no capítulo seguinte como fazer).

3.2 As garrafinhas mágicas

As garrafinhas mágicas foram criadas com base em rituais muito antigos e adaptados à magia dos Anjos e dos Seres da Natureza. Dizem os antigos sábios que, se colocarmos os nossos pedidos por escrito dentro de um líquido, mais depressa e maiores possibilidades têm de se realizarem.

Material Necessário:

- 1 garrafinha de vidro transparente com abertura grande e tampa, ou 1 frasco de vidro transparente com tampa;
- óleo de ervas (o quanto achar necessário);
- ervas sagradas (o quanto achar necessário);
- 1 cristal pequeno ou médio;
- papel branco;
- lápis de carvão;
- incenso de sálvia branca ou sálvia branca para defumação.

Lave muito bem a garrafa ou o frasco de vidro transparente e leve todos os materiais para o seu altar (se tiver). Verifique qual o anjo mais indicado para ajudá-lo, tendo em conta o tema do pedido que vai fazer. Para isso, a tabela mágica dos 18 Arcanjos poderá ser útil (veja o primeiro capítulo).

Em seguida, acenda um incenso de sálvia branca ou faça uma defumação do local com a própria erva sagrada. Enraíze-se e faça a meditação-base. Quando terminar segure no lápis de carvão e escreva o pedido na folha branca, de forma objetiva, positiva e como se já tivesse sido realizado.

No final escreva: *Peço isto ou algo ainda melhor, meu Deus, e que seja feita a Sua vontade. Amém.*

Preste atenção! Procure sentir sempre com o seu coração se os seus pedidos não prejudicam nem violam o livre-arbítrio de alguém e se são para o bem supremo de todos.

Dobre e enrole o papel e coloque-o dentro da garrafa ou do frasco. De acordo com o tema do pedido, escolha as ervas sagradas que quer colocar em número ímpar (uma ou três) dentro da sua garrafa mágica, para dar força ao pedido. Escolha também um cristal com o mesmo objetivo: limpe-o, energize-o e coloque-o na garrafa (veja mais informação sobre cristais no último capítulo). Encha a garrafa com o óleo de ervas que escolher até o papel com o pedido ficar totalmente submerso.

Feche-a e diga: *Está feito! Agora é convosco, queridos Anjos e Seres da Natureza! Obrigado, obrigado, obrigado.*

Guarde a garrafa num local onde não seja vista e conserve-a até o pedido se realizar ou você mudar de ideia (por vezes acontece de mudarmos de ideia ou a situação tomar um rumo diferente). Depois de realizado ou de já não fazer mais sentido manter o pedido, despeje o conteúdo da garrafa em um pequeno buraco na terra, mas antes de enterrá-lo rasgue o papel em pedacinhos. Agradeça aos Anjos, aos Seres da Natureza e à Mãe Terra e leve a garrafa para lavar e reaproveite-a para outros pedidos.

4. As Ervas Sagradas

Conhecer um pouco mais sobre algumas das principais propriedades mágicas de várias ervas sagradas vai ajudá-lo a fazer os seus óleos, as suas oferendas aos Anjos e Seres da Natureza e a decidir qual o incenso/defumação mais apropriado quando criar as suas próprias práticas e pedidos angelicais, etc.[16]

As ervas sagradas são plantas vivas com energias poderosas, oferecidas pela Mãe Natureza. Tal como com as velas e os cristais (veja informação acerca dos cristais no último capítulo), devemos ser objetivos e claros quanto à nossa intenção ao usá-las. Dessa forma alinhamos a vibração das ervas com as nossas necessidades/pedidos.

---

16. Existem muitíssimas ervas sagradas com propriedades fantásticas disponíveis na Mãe Natureza e também comercializadas no mercado, que não estão mencionadas neste livro, pois se trata de um tema bastante extenso. A minha intenção é a de lhe indicar algumas das ervas mais poderosas e fáceis de encontrar e das suas aplicações mágicas, logo, não me debruçarei propriamente sobre as suas indicações terapêuticas. Além das indicações mágicas gerais que lhe apresento podem existir outras. Siga a sua intuição e altere ou acrescente a informação que lhe transmito se sentir essa necessidade.

As ervas sagradas criam um campo de energia positiva à nossa volta e ao redor da nossa casa ou de nossos espaços. Podemos pedir-lhes proteção, coragem, amparo, direção, inspiração, criatividade, saúde, abundância, etc.

Uma forma de fazer os seus pedidos aos seres elementais da Mãe Terra através das ervas é escolher a erva ou ervas que intuir serem mais indicadas para ajudar na concretização do seu pedido e ir para o meio da Mãe Natureza.

Numa zona tranquila, sente-se na terra, respire fundo, concentre-se, enraíze-se, faça a meditação-base e medite um pouco sobre o seu objetivo/pedido. Se puder vá logo de manhã, num dia de sol e céu limpo. Peça licença aos seres elementais da Natureza e a sua bênção. Abra o seu coração e mostre-lhes a pureza das suas intenções. Faça um pequeno buraco na terra com a sua mão ou com uma pequena pá, coloque as ervas sagradas lá dentro e faça o seu pedido com muita fé. Agradeça aos seres elementais. Lembre-se de se visualizar positivamente, como se já tivesse concretizado o que pede.

Certifique-se sempre de que o seu pedido não viola o livre-arbítrio nem prejudica ninguém e que é para o bem supremo de todos. Tape o buraco com as ervas lá dentro e vá embora do local. Leve consigo um sentimento de amor universal, de desejo realizado e de gratidão para com a Mãe Natureza.

Em seguida, apresento-lhe a tabela-resumo dos 18 Arcanjos e Seres da Natureza e as suas respectivas flores e plantas, que intuí a propósito da preparação das minhas essências florais. Você poderá usar as flores ou as plantas correspondentes ao arcanjo/seres da Natureza a quem solicita colaboração, colocando-as no seu altar como oferenda de gratidão, meditando junto a elas ou usando as essências florais da Magia dos Anjos e dos Seres da Natureza correspondentes.

Para defumações é recomendado que use as ervas e as plantas já secas.

4.1 Tabela-resumo dos 18 Arcanjos e Seres da Natureza e as respectivas flores e plantas

Arcanjo Ariel	Jasmim
Arcanjo Azrael	Tomilho
Arcanjo Baraquiel	Rosa branca
Arcanjo Chamuel	Rosa cor-de-rosa
Arcanjo Gabriel	Alecrim
Arcanjo Haniel	Manjericão
Arcanjo Jeremiel	Salsa
Arcanjo Jhudiel	Oliveira
Arcanjo Jophiel	Rosa amarela
Arcanjo Metatron	Lírio branco (cosmos)
Arcanjo Miguel	Roseira-brava e milefólio
Arcanjo Rafael	Angélica
Arcanjo Raguel	Coentro
Arcanjo Raziel	Agrimônia
Arcanjo Salatiel	Orquídea
Arcanjo Sandalphon	Dedaleira/campainha-branca (alegria-da-casa, hibisco e flor de laranjeira)
Arcanjo Uriel	Verbena e lavanda
Arcanjo Zadquiel	Violeta
Fadas	Girassol e margarida
Gnomos	Morangueiro e amoreira
Silfos	Trevo-de-quatro-folhas
Ondinas	Gladíolo/palmas-de-santa-rita
Salamandras	Borragem
Green Man	Carvalho
Éter/Espírito Divino	Flor-de-lótus
Elfos	Groselheira
Unicórnios	Zimbro
Duendes	Castanheiro/macieira

4.2 Descrição de várias ervas sagradas

Nota muito importante: nem todas as ervas servem para fazer infusões, pois algumas são tóxicas/venenosas/mortais! Este livro está direcionado exclusivamente para o uso mágico em defumações e rituais e não para ingestão de plantas e infusões.

4.2.1 Abre-caminho

A planta abre-caminho, tal como o nome indica, é uma erva poderosa que abre os caminhos da luz e do cumprimento da nossa missão de vida. Quando a vida parece estar bloqueada e nada anda, ou quando se tem situações complicadas para resolver, esta erva sagrada pode nos ajudar. É a erva das novas oportunidades, da clareza para a resolução de todo o tipo de questões. Use-a em defumações, nos seus rituais ou em banhos quando inicia algo novo como projetos, negócios, um novo emprego, um novo ciclo, uma nova etapa da sua vida. Ela ajuda a remover os obstáculos e a trazer boa sorte.

Sugestão: faça uma boa defumação de abre-caminho a cada Lua nova, a Lua dos novos começos.

4.2.2 Agrimônia

A agrimônia é uma erva sagrada muito poderosa. Crê-se que confere proteção ao seu usuário criando um escudo psíquico contra as energias negativas e os maus espíritos. É excelente para limpar e purificar espaços e pessoas através da defumação. A agrimônia é mágica, diz-se que tem o poder de voltear feitiços e de aumentar o poder terapêutico, principalmente de técnicas de cura a distância.

4.2.3 Alecrim

Considerado como a erva sagrada da alegria, o alecrim está associado, segundo a lenda, à Mãe Maria por tê-la protegido durante a fuga para o Egito e ter servido de suporte para secar as roupas do menino Jesus.

O alecrim traz purificação e alívio da tristeza e do mal-estar. Afasta energias negativas com grande eficácia.

Foram os primeiros monges cristãos que o trouxeram para a Europa, passando a fazer parte de muitos jardins dos conventos. Está indicado para o tratamento de estados de tristeza, depressão e limpeza de pensamentos negativos. Traz luz à mente e aos pensamentos.

Como incenso, é indicado para harmonizar os ambientes, limpar, purificar, proteger e aliviar as cargas dos pensamentos negativos e das más energias. Tem propriedades curativas, acalma e traz sucesso para os projetos e negócios. Digamos que o alecrim é aquela planta que devemos ter sempre em casa, no estado seco para banhos de ervas, óleos, rituais ou defumação, etc., e em planta num vaso para trazer sorte, proteção e boas energias para a casa ou o local de trabalho.

Em períodos de confusão e de falta de clareza sobre a resolução de alguma questão, a decisão a tomar ou o caminho a seguir, prepare uma infusão para banho com alecrim, coloque as suas mãos por cima da infusão (como se estivesse aquecendo-as) e diga:

Oração do alecrim

Em nome do meu anjo solar e pelo poder do sagrado alecrim, que foi abençoado pela Mãe Maria, rainha dos anjos, peço ao Arcanjo Gabriel e às suas legiões de anjos de luz que tragam claridade à minha mente e ao meu espírito para conseguir ver com nitidez o rumo que devo seguir e as decisões que devo tomar de acordo com a minha alma.

E assim seja!

Obrigado, obrigado, obrigado.

Amém.

Rezar um Pai-Nosso e uma Ave-Maria.

Tenha muita fé e será guiado pelos anjos. Nas horas ou dias seguintes surgirá uma ideia repentina por meio de um pensamento, uma sensação ou um sentimento, um telefonema, alguém a transmitir-lhe uma mensagem que o ajude ou a situação pode se resolver naturalmente. O importante é não criar expetativas – entregue aos anjos e tenha muita fé. Pode repetir o ritual sempre que sentir necessidade.

Faça a infusão em dois ou três litros de água com um punhado de alecrim seco. Tome o seu banho normal e, em seguida, despeje a infusão pelo pescoço abaixo, repetindo a oração do alecrim (não molhe a cabeça com a infusão).

Sugestão: fazer uma pequena almofada de alecrim com tecido branco e usar como amuleto. No momento da confecção recite a oração do alecrim.

Para um banho purificador de três dias que inclui alecrim, arruda e alfazema: quando se sentir carregado, alvo de invejas, intrigas e/ou todo o tipo de energias negativas, faça esse banho de três dias, de preferência no quarto minguante.

- **1º dia:** ao final do dia, depois de chegar em casa e antes de vestir um pijama lavado para dormir, prepare uma infusão em cerca de três litros de água de arruda (um punhado da erva seca) e um punhado de sal grosso. Deixe arrefecer até ficar morno, coe, tome o seu banho costumeiro e no final despeje a infusão do pescoço para baixo, mentalizando frases positivas como "Eu sou livre, eu sou livre, eu sou livre", "Só as boas energias estão comigo", "Sou um íman de energias positivas", "Todo o meu campo áurico é limpo, purificado e renovado com boas energias e sinto-me perfeitamente bem e em paz", etc. Se lhe fizer sentido, reze uma Ave-Maria e um Pai-Nosso. Deixe secar a infusão no corpo, de preferência sem se limpar, vista o pijama lavado e, se possível, deite-se em lençóis lavados para dormir.

- **2º dia:** ao final do dia prepare uma infusão em cerca de três litros de água de alecrim (um punhado da erva seca). Deixe arrefecer até ficar morno, coe e leve para o banho. Tome seu banho rotineiro e, no final, despeje a infusão do pescoço para baixo mentalizando frases positivas. O procedimento é o mesmo que o do dia anterior.

- **3º dia:** ao final do dia prepare uma infusão em cerca de três litros de água de alfazema (um punhado da erva seca). Deixe arrefecer até ficar morno, coe e leve para o banho. Tome seu banho e, no final, despeje a infusão do pescoço para baixo mentalizando frases positivas. O procedimento é o mesmo que o dos dias anteriores.

4.2.4 Alfazema, lavanda ou rosmaninho

Conhecida pelas suas propriedades relaxantes e de bem-estar, a alfazema, também conhecida como lavanda ou rosmaninho, acalma e limpa os ambientes. Também é excelente para purificar os locais de estudantes, pois auxilia nas pesquisas e na capacidade de concentração de adultos e crianças. É um incenso excelente para meditar e para elevar o astral.

Para pedir ajuda nos estudos confeccione uma almofadinha de tecido branco e preencha-a com alfazema para usar como amuleto (durma com ela debaixo da sua almofada durante a noite e faça a oração diariamente. As almofadinhas de alfazema também são muito utilizadas debaixo das almofadas dos bebês e crianças para que durmam tranquilamente).

Oração da alfazema para estudantes

Em nome do meu anjo solar, e pelo poder da mágica alfazema, abençoada pelos anjos, peço ao Arcanjo Jophiel e às suas legiões de luz que tragam claridade à minha mente e ao meu espírito para conseguir estudar, assimilar e expressar os novos conhecimentos com facilidade.

Que os meus exames e provas sejam iluminados pela vossa luz para que me corram sempre bem e tenha bons resultados.

E assim seja!

Obrigado, obrigado, obrigado. Amém.

Rezar um Pai-Nosso e uma Ave-Maria.

4.2.5 Angélica

A angélica é também conhecida como erva dos anjos. Atrai a energia angelical por excelência, afasta todo o tipo de energias negativas, corta trabalhos de magia negra, protege e promove o contato com os anjos de luz. Segundo a lenda, o Arcanjo Gabriel mostrou esta erva sagrada a um monge para ajudá-lo a combater a peste. A partir de então, começou a ser utilizada por monges e frades em diversos remédios e licores.

A angélica era muito usada para proteção do estado de saúde dos filhos e na proteção em geral.

4.2.6 Artemísia

A artemísia foi bastante usada na antiguidade como erva da sorte, da proteção e da limpeza. É considerada por algumas tradições como a erva que estabelece o contato com as fadas. Ficou também conhecida como "espanta-demônios" em várias culturas antigas e foi atribuído a ela imenso poder mágico, como protetora de invejas e de todo o tipo de energias de baixa vibração, maus espíritos, etc.

A artemísia também é usada em pedidos de prosperidade e de amor.

4.2.7 Arruda

A arruda é muito utilizada para proteção e limpeza de ambientes carregados. Pessoalmente, gosto de ter a planta em casa e no meu espaço de trabalho, para purificar o ambiente. Quando fica seca e amarelada significa que já fez o seu trabalho e deve ser substituída, devolvendo-a a terra. Existem vários incensos de arruda no mercado e também a própria erva já seca, para banhos e defumações. Esta é sem dúvida uma das plantas mais poderosas no que diz respeito à proteção da inveja e do mau-olhado.

A tradição diz que a arruda é uma erva sagrada e que deve ficar à entrada das casas, do lado esquerdo da porta, para dar proteção. Os banhos de arruda seca são altamente purificadores e revitalizadores e a defumação com esta planta é bastante poderosa. Opte sempre pela planta já seca para os seus banhos e defumações, primeiro porque queima melhor e, segundo, porque esta planta pode provocar dermatite ao tocar na nossa pele.

4.2.8 Benjoim

Acredita-se que o benjoim aumenta a criatividade dos artistas e escritores. É também um forte protetor, expulsa energias malignas e traz uma aura de sucesso e felicidade a quem o utiliza. Está também indicado para pedidos relacionados com coisas materiais e dinheiro.

4.2.9 Camomila

A camomila é uma planta sagrada associada ao Deus Sol, que promove um ambiente tranquilo e de paz. É utilizada para acalmar, purificar ambientes e auxiliar nos estudos. É também considerada por muitos esoteristas como uma planta que atrai prosperidade e abundância.

4.2.10 Canela

A canela está associada ao elemento Fogo e ao Deus Sol. Agradável e poderosa, ela é muito utilizada em defumações e banhos para atrair prosperidade, abundância e boa sorte. Desperta a intuição, ativa a cura e possui propriedades afrodisíacas.

Pode queimar diretamente os pauzinhos de canela como incenso. A canela é encontrada à venda em qualquer supermercado.

4.2.11 Cáscara-sagrada

Crê-se que a cáscara-sagrada está indicada para limpar feitiços e magias negras, trazer prosperidade financeira e ajudar em casos de tribunal e justiça. É muito utilizada em banhos purificadores e defumações.

4.2.12 Comigo-ninguém-pode

A tão conhecida erva sagrada comigo-ninguém-pode está indicada para limpar todo o tipo de energias negativas. É uma erva altamente purificadora, que tem o poder de anular o negativo, o mau-olhado, etc. Geralmente é muito usada em conjunto com a espada-de-são-jorge.

4.2.13 Erva-benta

A erva-benta está indicada para o alívio de angústias, tristezas, depressões e doenças psicossomáticas. É também apropriada para a purificação de todo o tipo de energias negativas. É muito usada em banhos purificadores, defumações, rituais, etc.

4.2.14 Erva-doce

A erva-doce é excelente para criar uma aura doce de otimismo, tranquilidade, motivação e vontade de agarrar a vida. Ajuda-nos a parar de procrastinar e a organizar as nossas prioridades.

A propósito de erva-doce, deixo-lhe a seguinte sugestão: misture erva-doce com alecrim seco. Faça pequenos montinhos e coloque aos cantos de todas as salas da sua casa. Sempre que limpar o chão (semanalmente), remova os montinhos antigos e coloque novos.

É muito simples e prático e a proteção é garantida!

4.2.15 Erva-da-guiné

A erva-da-guiné é conhecida pelo seu forte poder de proteção contra todos os tipos de energias negativas, pesadas e malignas, fortalecendo a luz e a força espiritual. É comumente usada em conjunto com a arruda em defumações, para libertar pessoas e espaços de energias densas, conferindo-lhes uma especial luz, paz e força espiritual.

4.2.16 Erva-de-são-roberto

A erva-de-são-roberto é uma erva poderosa, com flores cor-de-rosa delicadas, associada ao crescimento espiritual, ao autoconhecimento, ao magnetismo pessoal, à criatividade e ao desenvolvimento da sabedoria interior.

Auxilia na exteriorização dos nossos potenciais criativos, de forma a abrirmos o caminho do sucesso e da realização na nossa vida.

4.2.17 Espada-de-são-jorge

É muito conhecida pelo seu poder para eliminar inveja, mau-olhado e feitiços, e também por trazer prosperidade e abundância. Muito usada em defumações.

4.2.18 Eucalipto

As folhas do eucalipto também são muito usadas para purificar os ambientes. São extremamente poderosas para limpar energias negativas, principalmente de espaços onde se desenvolvem trabalhos espirituais, como consultórios e gabinetes de terapias holísticas.

Trazem alegria e a sensação de libertação.

Na sua defumação e em banhos contribui para o equilíbrio físico, mental, emocional e espiritual, o equilíbrio da energia sexual e a estimulação da intuição, promovendo a abertura do chacra do Terceiro Olho. O eucalipto é recomendado para pessoas com dificuldade em assumir a realidade, promovendo a sua aceitação e o desenvolvimento da autenticidade.

4.2.19 Freixo

Muito usado para combater todos os tipos de energias negativas e para promover a cura espiritual, a proteção e a adivinhação. O freixo é considerado uma planta mágica bastante poderosa e protetora.

4.2.20 Jasmim

Muito utilizado para atrair o amor e a prosperidade, relaxa, acalma e diminui a ansiedade. Usado em defumações promove o amor, a paz, o bem-estar, a prosperidade, a criatividade e a meditação.

É um auxiliar no tratamento da depressão, uma vez que promove a alegria e a felicidade. Acredito que o jasmim tem a capacidade de atrair todo o tipo de energias positivas, de acordo com a intenção que temos ao usá-lo.

4.2.21 Mirra

A mirra é muito usada como oferenda aos deuses e em trabalhos de cura. Foi também um dos presentes dos três reis-magos ao Menino Jesus. Crê-se, desde a antiguidade, que é sagrada e que atrai a boa sorte, a saúde, a harmonia, a proteção e o despertar das forças espirituais. A defumação com mirra afasta todos os males, protege poderosamente o ambiente e auxilia todo o trabalho de luz e meditação.

4.2.22 Olíbano, ou franquincenso

O olíbano, também conhecido como franquincenso, não é uma erva, mas uma resina. Uma vez que tem propriedades interessantíssimas e eu própria o uso bastante, decidi incluí-lo neste tema. O olíbano ficou na história dos três reis-magos como representação de um dos presentes ao Menino Jesus – o incenso, proveniente de uma resina vegetal. Também a mirra e o ouro fizeram parte dos presentes, daí o olíbano e a mirra trabalharem muito bem em conjunto.

A defumação com incenso de olíbano promove uma limpeza a fundo do ambiente, deixa um aroma perfumado (por vezes até um pouco forte) e um sentimento de fé, harmonia, concentração e inspiração espiritual.

Pessoalmente sou bastante adepta ao uso do óleo essencial puro de franquincenso. É muitíssimo poderoso no afastamento das energias negativas e na elevação da nossa vibração pessoal.

4.2.23 Pau-santo

O pau-santo é utilizado como incenso há centenas de anos em vários pontos do mundo, nomeadamente na América do Sul.

É totalmente natural e tem um aroma extremamente agradável, além de ser muito poderoso para afastar energias negativas e purificar e energizar pessoas e ambientes.

Cria uma atmosfera relaxante e alegre, e crê-se que atrai a sorte e a prosperidade levando as nossas preces ao Céu.

É também muito utilizado para afastar os mosquitos e deve ser guardado num frasco de vidro, hermeticamente fechado, para conservar o seu aroma e as propriedades.

Existem vários incensos de pau-santo, em vareta, grão e pó, e eu pessoalmente prefiro e recomendo o pau-santo natural (em pedaços de madeira).

Os anjos inspiraram-me a escrever esta oração para purificar a casa com pau-santo (também serve para outros espaços, como o local de trabalho, por exemplo). Acenda o incenso de pau-santo com intenção de limpeza, purificação e proteção, passe a sua fumaça por todas as salas (e por todos os cantos) e diga:

Pau-santo sagrado, ao qual foi concedido por Deus pai e mãe o dom da purificação, transmutação e atração das energias positivas e angelicais, purifica este espaço neutralizando e dissolvendo qualquer energia de baixa vibração que possa existir no mesmo.

Que ele seja, assim como eu próprio e todos os meus, transformado pelo teu poder de cura e iluminação num verdadeiro templo de paz, harmonia, saúde, prosperidade e abundância a todos os níveis positivos.

Que o teu suave aroma adocicado sele este templo para que fique protegido de tudo o que não nos quer bem.

E assim seja!

Obrigado, obrigado, obrigado. Amém.

Rezar um Pai-Nosso e uma Ave-Maria.

Pode também passar a fumaça desse agradável incenso em movimentos espiralados pelo seu corpo, com intenção de limpar o campo áurico, trazer a energia angelical para junto de si e afastar as energias negativas.

4.2.24 Rosas (brancas, amarelas, vermelhas, cor-de-rosa)

É simplesmente um dos meus incensos preferidos! Aliás, as rosas sempre foram as minhas flores preferidas, desde pequena. Elas são maravilhosas, não só pela sua beleza exuberante, como pelas magníficas propriedades terapêuticas e espirituais. Sinto-as muito associadas à vibração dos anjos e trabalho muito com elas na preparação de essências florais. Esse foi um dos ensinamentos que os seres elementais me transmitiram e pelo qual estou profundamente grata. Muitas vezes, enquanto rezo e faço a minha conexão com os anjos, vislumbro-os a derramarem cálices de pétalas de rosas sobre mim e sobre todo o Planeta, e sinto a sua agradável fragrância.

Os incensos e defumações de pétalas de rosas, assim como os seus banhos, trazem luz, alegria, amor, harmonia, paz, bem-estar e alívio de tensões. Auxiliam nos estudos, na espiritualidade, na elevação das vibrações e na purificação dos pensamentos e sentimentos.

- Rosas brancas: calma, tranquilidade, paz, pureza, purificação, espiritualidade são energizantes e equilibram os chacras. Excelentes para acalmar o estresse, a ansiedade e o nervosismo.
- Rosas amarelas: saúde, alívio de tensões, prosperidade, sucesso, estudos, boa sorte para os negócios, projetos, etc.
- Rosas vermelhas: amor, paixão, sexualidade, sensualidade, atração, harmonização de relações amorosas, bem-estar, alegria, beleza.
- Rosas cor-de-rosa: amizade, harmonia, autoestima, reforço da autoconfiança, beleza, paz.

Uma curiosidade, os banhos purificadores com pétalas de rosas brancas são, segundo várias tradições, os únicos que se podem despejar por todo o corpo, incluindo a cabeça, pois não interferem de forma prejudicial com o chacra da coroa. Todos os outros são feitos, segundo a maioria das culturas, derramando a infusão do pescoço para baixo (sem abranger a cabeça). Faço referência a alguns banhos, pois são altamente revitalizadores e, ao conhecer as propriedades de algumas ervas para incensos e rituais, você fica igualmente conhecendo as suas propriedades para os banhos.

Tal como para fazer defumadores e incensos, pode misturar várias ervas com sal grosso (grande purificador, combate todo o tipo de energias negativas), e também pode fazer os seus banhos (um punhado de sal grosso para três litros de água é suficiente). Prepare as infusões (como se prepara uma infusão de ervas) em cerca de três litros de água e, no final da ducha normal, despeje do pescoço para baixo. Faça um banho purificador de ervas e sal grosso por mês e vai notar diferenças positivas na sua energia e no magnetismo pessoal, ou esporadicamente, quando se sentir mais pesado e carregado.

4.2.25 Sálvia branca

A sálvia branca é considerada uma erva sagrada muito poderosa. São atribuídos a ela muitos poderes terapêuticos e espirituais, nomeadamente de limpeza e purificação. É muito indicada para limpar pessoas e ambientes carregados ou simplesmente para fazer a manutenção do ambiente, limpando-o e protegendo-o. Existem incensos de sálvia branca, totalmente naturais e em varetas, que são bastante práticos, apesar de poder sempre optar pelo defumador acendendo uma pastilha de carvão e colocando algumas folhas de sálvia branca por cima. O fumo que vai soltar serve para purificar, harmonizar, proteger e energizar o ambiente.

Esta é uma erva que não falta no meu laboratório angelical.

4.2.26 Sândalo

O sândalo tem imensas propriedades espirituais e físicas. A sua defumação proporciona a criação de um ambiente espiritual, purifica as más energias e forma uma aura poderosa de proteção. Acredita-se que tem o poder de atrair a sorte, o sucesso, a prosperidade e a elevação das vibrações. Está associado ao amor, à sensualidade, à espiritualidade e à elevação da consciência. Alivia o nervosismo, o estresse, as insônias e a irritabilidade, auxiliando no alinhamento das energias (chacras) e na meditação. É muito usado em consagrações e crê-se que tem o poder de despertar a consciência de vidas passadas.

4.3 Combinações de ervas sagradas para defumações

Pode criar as suas próprias combinações de ervas sagradas para fazer as suas defumações (e também os banhos purificadores). Pessoalmente gosto de misturá-las em números ímpares de três, cinco ou sete ervas.

Por exemplo: se quiser preparar uma mistura para purificação, descarregar energias negativas, maus-olhados e invejas, e criar uma aura harmoniosa e protetora, pode optar pela mistura de arruda, sálvia branca e alecrim. Uma mistura de cinco ervas que também aprecio particularmente para esse efeito é a de alecrim, sálvia branca, arruda, alfazema e erva-doce.

Para ambientes de negócios, lojas, escritórios, consultórios ou agências, pode se optar por acrescentar a esta mistura uma pitada de canela e camomila, para a boa sorte e a prosperidade.

Peça ajuda e inspiração aos Anjos e Seres da Natureza. Eles ajudam sempre as pessoas bem-intencionadas que querem melhorar como pessoas e evoluir espiritualmente.

Ética e responsabilidade na magia dos Anjos e dos Seres da Natureza

1. Um trabalho de amor diário e constante

O Universo concedeu-nos amavelmente a liberdade para desenvolvermos as nossas práticas de acordo com a intuição (que, aliás, é soberana). Em todo o caso, e como o ego por vezes tenta interferir no processo, convém relembrar que no trabalho espiritual, e em toda a viagem da vida em geral, devemos primar pela boa ética e a conduta pessoal, trabalhando diariamente com o objetivo de nos tornarmos pessoas mais autênticas, amáveis, justas, honestas, conscientes da nossa espiritualidade e equilibradas.

Muitas vezes, perdidos nos enredos das questões quotidianas que exigem de nós energia e atenção, torna-se um desafio mantermo-nos conscientes do nosso poder interior e do propósito de vida. No entanto, como o mestre ascenso afirmou, "Ninguém disse que era fácil, mas também não é impossível".

A meditação-base e os rituais e práticas da magia dos Anjos e Seres da Natureza estão repletos de códigos divinos que visam à evolução da consciência espiritual do praticante e uma ligação cada vez mais profunda com os seres de luz e o Universo. Com a prática, a pessoa vai descodificando naturalmente esses códigos evolutivos e eliminando barreiras interiores na medida da sua aceitação/preparação/evolução. Esse é um processo muito pessoal e único para cada um de nós.

2. Amparar as nossas crianças com sensibilidade e muito amor

É importante amparar as nossas crianças em todos os aspectos, principalmente e de maneira urgente no que diz respeito à descoberta e à interiorização de quem são na verdade, e dos seus propósitos de vida. Elas já vêm preparadas com toda esta sabedoria interior, apenas necessitam de uma assistência no seu voo e de sentirem que têm alguém com a capacidade de compreender e, sobretudo, de respeitar as suas percepções interiores, que, muitas vezes, nem elas mesmas percebem ou conseguem exteriorizar. O motivo é terem, amiúde, um mundo exterior muito diferente da realidade que observam no seu interior.

Partilho com vocês uma experiência que me marcou profundamente e que jamais esquecerei, com um menino que tinha então 12 anos. Por razões de privacidade atribuí o nome Tomás a esta criança, apesar de não corresponder ao seu nome real. A mãe do Tomás procurou a minha consulta para uma questão pessoal e, até àquela data, não nos conhecíamos pessoalmente. Durante sua sessão, os anjos disseram-me: "Ela pensa que te procurou por esse assunto, mas a verdadeira razão que a traz aqui é o filho..."

Não me recordo como abordei a questão, pois esta situação passou-se há vários anos. Só sei que esta mãe, passados uns dias, trouxe o menino para nos conhecermos. Quando chegaram, o Tomás me deu um grande abraço e pediu à mãe para nos deixar a sós. Olhou-me nos olhos e disse: "Finalmente encontrei você! Estive por doze anos à sua espera!" O meu coração disparou naquele momento.

Senti-me muito emocionada.

Durante uma hora e meia, o Tomás falou sem parar. Fez-me muitas perguntas e me contou que também via anjos, que às vezes se assustava com as "sombras negras", que viajava durante a noite pela galáxia e que via outros planetas e seres. Disse-me que sabia os nomes das estrelas, constelações e planetas desde sempre, sem que ninguém lhe tivesse ensinado. Coisas que a mãe achava estranho e fora do comum e que o Tomás evitava lhe contar com grande pormenor, e ainda muito menos ao pai, porque, segundo ele, não estavam preparados para perceber.

O Tomás me falou dos seus problemas na escola: não tolerava injustiças e era agressivo perante elas. Por esse motivo, ficava muito de castigo.

Estive com o Tomás mais vezes, conversamos muito e diversas vezes me emocionei com as sua sabedoria e doçura. Um dia, estávamos conversando e ele me disse: "Você devia ensinar mais crianças como eu; nós fazemos perguntas e somos atentos a pormenores que os adultos não questionam nem reparam, porque andam distraídos; isso vai ajudar no seu trabalho e ajuda a nós. Pega um caderno e escreve isso que estou lhe dizendo. Um dia vai ser publicado num dos seus livros..."

Até aquela data eu ainda não tinha escrito livros, nem tampouco dissera ao Tomás que um dia talvez viesse a fazê-lo...

Nesse dia, o Tomás falou sem parar sobre as suas viagens e experiências por outros mundos, muitas delas em comum com as minhas. Sabe que é um menino índigo e me disse que cada vez vão nascer mais meninos e meninas como ele, mas com nomes diferentes. "É como o ouro, a prata, o bronze e essas coisas. Nós também temos nomes assim nos nossos grupos, é a maneira como consigo explicar melhor, mas você sabe o que estou dizendo...", afirmou ele sorrindo.

A mãe do Tomás teve o seu despertar espiritual nesta fase e começou a estudar vários temas na área da espiritualidade e a fazer cursos, para se desenvolver espiritualmente a fim de poder apoiar e acompanhar o filho.

Também o João (nome fictício), menino inglês de 7 anos com família portuguesa, veio a Portugal de férias com a sua mãe e foi visitar Fátima pela primeira vez. A mãe do João me contou que a viagem a Fátima foi muito interessante e que tinha ficado arrepiada com as coisas que o menino lhe dissera: "O João nunca tinha ido a Fátima, e eu nunca tinha lhe falado da história de Fátima. Ele é muito maduro para a sua idade e às vezes me diz coisas que me deixam a pensar..."

À entrada da basílica antiga, o João disse à mãe que já conhecia a Nossa Senhora.

– Ah, sim?

– Sim, ela disse para eu escolher e não me preocupar. Disse-me isso muitas vezes.

– Escolher o quê?

– Escolher a minha mãe. Jesus, Deus e os anjos também lá estavam. Havia muitos grupos, são infinitos. Repetiram muitas vezes para eu escolher e não me preocupar. E eu escolhi a ti. Depois me deram adeus e disseram-me para eu acreditar sempre neles.

– E para onde ias quando te deram adeus?

– Para a vida...

O João explicou à mãe que antes de nascer (no período entre vidas) estava com a Nossa Senhora, o seu filho Jesus, Deus e vários anjos. Via muitos grupos de possíveis mães e tinha de escolher a mãe da próxima vida. Para isso contou sempre com o apoio do Céu. Explicou que a Nossa Senhora lhe disse quando a sua mãe escolheu o seu nome (ainda grávida), por isso ficou logo sabendo como ia se chamar nesta vida. Afirmou que a Nossa Senhora aparece toda branquinha e que é a sua melhor amiga. Que há pessoas que escolhem seguir o caminho da luz e que outras não, o que o deixa muito angustiado.

O João identificou de imediato o local onde Nossa Senhora apareceu aos três pastorinhos. Apontou para o local e disse à mãe:

– Foi ali que ela apareceu aos três meninos!

– Como sabe, João? – perguntou a mãe, admirada.

– Eles me mostraram este sítio antes de eu vir para a vida e me explicaram...

Também a Sofia, uma menina com 5 anos, disse-me certo dia: "Os anjinhos trouxeram-me aqui pra baixo para ver a minha próxima família. Depois levaram-me para cima outra vez e então vim, depois nasci."

O Ricardo, um menino com 7 anos, disse à sua mãe, desde a mais tenra idade, que viveu nos anos 1980 e que tinha outra família: "Eu vivi na década de 80 e a minha família era outra. Depois, morri e voltei a nascer, agora nesta família." A mãe do Ricardo ficava muito intrigada com a conversa do menino e certo dia, numa consulta, falou comigo sobre esse assunto: "É que ele está sempre dizendo isso e fala da vida naqueles anos como se realmente conhecesse aquele tempo..."

Nem todas as crianças revelam ou expõem essas características, mas todas são especiais à sua maneira e necessitam de atenção personalizada, carinho, amparo, proteção, compreensão e ajuda para poderem transformar este mundo num mundo mais compassivo, harmonioso, consciente e elevado. Essa é a sua missão.

Enquanto escrevo estas palavras, os anjinhos não param de piscar luzinhas no monitor do computador. Há muito trabalho para fazer, por isso é nossa responsabilidade, dos adultos, aplicarmo-nos no nosso processo de desenvolvimento espiritual para podermos apoiar e inspirar as nossas crianças, homens e mulheres de amanhã, a também fazerem a sua evolução. E, mais do que isso, sermos humildes para lhes dar a mão, ouvi-las com atenção, permitirmo-nos aprender com o que elas têm para nos ensinar.

Ensinar-lhes desde cedo que podem contar com a ajuda dos anjos para tudo o que precisarem é de grande valia. Imagine que tudo o que está descobrindo agora lhe tinha sido ensinado quando ainda era uma criança... Que grande avanço, não é mesmo? E que jeito teria com certeza dado em tantos momentos...! Bem, mas tudo tem o seu tempo e parece que esse tempo chegou. Por isso, mãos à obra!

3. Fazer a magia acontecer na nossa vida

Ações simples, como solicitar a intervenção dos anjos e seres de luz na nossa vida, orar, meditar, acender uma vela ou um incenso, contemplar um cristal, limpá-lo e programá-lo para que nos traga harmonia e bem-estar, ou simplesmente fechar os olhos e respirar fundo com uma intenção, seja ela a de nos acalmarmos, seja a de nos purificarmos, seja até mesmo a de pedirmos que um desejo se concretize, são formas de movimentarmos energias, ou seja, são formas de fazer magia.

Nos capítulos anteriores foi explicada a importância de aprendermos a acalmar a mente e as emoções, focarmo-nos no positivo e naquilo que desejamos. Foi dito também para nos certificarmos de que estamos tendo bons sentimentos e definirmos muito bem as nossas intenções.

Pois bem, qualquer movimento de energia, seja por meio de palavras, seja por gestos ou ações, seja pelo efeito de *boomerang* natural do Universo, vai voltar a nós. Há que manter essa consciência bem presente e optar pela escolha da via que nos trará melhores retornos: a que nos permite crescer espiritualmente, contribuindo para a elevação da nossa consciência individual e, em consequência, para a evolução da consciência global.

4. Prestar atenção àquilo que pedimos e que desejamos

Cuidado com aquilo que pedes, pois poderás consegui-lo...!

O alinhamento com a nossa alma, Eu Superior ou anjo solar, é de suma importância, pois é o que nos pode guiar de forma iluminada em absolutamente tudo o que fazemos aqui embaixo, na Terra. Por isso concentre-se, medite e peça aos anjos que o ajudem a distinguir os desejos do ego dos desejos da alma. Os do ego são caprichosos, visam muitas vezes ter e não ser, entrando em desarmonia com os verdadeiros desejos da alma, aqueles que realmente são necessários para o seu crescimento e cumprimento da sua missão divina.

Aceda à sua consciência interior, saiba o que realmente é importante e evolutivo pedir para si, estabeleça uma intenção clara desse pedido e peça aos anjos que o ajudem a realizá-lo.

Tenha redobrada e especial atenção no que toca a pedidos que envolvam outras pessoas. Nunca, jamais, temos o direito de interferir com o livre-arbítrio dos outros. Respeite o espaço do outro para que o seu também seja respeitado.

Em caso de dúvida, peça simplesmente harmonia entre as pessoas, amizade, compaixão, paz, saúde e alegria, e deixe o resto entregue aos anjos e a Deus/Universo.

No campo do amor, *nunca faça pedidos com o nome de outra pessoa que não deseje essa relação*. Se quiser encontrar um amor para a sua vida peça-o sem nome e sem rosto, como, por exemplo: "um companheiro ou companheira para a minha vida, que eu amo, que me ama, honesto/a, com quem desenvolvo uma relação harmoniosa, de confiança, com base na lealdade, amizade e amor, etc." Seja flexível e dê espaço para que o Universo concretize o que for melhor para você, mas não deixe de pedir por meio de afirmações e visualizações positivas, repletas de sentimentos de gratidão.

5. Viver em harmonia com a Mãe Natureza

Procure viver em harmonia com a Natureza, em equilíbrio ecológico. Organize-se, reutilize e poupe recursos e materiais como água, papel, etc. Dê o que já não usa, mas que ainda pode servir a outros, reutilize o que puder ser reutilizado. Faça donativos a quem mais precisa sempre que puder. Ajude alguém. Opte por um estilo de vida mais saudável, alimente-se maioritariamente de frutos, legumes, verduras e sementes, beba bastante água e visite regularmente a Mãe Natureza.

Evite a poluição, não atire lixo ao chão e também ensine tudo isso às suas crianças. Trate bem os seus semelhantes e todos os animais, pois eles são seres vivos que merecem toda a dignidade do mundo tal como você. Tenha um animal de estimação e cuide dele com todo o amor e carinho. Seja responsável pelo Planeta Terra, que é a casa-mãe de todos nós e pela qual somos responsáveis. Dessa forma vamos ficando cada vez mais alinhados com a energia angelical bem como com os reinos elementais da Natureza, que tanto trabalham para manter a nossa casa em pé e em bom estado.

6. Ética e organização: dois conceitos muito importantes na vida dos profissionais da área espiritual e das pessoas em geral

Antes de nos tornarmos profissionais holísticos, seja em tempo integral ou parcial, todos somos pessoas, em primeiro lugar. Por isso, todas as recomendações e práticas apresentadas neste livro são válidas para as pessoas em geral, quer trabalhem na área espiritual quer não. Aplicarmo-nos no nosso crescimento espiritual e desenvolvimento como seres humanos é o primeiro passo para nos tornarmos nos melhores profissionais, amigos ou familiares que pudermos ser. Talvez concorde comigo se disser que, por melhor que um médico ou terapeuta for (ou qualquer outro profissional que lide com o atendimento de pessoas no dia a dia), se não tiver um componente humano mais sensível e empático – que nos olhe nos olhos enquanto nos atende, nos ouça com atenção e nos trate com um pouco de simpatia – nos sentiremos pouco à vontade e com pouca ou nenhuma vontade de regressar.

É tão bom quando somos recebidos por pessoas bem-dispostas e simpáticas... Para contribuirmos para esse mundo cordial e animado temos de nos transformar em pessoas simpáticas e bem-dispostas.

Esta é uma jornada de autoconhecimento e aprendizagem do princípio ao fim, que requer organização, disciplina e força de vontade para superar as nossas inferioridades (dores, angústias, antipatias, ressentimentos, mágoas, tristezas e todo o tipo de pensamentos, emoções e sentimentos negativos) e características da nossa personalidade que precisam das arestas limadas.

Não somos perfeitos, mas devemos nos aperfeiçoar o mais que pudermos. Também não somos obrigados a levar para nossa casa aqueles familiares (a não ser que vivam no nosso agregado familiar), amigos, conhecidos ou colegas de trabalho por quem não nutrimos tanta simpatia. Desde que haja respeito e não se guarde ressentimentos (situação que podemos trabalhar para libertar, como já vimos), perdoar não significa ter de ficar junto a essa pessoa ou conversar com ela. Perdoar pode ser simplesmente libertar o peso das mágoas e cada um seguir a sua vida física para o seu lado. Afinal de contas, a separação é uma pura quimera, pois estamos sempre juntos, quer queiramos quer não, nas teias da vida.

À medida que vamos nos curando e aperfeiçoando, vamos ficando em condições de ajudar cada vez mais outros companheiros de jornada em sua evolução. Jamais permita que alguém dependa apenas de você, tal seria um atentado à sua evolução e também a dessas pessoas. E seria altamente desgastante. "Mais importante que dar o peixe é oferecer a vara e ensinar a pescar." Pode dar-lhes apoio no voo, mas não voar por elas. Claro que os filhos quando são pequenos ou adolescentes dependem de nós até certo ponto, ou no caso de alguém ser dependente por incapacidade física ou de saúde. Refiro-me, nesse caso, aos seus pacientes e às pessoas que recorrem aos seus serviços, bem como aos filhos crescidos, familiares e amigos que têm capacidade de "pegar na respetiva vara e pescar", apesar de podermos, e muito bem, apoiar-nos mutuamente.

Preserve muito bem o seu tempo de meditação, interiorização, crescimento e descanso. Se sentir necessidade faça terapia com um colega da área, que seja da sua confiança. Nem sempre conseguimos fazer tudo sozinhos, por melhores e mais evoluídos que achemos que estamos. Humildade e amor no coração acima de tudo.

No trabalho de atendimento espiritual é comum haver muitas solicitações de ajuda, pessoas que nos procuram para aconselhamento, esclarecimento de dúvidas, etc. Apesar de nem sempre ser fácil, é importante estabelecermos os nossos horários, desligarmos o telefone a partir de certa hora e sabermos dizer "Agora não posso, estou ocupado, mais tarde, quando estiver disponível, falamos". Lembre-se: descansar, meditar, ter um *hobby*, fazer exercício e/ou simplesmente estar com a família ou com o seu animal de estimação também é uma ocupação divina muitíssimo importante para o seu equilíbrio e o de todos. Quando descansamos e nos revitalizamos, nos beneficiamos muito com isso e todos à nossa volta também. Cansados, esgotados e desequilibrados certamente não seremos a melhor companhia para nós mesmos ou para alguém.

Os 49 Símbolos Angelicais de Ingrid Auer

Ingrid Auer é médium e canalizou os 49 maravilhosos símbolos angelicais através do seu espírito protetor Uranioa e do seu anjo da guarda. Depois de conhecer o seu trabalho, contei-lhe um pouco da minha história de vida com os anjos, das minhas percepções e visões com eles, falei-lhe sobre o meu trabalho e da edição deste livro.

Com o intuito de preservar a fonte e a informação original acerca dos símbolos angelicais, eu e a Ingrid escutamos os nossos amigos celestiais, os anjos, e decidimos estabelecer esta parceria de amor e de luz. Ingrid me deu a sua bênção e total apoio para apresentar os símbolos angelicais, oficialmente e pela primeira vez, na língua portuguesa.

Os símbolos angelicais funcionam como chaves de acesso ao reino angelical. Existem infinitas formas de trabalhar com eles, sendo que a sua intuição é o melhor guia neste processo.[17]

---

17. Este capítulo baseia-se nas instruções que recebi de Ingrid Auer acerca dos símbolos angelicais e da sua utilização. O seu livro *Símbolos Angelicales Energizados* serviu de base para a explicação original de cada um dos 49 símbolos.

Para que servem os Símbolos Angelicais

Quando utilizamos os símbolos angelicais estamos trabalhando diretamente com os anjos de luz. É importante que nos conscientizemos disso, pois eles são muito mais do que maravilhosos desenhos coloridos, são chaves que abrem as portas para os seres de luz, sempre prontos para nos ajudar e proteger.

Os símbolos angelicais nos auxiliam nos processos de cura, na limpeza, na purificação e na energização dos nossos corpos físico, mental, emocional e espiritual, bem como da comida, água, pedidos de desejos, plantas, animais, essências florais, óleos, cristais, objetos, espaços, etc. O seu tamanho original corresponde a 4 cm de diâmetro.

Os símbolos angelicais estão energizados, protegidos e selados pelos anjos. Cada um dos símbolos tem um ou mais guardiões angelicais responsáveis por recarregá-los e energizá-los, não sendo possível que algo exterior os afete. Por esta razão, jamais funcionarão para o mal ou para prejudicar alguém, sendo o seu uso totalmente seguro. Por isso, também não tem de se preocupar se está usando o símbolo angelical errado. Caso perceba que outro símbolo é mais apropriado para a sua situação, basta substituí-lo.

Os símbolos angelicais funcionam para todas as pessoas e são ótimos auxiliares no que diz respeito ao desenvolvimento espiritual, à resolução de carmas e conflitos cármicos, bem como ao desbloqueio de vícios e padrões de comportamento negativos.

Basicamente, podemos recorrer aos símbolos angelicais para nos auxiliarem em tudo, porque trabalhar com eles é fazê-lo diretamente com as energias angelicais.

Os símbolos angelicais atuam com especial intensidade no fortalecimento do campo áurico e dos chacras, sendo a sua vibração reforçada pelas suas cores e os seus efeitos extraordinários foram testados por meio das fotografias Kirlian (fotografias da aura). Após a aplicação de vários símbolos simultaneamente, foi possível verificar que os chacras brilham com mais intensidade e que a aura fica resplandecente.

Se você é terapeuta holístico, pratica Reiki ou outra modalidade de cura e elevação de consciência, pode incluir a terapia com os anjos, nomeadamente com o uso dos símbolos angelicais, nas suas práticas e sessões terapêuticas. Dessa forma estará não só aprofundando o seu contato com o reino angelical como também enriquecendo a vida de mais pessoas com as energias angelicais.

Quanto mais contribuímos para que outras pessoas se iluminem, mais nos iluminamos a nós mesmos. Esta é uma lei natural, e é assim que funciona, sendo uma missão que cabe a todos nós.

Ao longo da explicação de cada símbolo angelical você vai encontrar o respectivo chacra. Os símbolos têm o poder de nos ajudar a limpar, alinhar e recarregar os nossos chacras.[18]

---

18. Os símbolos angelicais originais são canalizados e pintados por Ingrid Auer e estão disponíveis no mercado sob a forma de cartas energizadas que preservam a energia original dos reinos angelicais e estão selados e protegidos. Esta é uma das missões da Ingrid: disponibilizar os símbolos originais, carregados, energizados e protegidos pelo reino angelical.

Símbolo Angelical nº 1

- **Anjo guardião:** anjo da fé e da confiança.
- **Mantra:** "Confio que tudo na minha vida tem sentido e razão de ser."
- **Vibração pela cor:** linhas amarelas/preenchimento azul-claro.
- **Chacra correspondente:** Terceiro Olho.

Com esse anjo podemos trabalhar a libertação de preocupações e desejos do ego, confiando que o Universo se encarrega de nos fazer chegar o que for melhor para nós. Ele nos ensina a escutar a nossa voz interior, que nos guia e orienta na criação da nossa própria realidade, sem necessidade de ficarmos dependentes das opiniões dos outros. Diz-nos também que é o desapego e a confiança que nos ajudam a avançar na vida, muito mais do que as lutas e os desejos do ego.

O anjo da fé e da confiança nos apoia no trabalho com os sonhos e visões. Está associado à cabeça, à hipófise, à glândula pituitária e ao Chacra do Terceiro Olho, nos ajudando a ter um melhor entendimento da vida e a vivermos em harmonia com o nosso relógio interior, segundo os nossos próprios ritmos internos.

Auxilia no tratamento da depressão e das dores de cabeça, que são muitas vezes causadas por pensamentos obsessivos e persistentes (andar sempre a matutar no mesmo), emoções reprimidas, enganar-se a si mesmo e querer coisas que não estão de acordo com o seu plano divino, entre outros.

Símbolo Angelical nº 2

- **Anjo guardião:** anjo do amor e da autoestima.
- **Mantra:** "À medida que amo a mim mesmo, fico em condição de amar os demais."
- **Vibração pela cor:** linhas amarelas/preenchimento cor-de-rosa claro.
- **Chacra correspondente:** Cardíaco.

É o anjo que nos ajuda a desenvolver uma vida mais harmoniosa, aceitando as nossas imperfeições e as dos outros. Afinal de contas, ninguém é perfeito.

O objetivo da vida é aprendermos a amar incondicionalmente, sem imposições nem controle, sem esperar algo em troca.

Esse anjo nos ajuda a trabalhar a autoestima, a aceitar o nosso corpo e a nos amarmos, para podermos amar os outros verdadeiramente. Ajuda-nos a resgatar e a aflorar o nosso potencial divino por meio do amor-próprio e a reparar na beleza da vida, do céu, das cores, das fragrâncias, dos sons, dos sabores e das formas da vida física.

Podemos pedir-lhe ajuda para estabelecermos contato com nosso coração, alma e anjo solar.

Está associado ao coração, ao peito e à pele, agindo como auxiliar complementar de cura desses órgãos físicos e das verdadeiras causas emocionais que provocam o seu desequilíbrio.

Símbolo Angelical nº 3

- **Anjo guardião:** anjo da tranquilidade e da leveza.
- **Mantra:** "Alcanço a tranquilidade e a leveza. Eu sou harmonia!"
- **Vibração pela cor:** linhas amarelas/preenchimento verde.
- **Chacra correspondente:** Cardíaco.

Anjo que nos ajuda a desenvolver o autoconhecimento, a nos aceitarmos e a aceitarmos o nosso propósito divino.

Ajuda-nos a aceitar o caminho da nossa missão com tenacidade e coragem, apesar de nem sempre ser só rosas e termos de superar vários desafios para cumpri-la. Seguir o caminho iluminado nos leva ao conhecimento de partes de nós mesmos que de outra forma não conheceríamos.

Podemos pedir-lhe ajuda para superar a tendência de carregarmos o mundo às costas com os problemas dos outros e de sermos demasiadamente duros, críticos e exigentes conosco.

Está associado aos ombros, coração e pulmões, agindo como auxiliar complementar de cura desses órgãos físicos e das verdadeiras causas dos desequilíbrios e de questões relacionadas com alergias.

Símbolo Angelical nº 4

- **Anjo guardião:** anjo da pureza e da clareza.
- **Mantra:** "Solto os padrões e as ilusões que me bloqueiam."
- **Vibração pela cor:** linhas amarelas/preenchimento cor de salmão muito claro.
- **Chacra correspondente:** todos os chacras.

Ajuda-nos a desenvolver a capacidade de desapego, de deixar ir o velho para vir o novo, perdoarmos a nós mesmos e aos outros e cortar, limpar e purificar laços cármicos.

Ele nos ajuda a reconhecer que o Universo é um espelho que reflete exatamente aquilo que emanamos. Precisamos fazer esse reconhecimento para podermos abandonar as ilusões do papel de vítima, agindo no sentido da mudança transformadora que precisamos fazer.

Está associado aos seios frontais, aos ouvidos e aos olhos, agindo como auxiliar complementar de cura desses órgãos físicos e das verdadeiras causas que estão provocando distúrbios, e ainda de questões relacionadas com purificação e desintoxicação.

Símbolo Angelical nº 5

- **Anjo guardião:** anjo da força e da energia.
- **Mantra:** "Desperto a minha força e o meu poder no amor."
- **Vibração pela cor:** linhas amarelas/preenchimento vermelho.
- **Chacra correspondente:** Básico.

É o anjo dos terapeutas holísticos, das pessoas que ajudam o seu semelhante, que prestam cuidados a enfermos e que muitas vezes se encontram nos limites das suas forças.

Ajuda-nos, através da energia do coração, a ter forças para cumprirmos as nossas tarefas e missões, aumentando a vitalidade e a alegria de viver.

Está associado aos vasos e à circulação sanguínea, agindo como auxiliar complementar de cura desses componentes físicos, às verdadeiras causas dos seus distúrbios e às questões relacionadas com a sexualidade, falta de energia e cansaço.

Símbolo Angelical nº 6

- **Anjo guardião:** anjo da flexibilidade e da transformação.
- **Mantra:** "Tudo na vida está em transformação."
- **Vibração pela cor:** linhas amarelas/preenchimento roxo.
- **Chacra correspondente:** Terceiro Olho.

Auxilia-nos com os processos de cura física e anímica. Ajuda-nos a libertar dores, tristezas e vivências traumáticas e a aceitar que as vidas material e espiritual estão interligadas e precisam de equilíbrio.

Ajuda pessoas bloqueadas, controladoras, rígidas, inflexíveis e com medo da espiritualidade a fazerem a sua transformação positiva, tão necessária para a sua evolução.

Está associado à hipófise e à região da nuca, agindo como auxiliar complementar de cura desses componentes físicos, à verdadeira origem dos seus desequilíbrios e às questões relacionadas com excessos e vícios (comer compulsivamente, sexo, drogas, jogo, etc.).

Símbolo Angelical nº 7

- **Anjo guardião:** anjo do otimismo e da beleza.
- **Mantra:** "Reconheço os aspectos positivos da minha vida."
- **Vibração pela cor:** linhas amarelas/preenchimento cor-de-rosa forte.
- **Chacra correspondente:** Cardíaco.

Ajuda-nos a desenvolver o otimismo e o positivismo na nossa vida. Muitas vezes basta uma mudança de perspectiva para termos uma vida mais bonita, agradável e harmoniosa. É o anjo que nos ajuda a ver o copo "meio cheio" em vez de "meio vazio".

Para quem tem mais tendência ao pessimismo, o trabalho com esse anjo pode ser de grande auxílio. Ele nos ajuda a ter uma perspectiva mais otimista do futuro e a libertar preocupações absolutamente desnecessárias.

Está associado às glândulas pineal e pituitária, agindo como auxiliar complementar de cura desses componentes físicos, atuando nas suas verdadeiras causas e em questões relacionadas com as depressões de inverno.

Símbolo Angelical nº 8

- **Anjo guardião:** anjo da orientação e das metas.
- **Mantra:** "Traço as minhas metas e trabalho para alcançá-las."
- **Vibração pela cor:** linhas amarelas/preenchimento rosa-violeta.
- **Chacra correspondente:** Terceiro Olho.

Auxilia-nos a definir as nossas metas e a alcançá-las sem procrastinar. Ajuda-nos a desenvolver a capacidade de harmonizar a razão e as emoções cada vez com mais êxito, observando o mundo por um prisma renovado e positivo.

O anjo da orientação e das metas incentiva-nos a viver em harmonia com a Mãe Natureza, bem como no aqui e agora, sem nos perdermos no passado nem no futuro. Quem se sente sem orientação ou rumo e/ou tem medo do novo, pode pedir o auxílio desse anjo.

Está associado aos pés e aos tornozelos, agindo como auxiliar complementar de cura desses órgãos físicos, bem como às verdadeiras causas que levam aos eventuais desequilíbrios nessas áreas. Apoia também as questões relacionadas com sensação de falta de energia para traçar metas e pôr projetos em andamento e/ou a concluir.

Símbolo Angelical nº 9

- **Anjo guardião:** anjo da autoestima e da autoconfiança.
- **Mantra:** "Permito-me ter confiança e segurança em mim mesmo."
- **Vibração pela cor:** linhas amarelas/preenchimento amarelo-torrado.
- **Chacra correspondente:** Umbilical.

Ajuda-nos a nos aceitarmos, aceitarmos às outras pessoas e às situações da vida tal como são e acontecem. Em vez de culparmos e julgarmos os outros, adotando o papel de vítima, passamos a compreender que por trás de todas as experiências, sejam elas agradáveis ou desagradáveis, há aprendizagens importantes para o nosso percurso e evolução.

O anjo da autoestima e da autoconfiança nos incentiva a corrigir os nossos atos não tão bons e os menos positivos e a deixarmos de ter medo das críticas e do que os outros possam dizer acerca de nós. Do mesmo modo, também nos incentiva a deixar de sermos tão severos e avaliadores de nós mesmos.

Está associado ao pâncreas (diabetes), ao estômago e ao diafragma, agindo como auxiliar complementar de cura desses órgãos físicos e das verdadeiras causas dos seus eventuais desequilíbrios, bem como de questões relacionadas com a diabetes.

Símbolo Angelical nº 10

- **Anjo guardião:** anjo da maturidade e da sabedoria.
- **Mantra:** "Envolvo-me cada vez mais na minha sabedoria interior."
- **Vibração pela cor:** linhas amarelas/preenchimento dourado.
- **Chacra correspondente:** Plexo Solar.

Ajuda-nos a ultrapassar e a dissolver as experiências dolorosas da vida, compreendendo que cada experiência nos traz uma importante mensagem e nos leva um passo adiante na evolução e no processo de amadurecimento da alma.

Pode nos auxiliar na cura de choques e traumas, nos abusos, pesadelos, liberação da criança interior reprimida e na aprendizagem para nos deixarmos fluir com a vida e escutarmos a nossa voz interior.

Símbolo associado à cabeça (dores), sistema linfático, sangue, alergias e problemas hormonais, agindo como auxiliar complementar de cura desses órgãos físicos e das verdadeiras causas que provocam o seu desequilíbrio.

Símbolo Angelical nº 11

- **Anjo guardião:** anjo da segurança e do amparo.
- **Mantra:** "Confio que a vida me proporciona sempre o que necessito."
- **Vibração pela cor:** linhas amarelas/preenchimento rosa-salmão.
- **Chacra correspondente:** Umbilical.

Com a ajuda desse anjo podemos "puxar" para fora medos internos para que sejam libertados e deixem de nos bloquear o caminho. Ajuda nos a sentir proteção e segurança, sem medo de ficarmos sós e abandonados.

O anjo da segurança e do amparo nos apoia no trabalho de libertação do temor exagerado da morte, do nervosismo, dos medos e das preocupações materiais.

Auxilia no tratamento de problemas hormonais, coxas e ossos e das verdadeiras causas emocionais relacionadas com os desequilíbrios nessas áreas.

Símbolo Angelical nº 12

- **Anjo guardião:** anjo da criatividade e da autoexpressão.
- **Mantra:** "Eu crio e expresso o meu próprio mundo."
- **Vibração pela cor:** linhas amarelas/preenchimento azul.
- **Chacra correspondente:** Laríngeo.

Com esse anjo podemos trabalhar a nossa comunicação em todas as suas formas de expressão.

Ajuda-nos a falar de maneira aberta e clara sobre os nossos pensamentos, emoções e sentimentos, auxiliando-nos a expressá-los do melhor modo e sem medo. É o anjo da expressão em todas as formas: comunicação escrita, verbal, pintura, canto, dança, etc.

O anjo da criatividade e da autoexpressão, protege-nos do medo da crítica ao expressarmos os nossos gostos, ideias e opiniões.

Símbolo que está associado aos braços, aos ombros, à laringe e cordas vocais, auxiliando na sua cura física, por meio da atuação nas verdadeiras causas emocionais relacionadas com os desequilíbrios nessas áreas.

Símbolo Angelical nº 13

- **Anjo guardião:** anjo da decisão e da reorientação.
- **Mantra:** "Tomo as minhas decisões, desta forma ninguém as toma por mim."
- **Vibração pela cor:** linhas amarelas/preenchimento verde.
- **Chacra correspondente:** Cardíaco.

Anjo que nos ajuda a escutar e a sentir o nosso interior, intuindo o que é melhor para nós e para o nosso caminho. A vida é feita de ciclos que principiam e terminam, dando sempre lugar a novos começos.

Ajuda-nos a trabalhar o medo da morte, o pânico, o andar sem rumo e orientação e o receio de tomar decisões. É o anjo da decisão e da reorientação. Auxilia-nos no fim dos ciclos, quando se fecha uma porta para que outra melhor possa se abrir.

Está associado ao sistema digestivo, aos rins e à mandíbula, auxiliando na sua cura física, por meio da atuação nas verdadeiras causas emocionais relacionadas com os desequilíbrios nessas áreas. Auxilia também na cura das causas emocionais das alergias em geral.

Símbolo Angelical nº 14

- **Anjo guardião:** anjo do amor incondicional.
- **Mantra:** "Amo-te de verdade, por isso respeito a tua liberdade."
- **Vibração pela cor:** linhas amarelas/preenchimento cor-de-rosa.
- **Chacra correspondente:** Cardíaco.

Ajuda-nos a interiorizar que o amor incondicional é um amor puro e sem restrições ou condições, e que numa relação somente a liberdade permite que esta cresça e se solidifique.

Auxilia-nos a trabalhar nos casos de medo do abandono, de confundir sexo com amor, de manter uma relação por conveniência, etc.

Está associado à bexiga, à circulação, aos vasos sanguíneos, à pressão arterial e ao coração, auxiliando na sua cura física, por meio da atuação nas verdadeiras causas emocionais relacionadas com os desequilíbrios nessas áreas.

Símbolo Angelical nº 15

- **Anjo guardião:** anjo da aparência e da realidade.
- **Mantra:** "Deixo para trás as ilusões e enfrento a realidade."
- **Vibração pela cor:** linhas amarelas/preenchimento azul.
- **Chacra correspondente:** Terceiro Olho.

Anjo que nos ajuda a ver para lá do visível e das máscaras dos outros, e a renunciarmos à nossa própria máscara para uma vida mais leve e autêntica.

Auxilia pessoas que se excedem no que diz respeito a gastos desnecessários, e a desenvolver sentimento de compaixão naquelas que não se importam com os outros. É o anjo da aparência e da realidade. Para quem está preso a uma relação que já terminou, esse anjo pode ser também de grande bênção e ajuda.

Está associado à boa respiração, auxiliando também na cura e manutenção da hipertensão, nos resfriados e nos problemas de concentração.

Símbolo Angelical nº 16

- **Anjo guardião:** anjo da sabedoria criativa.
- **Mantra:** "Permito que desponte a sabedoria criativa que há no meu interior."
- **Vibração pela cor:** linhas amarelas/preenchimento amarelo.
- **Chacra correspondente:** Plexo Solar.

Anjo que nos ensina a descobrir talentos escondidos e a expressar os nossos talentos e dons de forma criativa e sem medo do que os outros possam dizer ou pensar.

Auxilia-nos a trabalhar de forma criativa com cristais, óleos aromáticos, cores, essências, elixires, etc.

Está associado ao intestino e ao sistema digestivo, auxiliando também na cura da origem/sintoma de medos e das dores de cabeça.

Símbolo Angelical nº 17

- **Anjo guardião:** anjo da abundância e da prosperidade.
- **Mantra:** "Permito que a vida me inunde com abundância e prosperidade."
- **Vibração pela cor:** linhas amarelas/preenchimento amarelo-torrado.
- **Chacra correspondente:** Plexo Solar.

Ajuda-nos a crer na abundância e a permitir que esta entre na nossa vida. O Universo é abundante e tem que dê e sobre para todos. No entanto, a nossa forma limitada de pensar nos impede de receber a nossa parte.

O anjo da abundância e da prosperidade nos incentiva a pedir fartura e plenitude, a visualizarmos uma vida em abundância e a sairmos do registro do medo de não ter ou de perder, pois é esse sentimento que gera a escassez econômica.

Está associado à bexiga e à garganta, auxiliando na cura física e anímica desses órgãos, bem como de alergias, inflamações e insônias.

Símbolo Angelical nº 18

- **Anjo guardião:** anjo da responsabilidade consciente.
- **Mantra:** "Sou consciente da minha responsabilidade de amar."
- **Vibração pela cor:** linhas amarelas/preenchimento roxo.
- **Chacra correspondente:** Básico.

Ajuda-nos a atuar com autoridade e força na vida, sempre com consideração e respeito pelos outros e sem dominá-los ou anulá-los. Há situações que requer força e determinação e o amor deve estar presente em todas elas.

O anjo da responsabilidade consciente nos auxilia a educar as nossas crianças, filhos, netos, etc., e a aprender a impor-lhes limites saudáveis.

Também auxilia no que diz respeito a trabalhar a mania de controlar, de criticar e de atribuir as nossas responsabilidades aos outros.

Está associado aos braços, às articulações e à zona dos ombros, auxiliando na cura física e anímica desses órgãos, bem como nas dores nas costas.

Símbolo Angelical nº 19

- **Anjo guardião:** anjo do despertar espiritual.
- **Mantra:** "Quanto mais me abro, mais compreendo os segredos e as mensagens do Universo."
- **Vibração pela cor:** linhas amarelas/preenchimento roxo-escuro.
- **Chacra correspondente:** Coronário.

Auxilia-nos a desenvolver a nossa espiritualidade bem enraizados na Terra. É para aplicar a espiritualidade na Terra que todos os humanos estão aqui, por isso ela deve ser integrada desde as tarefas mais simples do cotidiano até as mais complexas.

Se perdermos a conexão com o mundo material, por estarmos "tão em cima" e não aplicarmos a nossa sabedoria no dia a dia terreno, significa que ainda não entendemos o que é realmente a espiritualidade.

O anjo do despertar espiritual auxilia as pessoas que têm medo da espiritualidade, ajuda-nos a encontrar as pessoas certas (mestres na Terra) para nos ajudar, apoia-nos na meditação, no estabelecimento de contato com os seres de luz, incentiva-nos a ler livros espirituais e a confiarmos na nossa própria intuição.

Está associado ao cérebro e às narinas, auxiliando na cura física e anímica desses órgãos, bem como nos casos de falta de energia, de cansaço e de problemas de concentração.

Símbolo Angelical nº 20

- **Anjo guardião:** anjo do amor e das relações.
- **Mantra:** "Deixo fluir o amor nas minhas relações."
- **Vibração pela cor:** linhas amarelas/preenchimento cor-de-rosa.
- **Chacra correspondente:** Umbilical.

Anjo que nos ajuda a nos libertarmos de relações de conveniência e a criar relações mais amorosas. Quanto mais nos amarmos mais conseguiremos amar os outros.

O anjo do amor e das relações nos ensina que todos os gestos, palavras e mensagens que emitimos de forma consciente ou inconsciente se refletem nas nossas relações diárias. Ajuda-nos também nas questões de equilíbrio da autoestima, do medo de compromissos ou de querermos manter uma relação a qualquer custo.

Associado ao peito feminino, mãos e pulmões, auxilia-nos na cura física e anímica desses órgãos e nos problemas de pele e coração.

Símbolo Angelical nº 21

- **Anjo guardião:** anjo da perseverança e da realização.
- **Mantra:** "Creio e confio num desfecho de êxito para a minha situação."
- **Vibração pela cor:** linhas amarelas/preenchimento branco.
- **Chacra correspondente:** todos os chacras.

Ajuda-nos a alcançar com triunfo as metas que temos traçadas. Triunfar não significa derrubar os outros, antes alcançar as nossas metas com amor, sabedoria e respeito por todos os seres, incluindo nós mesmos. Pode conseguir limar as arestas da nossa personalidade, abandonar um vício negativo ou encontrar a solução para um problema.

Dá-nos força, coragem, determinação e perseverança para seguirmos em frente. Representa o triunfo da luz sobre a escuridão.

Está associado às pernas e aos ossos, auxiliando na cura física e anímica desses órgãos, bem como dos medos, dos resfriados e da hipertensão.

Símbolo Angelical nº 22

- **Anjo guardião:** anjo da coerência e da ordem.
- **Mantra:** "O Cosmo é ordem."
- **Vibração pela cor:** linhas amarelas/preenchimento azul.
- **Chacra correspondente:** Laríngeo.

Auxilia-nos a pôr a nossa vida em ordem. Quando criamos uma estrutura básica, sobre a qual possamos organizar e estruturar a nossa vida, tudo se torna mais simples. Isso exige flexibilidade para ir alterando e ajustando o que for necessário ao longo do percurso.

Assiste no trabalho de superação da rigidez, dos transtornos compulsivos, da inflexibilidade, da mania de limpeza e de não saber distinguir o que é essencial e prioritário do que não é.

Está associado aos ossos, quadris, joelhos e olhos, auxiliando na cura física e anímica desses órgãos, bem como da hipertensão e das dores nas costas.

Símbolo Angelical nº 23

- **Anjo guardião:** anjo da compreensão e da aceitação.
- **Mantra:** "Reconheço que o meu plano de vida contém tudo o que é importante e conveniente para mim."
- **Vibração pela cor:** linhas amarelas/preenchimento verde.
- **Chacra correspondente:** Cardíaco.

Anjo que nos ajuda a contemplar as situações a certa distância e com perspectiva mais alargada. Por vezes corremos atrás de ilusões por não conseguirmos nos distanciar suficientemente, de forma a adquirirmos uma visão mais elevada da situação. A isso chamamos de "dar cabeçadas".

O anjo da compreensão e da aceitação nos ajuda a adquirir esta capacidade de ver para lá das ilusões, aceitando e compreendendo o que estamos vendo para o nosso bem superior. Convida-nos a uma viagem interior, a ouvir a intuição, a superar o ego e a prestar atenção aos sinais externos que nos indicam o caminho.

Está associado ao coração, aos pulmões e à zona do peito, auxiliando na cura física e anímica desses órgãos, bem como de alergias e de problemas da pele.

Símbolo Angelical nº 24

- **Anjo guardião:** anjo dos pensamentos persistentes e soluções.
- **Mantra:** "Abro-me a soluções divinas que me ajudam a resolver os meus problemas."
- **Vibração pela cor:** linhas amarelas/preenchimento vermelho-escuro.
- **Chacra correspondente:** Básico.

Ajuda-nos a nos libertarmos de pensamentos obsessivos e persistentes, que nos roubam energia e nos impedem de avançar. Muitas vezes carregamos conosco padrões de pensamento tão antigos como modelos de pensamento incutidos pelos nossos pais, avós, etc., que nunca sequer paramos para questionar e aceitamo-los como se fossem dados adquiridos: "É assim porque é assim."

Associado à hipófise, auxiliando na cura física e anímica dessa glândula, bem como das dores de cabeça, problemas de concentração e insônias.

Símbolo Angelical nº 25

- **Anjo guardião:** anjo da força espiritual e da realização.
- **Mantra:** "Reconheço e reafirmo o meu lado espiritual."
- **Vibração pela cor:** linhas amarelas/preenchimento roxo.
- **Chacra correspondente:** Coronário.

Apoia-nos a avançarmos no nosso caminho espiritual e a superarmos dificuldades e obstáculos. Pede-nos que nos envolvamos na luz e nos dá força, conhecimento e vontade de continuar no caminho da luz.

O anjo da força espiritual e da realização nos incentiva a viver o nosso plano de vida pessoal, a superar as provas da vida, a aprender com os desafios e a reconhecer o ser espiritual que habita em cada um de nós.

Está associado à coluna vertebral e à hipófise, auxiliando na cura física e anímica desses órgãos, bem como de dores nas costas e das dores de cabeça.

Símbolo Angelical nº 26

- **Anjo guardião:** anjo da renovação e do desenvolvimento.
- **Mantra:** "Permito que venha o novo e transformo-me no desenvolvimento da minha vida."
- **Vibração pela cor:** linhas amarelas/preenchimento salmão-claro.
- **Chacra correspondente:** Terceiro Olho.

Anjo que nos ajuda a fazer uma autêntica renovação física e espiritual. Ativa o nosso poder de autocura, estimula os nossos sentidos e nos solicita mudanças, que saiamos da rotina e de nossa zona de conforto. Quem vive sempre fazendo as mesmas coisas envelhece e pouco ou nada evolui física e espiritualmente.

Auxilia nos casos de estagnação, resignação, apatia, falta de alegria e de objetivos, metas e interesses, bem como de vida superficial e inconsciente. Associado ao cérebro auxilia na sua cura física e anímica e nos casos de nervosismo e prisão de ventre.

Símbolo Angelical nº 27

- **Anjo guardião:** anjo da morte e do renascimento.
- **Mantra:** "Cada morte é, por sua vez, um novo começo."
- **Vibração pela cor:** linhas amarelas/preenchimento azul-noite.
- **Chacra correspondente:** Terceiro Olho.

Ajuda-nos a libertar o que nos pesa e a atravessarmos o canal do renascimento e a preparação para um novo começo. Apoia-nos a todos os níveis: físico, pessoal, laboral, econômico, emocional, etc.

Auxilia-nos a trabalhar o desapego a todos os níveis, a tomar decisões com segurança, a superar as crises das nossas relações e a cortar o cordão umbilical com os nossos pais. Ajuda-nos também a compreender que a morte significa apenas um novo começo.

Está associado à bexiga e aos órgãos sexuais, auxiliando na cura física e anímica desses órgãos, bem como da esterilidade e da sexualidade.

Símbolo Angelical nº 28

- **Anjo guardião:** anjo da paciência e da intemporalidade.
- **Mantra:** "Aceito tudo com paciência."
- **Vibração pela cor:** linhas amarelas/preenchimento cor de tijolo.
- **Chacra correspondente:** Básico.

Anjo que nos ajuda a desenvolver a paciência de que necessitamos em muitas ocasiões da nossa vida. Ações e decisões precipitadas não abonam muitas vezes a nosso favor. Auxilia-nos também a aceitar as situações de aprendizagem, a discernir o momento adequado para decidir e a aprender a esperar.

Está associado aos músculos, quadris e mãos, auxiliando na cura física e anímica desses componentes físicos, bem como do nervosismo.

Símbolo Angelical nº 29

- **Anjo guardião:** anjo dos assuntos materiais.
- **Mantra:** "Eu mereço o bem-estar material."
- **Vibração pela cor:** linhas amarelas/preenchimento roxo-escuro.
- **Chacra correspondente:** Básico.

Ajuda-nos a melhorar a nossa relação com as finanças. Ensina-nos que tudo na vida tem o seu valor e que este se equilibra com algo equivalente. Se só damos e não recebemos, ou vice-versa, haverá um défice energético que vai se manifestar física, anímica e/ou materialmente.

Anjo que nos ajuda a ter uma visão do todo, clareza na nossa vida, trabalhar a bondade, a generosidade e a superar/compreender os casos de perda de objetos de valor ou dinheiro. Ajuda-nos também a desbloquear o fluxo da vida.

Está associado aos ossos, dentes, articulações e à zona do colo, auxiliando na cura física e anímica desses componentes físicos.

Símbolo Angelical nº 30

- **Anjo guardião:** anjo da coragem e da perseverança.
- **Mantra:** "Aceito com coragem os desafios da vida e todas as suas consequências."
- **Vibração pela cor:** linhas amarelas/preenchimento vermelho.
- **Chacra correspondente:** Básico.

Anjo que nos ajuda a superar situações que exigem coragem, perseverança e determinação para resolvê-las. Por vezes somos "obrigados" a ter de tomar decisões pouco convencionais, as quais não estão em consonância com o socialmente aceito pela sociedade. Como consequência, somos julgados e criticados, o que exige de nós certa capacidade de adaptação, coragem para assumir a nossa posição, valor próprio, segurança, autoestima, paciência, fé e perseverança.

Ajuda-nos também a trabalhar a resistência, a coerência, a não desistirmos apesar das dificuldades, a sermos fiéis à própria verdade, a autodisciplina e a superação de medos.

Está associado aos pulmões e aos pés, auxiliando na cura física e anímica dessas áreas, bem como no tratamento do estresse e dos medos.

Símbolo Angelical nº 31

- **Anjo guardião:** anjo da solidariedade.
- **Mantra:** "Estou disposto a ajudar os outros, respeitando os meus próprios limites."
- **Vibração pela cor:** linhas amarelas/preenchimento roxo.
- **Chacra correspondente:** Cardíaco.

Auxilia-nos a nos colocarmos a serviço, em prol da ajuda ao próximo e de um mundo melhor, reunindo força, energia e paciência para os outros. Uma vez que existem pessoas que absorvem a nossa energia e nos deixam esgotados, esse anjo nos protege e nos ajuda a perceber à medida do equilíbrio da dádiva, compreendendo que podemos ir até certo ponto, pois se exagerarmos além podemos até colocar em risco a nossa própria energia pessoal, deixando de estar em condições para nós mesmos ou para quem quer que seja. É preciso saber impor limites e perceber quem precisa realmente da nossa ajuda e quem quer apenas "sugar" a nossa energia para se alimentar.

Está associado aos vasos sanguíneos e ao coração, auxiliando na cura física e anímica desses órgãos, bem como de depressões, de falta de energia e de cansaço.

Símbolo Angelical nº 32

- **Anjo guardião:** anjo da libertação de dependências.
- **Mantra:** "Liberto-me de padrões, crenças e dependências."
- **Vibração pela cor:** linhas amarelas/preenchimento azul.
- **Chacra correspondente:** Laríngeo.

Anjo que ajuda a nos libertarmos dos nossos medos e emoções, dos juízos, valores e normas sociais, bem como de conceitos errôneos, vícios, padrões e princípios morais antiquados. Ajuda a nos livrarmos de estruturas de pensamento inadequadas e de falsas expetativas. Trabalha conosco as nossas limitações e dependências emocionais.

Está associado aos pulmões e aos quadris, auxiliando na cura física e anímica dessas áreas, bem como de problemas da pele e do coração.

Símbolo Angelical nº 33

- **Anjo guardião:** anjo da palavra criativa.
- **Mantra:** "Aprendo a expressar os meus sentimentos."
- **Vibração pela cor:** linhas amarelas/preenchimento azul.
- **Chacra correspondente:** Laríngeo.

Anjo que nos ajuda a aprender a superar as nossas dificuldades para expressarmos o que se passa na nossa mente e no coração. Por vezes, não exprimimos o que se passa em nossa alma com receio de não sermos bem interpretados, e isso nos fecha imensas portas. Auxilia-nos a expressarmos os nossos pensamentos e emoções de forma criativa e clara, para que os outros possam compreendê-los.

O anjo da palavra criativa também auxilia as pessoas que cantam, atuam e representam, e todas as formas de expressão escrita e de comunicação não verbal.

Está associado à garganta, tiroide e cordas vocais, auxiliando na cura física e anímica desses órgãos, bem como de inflamações em geral.

Símbolo Angelical nº 34

- **Anjo guardião:** anjo da sabedoria ancestral.
- **Mantra:** "Confio na minha sabedoria interior."
- **Vibração pela cor:** linhas amarelas/preenchimento amarelo.
- **Chacra correspondente:** Plexo Solar.

Auxilia a termos acesso à nossa sabedoria interior. Quanto mais intensificarmos o contato com esse anjo, e lhe pedirmos que nos guie, mais ele nos ilumina e apresenta a verdade.

Símbolo que colabora na cura dos medos de fenômenos paranormais, da clarividência, de ser médium; nos ajuda a confiar na nossa voz interior, no nosso conhecimento ancestral, a canalizar a luz e a interpretar a simbologia dos sonhos.

Está associado à hipófise, auxiliando na cura física e anímica dessa glândula, bem como no tratamento das dores de cabeça e do equilíbrio em caso de superestimulação dos sentidos.

Símbolo Angelical nº 35

- **Anjo guardião:** anjo da determinação e do êxito.
- **Mantra:** "Creio em mim mesmo e no meu êxito."
- **Vibração pela cor:** linhas amarelas/preenchimento amarelo-torrado.
- **Chacra correspondente:** Plexo Solar.

Anjo que nos ajuda a acreditarmos nos nossos êxitos e a permitir que eles aconteçam. Somos nós mesmos que boicotamos nossas vitórias, porque muitas vezes não acreditamos nelas. Esse anjo pode ajudar a nos vermos como pessoas de êxito e a criar uma realidade positiva e otimista para os nossos projetos e ideias. Ajuda todas as pessoas que desenvolvem trabalhos pioneiros, nos auxilia a colocar em prática as ideias, ajuda no êxito financeiro, a superar as próprias limitações, a crer no "impossível" e a dar força aos sonhos.

Está associado aos ossos, auxiliando na cura física e anímica destes, bem como no tratamento do estresse, da osteoporose e da hipertensão.

Símbolo Angelical nº 36

- **Anjo guardião:** anjo do desprendimento.
- **Mantra:** "É no desprendimento que se encontra a segurança."
- **Vibração pela cor:** linhas amarelas/preenchimento branco.
- **Chacra correspondente:** todos os chacras.

Auxilia no desprendimento de tudo aquilo que nos pesa e que não nos faz bem, inclusive dos medos relativos às questões materiais. Muitas vezes os nossos sonhos e desejos não se concretizam mais depressa ou nem chegam a se concretizar por não conseguirmos manter o foco naquilo que realmente queremos. A mente divaga entre os medos e os receios de não conseguirmos e outras coisas que também julgamos querer. O resultado é uma grande "salada" e uma vasta dispersão de energia. Esse anjo nos ajuda a nos desprendermos dos pensamentos que nos impedem de concretizar os nossos objetivos e a focarmos naquilo que é realmente importante. Auxilia pessoas com problemas de peso, "mães-galinhas" que superprotegem os seus filhos e pessoas com tendência para colecionar e juntar tudo, acumulando lixo e energia estagnada.

Está associado às mãos, ao coração e à bexiga, auxiliando na cura física e anímica dessas áreas, bem como de problemas relacionados com a sexualidade e a prisão de ventre.

Símbolo Angelical nº 37

- **Anjo guardião:** anjo do amor universal.
- **Mantra:** "Desenvolvo em mim o amor incondicional e o amor universal."
- **Vibração pela cor:** linhas amarelas/preenchimento rosa-violeta.
- **Chacra correspondente:** Coronário.

Anjo que nos ajuda a amar o nosso plano de vida, incluindo os desafios e as dificuldades. Cada um é como é e esta aceitação ajuda a deixarmos de nos avaliar, medir e nos compararmos com os outros. Incentiva-nos a amar e a proteger os animais e as plantas, a deixar de criticar os outros e a nos compararmos com eles e a amar incondicionalmente.

Está associado ao coração, aos rins e aos joelhos, auxiliando na cura física e anímica dessas áreas, bem como na superação de medos.

Símbolo Angelical nº 38

- **Anjo guardião:** anjo da libertação do carma.
- **Mantra:** "Liberto-me das cargas cármicas."
- **Vibração pela cor:** linhas amarelas/preenchimento branco.
- **Chacra correspondente:** todos os chacras.

Auxilia na libertação do peso de enredos cármicos. Nem sempre conseguimos libertar os nossos carmas sozinhos, por isso esse anjo nos ajuda a libertar os carmas das vidas anteriores. Cabe a nós trabalhar para esta libertação, no entanto podemos contar com a ajuda dos nossos anjos, basta pedir-lhes.

O anjo da libertação do carma ajuda a tratar dependências, situações repetitivas na nossa vida, a aprendermos com as situações e a nos libertarmos de relações que já terminaram.

Está associado ao coração, auxiliando na cura física e anímica desse órgão, bem como no tratamento de medos, de questões relacionadas com a sexualidade, à desintoxicação e à purificação.

Símbolo Angelical nº 39

- **Anjo guardião:** anjo da graça.
- **Mantra:** "Sou abençoado pelas graças na minha vida."
- **Vibração pela cor:** linhas amarelas/preenchimento amarelo-torrado.
- **Chacra correspondente:** Plexo Solar.

Auxilia-nos a nos abrirmos às graças e bênçãos da vida. Ajuda-nos também a resolver questões cármicas.

As graças são luzes que recebemos pelos nossos méritos. São bênçãos que descem para nos ajudar a resolver as nossas questões. Ajuda-nos em situações difíceis e perigosas, incentivando-nos a trabalhar o desprendimento e a aceitar as bênçãos que o Céu tem para nos dar.

Está associado ao estômago, auxiliando na cura física e anímica desse órgão, bem como no tratamento das dores de cabeça, de problemas digestivos e da esterilidade.

Símbolo Angelical nº 40

- **Anjo guardião:** anjo da força divina.
- **Mantra:** "Com a tua ajuda experimento a força divina."
- **Vibração pela cor:** linhas amarelas/preenchimento cor-de-rosa.
- **Chacra correspondente:** Básico.

Com a ajuda desse anjo podemos permitir que a força divina nos dê apoio e coragem para seguirmos em frente na nossa jornada. O anjo da força divina nos ajuda a nos conectarmos com esse potencial de energia, para que o usemos na nossa vida diária. Por vezes nos sentimos esgotados, abatidos e vazios, e a sua ajuda nos dá energia vital e nos ajuda a nos sentirmos melhor.

Está associado aos ossos, à coluna vertebral, ao sistema nervoso e aos vasos sanguíneos, auxiliando na cura física e anímica dessas áreas.

Símbolo Angelical nº 41

- **Anjo guardião:** anjo da sabedoria divina.
- **Mantra:** "Com a tua ajuda me conecto com a sabedoria divina que existe no meu interior."
- **Vibração pela cor:** linhas amarelas/preenchimento amarelo-torrado.
- **Chacra correspondente:** Plexo Solar.

O anjo da sabedoria divina nos ajuda a aceder ao nosso grande potencial, que é a nossa sabedoria divina interior. Todos nós transportamos no nosso íntimo a sabedoria divina. Só que alguns são mais conscientes disso e outros menos. Quanto mais acedermos a esta sabedoria interna, mais aparecerão na nossa mente soluções para os problemas, bem como as medidas de prevenção que devemos tomar para evitar situações futuras. Quando nos conectamos com a nossa sabedoria divina, tudo na nossa vida se desenrola mais facilmente.

Está associado à hipófise, auxiliando na cura física e anímica dessa glândula, bem como no tratamento das dores de cabeça, do nervosismo e dos medos.

Símbolo Angelical nº 42

- **Anjo guardião:** Arcanjo Miguel.
- **Mantra:** "Com a tua ajuda estou protegido a todos os níveis."
- **Vibração pela cor:** linhas amarelas/preenchimento azul-escuro.
- **Chacra correspondente:** Coronário.

Como já vimos anteriormente, o Arcanjo Miguel nos ajuda a manter a calma em situações de estresse e perigo, nos auxiliando com a sua amorosa e poderosa ajuda e proteção. Traz luz a situações obscuras, que nos fazem sentir inseguros e com medo. Protege-nos de pessoas mal-intencionadas que podem nos desviar do caminho. Fortalece a nossa fé, a intuição e a confiança na vida. É o guardião do primeiro raio de cor azul, que representa a calma, a paz e a segurança.

Auxilia-nos no cumprimento da vontade de Deus, a desenvolver o altruísmo, a realizar os nossos desejos e a desfazer e desimpedir os nossos bloqueios e amarras. O elemento correspondente é o Fogo.

Está associado à laringe, à garganta, à pele e à hipófise, auxiliando na cura física e anímica dessas áreas, bem como no tratamento de problemas da garganta.

Símbolo Angelical nº 43

- **Anjo guardião:** Arcanjo Jophiel.
- **Mantra:** "Com a tua ajuda alcanço a minha sabedoria interior."
- **Vibração pela cor:** linhas amarelas/preenchimento amarelo-torrado.
- **Chacra correspondente:** Plexo Solar.

O Arcanjo Jophiel nos ajuda a nos conectarmos com o nosso conhecimento e sabedoria interior com perseverança. Ensina-nos a sabedoria e a paciência, nos auxiliando quando nos sentimos desanimados e/ou humilhados pelos outros. Todos os estudantes, trabalhadores das artes e os que se dedicam a trabalhos pioneiros, descobertas, invenções, renovações e pessoas em geral podem pedir a sua ajuda. Ele nos ensina a nos mantermos na luz e a adquirir maturidade e conhecimentos. É o guardião do segundo raio, o raio amarelo, que representa a sabedoria e a aquisição de conhecimentos.

Está associado ao estômago, auxiliando na cura física e anímica desse órgão, bem como no tratamento do nervosismo, de perturbações digestivas e da depressão do inverno.

Símbolo Angelical nº 44

- **Anjo guardião:** Arcanjo Chamuel.
- **Mantra:** "Com a tua ajuda aprendo a amar incondicionalmente."
- **Vibração pela cor:** linhas amarelas/preenchimento rosa-forte.
- **Chacra correspondente:** Cardíaco.

Chamuel é o arcanjo do amor. Ele nos ajuda a viver em harmonia e equilíbrio, de forma consciente com todos os seres. É o guardião das relações interpessoais. Incentiva-nos a seguir o nosso coração e a abdicarmos do controle e do sentimento de insegurança nas nossas relações. Auxilia-nos no contato saudável com a Mãe Terra e com toda a existência. É o guardião do terceiro raio, o raio cor-de-rosa que representa o amor, o carinho e a autoestima.

Está associado ao coração, à bexiga e aos órgãos sexuais, auxiliando na cura física e anímica dessas áreas, bem como no tratamento de problemas hormonais.

Símbolo Angelical nº 45

- **Anjo guardião:** Arcanjo Gabriel.
- **Mantra:** "Com a tua ajuda alcanço a clareza e iluminação do meu caminho."
- **Vibração pela cor:** linhas amarelas/preenchimento branco.
- **Chacra correspondente:** todos os chacras.

Gabriel é o arcanjo da iluminação. Ajuda-nos a trazer luz para a nossa vida, para o nosso caminho e nossos desafios. Ajuda-nos a tomar as melhores decisões, a purificar os pensamentos e os sentimentos. É o guardião do quarto raio, o raio branco, que simboliza a pureza, a clarificação e a verdade.

Auxilia-nos no cumprimento do nosso plano divino e na remoção dos obstáculos do mesmo.

Está associado a todos os chacras e presta o seu auxílio em processos de purificação e de desintoxicação.

Símbolo Angelical nº 46

- **Anjo guardião:** Arcanjo Rafael.
- **Mantra:** "Com a tua ajuda curo o corpo, a mente e a alma."
- **Vibração pela cor:** linhas amarelas/preenchimento verde.
- **Chacra correspondente:** Cardíaco.

Rafael é o arcanjo da cura e da prosperidade. Ajuda-nos a libertar danos emocionais e a pormos ordem e equilíbrio na nossa vida. Zela para que voltemos a nos encontrarmos sempre que perdemos o nosso centro. É o guardião do quinto raio, de cor verde, que representa a cura, a regeneração, a harmonia, a prosperidade e a abundância.

Auxilia em todos os processos de cura e autocura a todos os níveis.

Está associado ao coração e a todo o corpo, assistindo na sua cura física e anímica.

Símbolo Angelical nº 47

- **Anjo guardião:** Arcanjo Uriel.
- **Mantra:** "Com a tua ajuda experimento a alegria na minha vida."
- **Vibração pela cor:** linhas amarelas/preenchimento vermelho.
- **Chacra correspondente:** Básico.

O Arcanjo Uriel nos ensina a viver com alegria e gratidão, pois estes sentimentos aumentam a nossa vitalidade e fazem chover bênçãos na nossa vida. Ajuda-nos a manifestar e criar coisas novas, a realizar as nossas ideias e a desfrutar a vida plena, gozando as suas formas, cores, aromas, texturas e sabores. Ele é o guardião do sexto raio, púrpura e dourado, que representam, por um lado, a púrpura, o dinamismo, o espírito pioneiro, a regeneração, a transmutação, a energia e, por outro lado, o dourado, que corresponde à alegria de viver, à sensualidade, à paz, ao otimismo e à confiança na riqueza em todos os níveis.

Está associado aos vasos sanguíneos, aos pés e às articulações dos pés, auxiliando na cura física e anímica dessas áreas, bem como nas situações de falta de energia.

Símbolo Angelical nº 48

- **Anjo guardião:** Arcanjo Zadquiel.
- **Mantra:** "Com a tua ajuda perdoo e o liberto."
- **Vibração pela cor:** linhas amarelas/preenchimento roxo.
- **Chacra correspondente:** Coronário.

O Arcanjo Zadquiel nos ajuda a superar os momentos difíceis da vida, como separações, divórcios e morte, bem como as fases de grandes mudanças. Liberta-nos das velhas energias/sombras do passado, transmutando-as para padrões vibratórios mais elevados. É o guardião do sétimo raio, de cor violeta, a cor do perdão, da compaixão, da misericórdia e da transmutação.

Auxilia-nos a libertar sentimentos de culpa, a abandonar sentimentos e pensamentos destrutivos, a renascer espiritualmente e a desenvolver a intuição e a telepatia.

Está associado ao cérebro e à hipófise, auxiliando na cura física e anímica dessas áreas, bem como no tratamento das dores de cabeça.

Símbolo Angelical nº 49

- **Anjo guardião:** Arcanjo Metatron.
- **Mantra:** "Com a tua ajuda cumpro o meu plano de vida."
- **Vibração pela cor:** linhas amarelas/preenchimento "branco-sujo."
- **Chacra correspondente:** todos os chacras.

O Arcanjo Metatron é considerado o rei de todos os anjos. Ajuda-nos a reconhecermos o nosso plano de vida e a cumpri-lo. É o guardião da luz branca-dourada, sendo que o branco representa a luz, a transcendência e a transparência, e o dourado representa a alquimia divina, a prosperidade e a alegria.

Auxilia-nos no cumprimento da vontade de Deus e na realização dos desejos que fazem parte do nosso plano divino. Podem, por vezes, demorar a concretizar e terem de passar por várias provas, mas se estiver no nosso caminho a nós pertence, e um dia, mais cedo ou mais tarde, vamos alcançá-los.

O Arcanjo Metatron está relacionado com a espiritualidade em geral, com os registros akáshicos, com a luz divina, as visões, as realizações e a transcendência.

Auxilia e apoia na cura física e anímica em geral.

A Mandala Mágica dos Anjos e dos Seres da Natureza

1. Os Seres da Natureza chamam-lhe "Casa", "Home"

Tranquilamente, foram-me explicando a sua construção. Gnomos, Fadas, Duendes e outros seres maravilhosos que não consigo descrever ao certo estavam presentes.

Parecíamos crianças sentadas num círculo a ouvir uma linda história encantada. Os Anjos também estavam presentes a dar instruções, e uma chuva de luzes caía sobre mim enquanto escrevia sobre aquilo que viria a ser a *Mandala Mágica dos Anjos e dos Seres da Natureza*.

Os Seres da Terra tomaram conta da ocorrência: "Vamos te ajudar a materializar a *Home* para que mais pessoas tenham facilidade em se comunicar conosco".

E assim nasceu a Mandala Mágica, repleta de amor, harmonia e poder que nos enraíza à Terra e nos conecta ao Céu. Bela e cintilante, ajuda-nos a focar a energia e a fazer a magia do coração acontecer.

Através dela podemos fazer a nossa conexão com os Anjos e os Seres da Natureza, fazer os nossos pedidos e pedir a concretização dos nossos sonhos.

2. Mandala Mágica – Construa a sua!

A Mandala Mágica dos Anjos e Seres da Natureza, adiante designada como *Mandala Mágica*, é um instrumento de cura maravilhoso. Se for apaixonado por mandalas, tanto ou mais do que eu, vai adorar construir e utilizar a sua. Construí-la pode ser um agradável exercício meditativo, por isso, coloque uma música suave, relaxe, queime um incenso e comece a montagem.

Sinta-se à vontade para ajustar a mandala mágica de acordo com a sua intuição sempre que sentir necessidade. Os anjos nos guiam e nos inspiram a trabalhar com ela da forma mais vantajosa para nós e para todos, em cada momento. Se possível, deixe-a sempre montada no seu altar. Se não, coloque-a num local onde não seja muito "perturbada" por correntes de ar[19], bem como pelos olhares e as energias de outras pessoas. O quarto de dormir é geralmente uma área da casa mais reservada e pode ser uma opção.

A palavra *mandala* tem a sua origem no sânscrito e significa "círculo". Universalmente, as mandalas são o símbolo da integração e da harmonia. Os círculos representam Deus/Universo, "sem princípio nem fim", totalidade, eternidade, perfeição divina, movimento, expansão, proteção. Simbolizam também os princípios feminino e masculino.

A mandala mágica é um círculo sagrado de poder e proteção. Pode ser muito útil para fazer os seus pedidos, quer pela sua saúde ou de outro, para ajudar a resolver alguma situação ou conflito, encontrar soluções vantajosas para determinadas questões, libertar-se de cargas de energias pesadas, energizar essências, óleos, cristais ou objetos, entre outros.

Na mandala mágica podem ser colocados vários pedidos; no entanto, recomendo que ponha um pedido de cada vez, sempre que possível. A mandala é um bom recurso para aqueles pedidos urgentes aos quais precisamos dar mais atenção, força e energia em determinados períodos da nossa vida. Quando nos focamos num pedido de cada vez, damos-lhes mais força e energia, sem nos dispersarmos por vários pedidos ao mesmo tempo.

---

19. As correntes de ar ou o vento poderão fazer com que as ervas, velas, cristais, símbolos e papéis com pedidos saiam do lugar, ou seja, podem mesmo desmanchar a mandala. Se tiver as velas acesas pode até provocar o risco de incêndio, por isso mais vale prevenir.

2.1 Composição da mandala mágica

Para construir a sua mandala mágica é necessário:

- Uma base de madeira em forma de círculo, com cerca de 40 cm de diâmetro e 0,5 cm a 1 cm de espessura. A base de madeira ajuda na sustentabilidade e ancoramento das energias da mandala;
- Velas brancas ou coloridas, de acordo com a sua intuição (daquelas com base de alumínio para a cera não sair, ou outras em recipientes apropriados);
- Sete cristais ou pedras coloridas;
- Um cristal de quartzo gerador ou pirâmide de cristal;
- Ervas sagradas (o quanto achar necessário);
- Uma pequena taça, copo ou cálice com água;
- Incenso escolhido de acordo com o pedido que vai fazer, seguindo sempre a sua intuição;
- Papel branco, lápis de carvão (para escrever o pedido) e lápis coloridos.[20]

2.2 Montagem da mandala mágica

1º passo: comece por adquirir a base de madeira, as velas, as ervas e os cristais. Talvez não seja fácil encontrar a base de madeira à venda no mercado, por isso poderá ter de optar por mandar fazer numa carpintaria ou adquirir o kit "Mandala Mágica dos Anjos e Seres da Natureza" já pronto[21]. As velas, ervas e cristais podem ser encontrados em algumas ervanárias, bazares, lojas de cristais, mercadinhos, feiras ou lojas esotéricas, por exemplo, nomeadamente em lojas online.

2º passo: desenhe, imprima, queime ou pinte uma estrela de cinco pontas para colocar no centro da mandala mágica.

3º passo: junto ao rebordo da circunferência do tabuleiro coloque ervas sagradas de proteção, formando um círculo. Costumo usar para esse efeito ervas secas de alecrim, arruda e alfazema e disponho-as no tabuleiro no sentido horário.

---

20. Caso queira, você pode desenhar pequenas mandalas e incluir em sua mandala mágica.
21. Saiba mais em www.joanabarradaszen.com.

4º passo: escolha o anjo ou arcanjo para o qual vai dirigir o seu pedido (podendo ser um ou quantos desejar) e coloque o nome escolhido em um papel no centro da mandala, em cima da estrela de cinco pontas. Ao redor da estrela vai colocar a representação dos sete arcanjos mais conhecidos, para que formem um círculo de força e proteção (Miguel, Rafael, Uriel, Gabriel, Zadquiel, Jophiel e Chamuel). Essas representações podem ser as mandalas desenhadas por você com os nomes dos arcanjos.

Disponha as representações, as velas e os cristais coloridos em círculo sobre a base de madeira, pela ordem abaixo apresentada. Coloque em primeiro lugar a representação e a vela do Arcanjo Miguel e um cristal azul ao lado das mesmas, que reproduzem o raio azul do Arcanjo Miguel (em cima, no topo do círculo) e continue com os arcanjos seguintes no sentido horário e por ordem. Lembre-se de que os cristais devem estar limpos e energizados (mais à frente, no último capítulo, terá informação sobre como purificar e energizar os cristais).

Arcanjo	Vela	Cristal
1.º Arcanjo Miguel	branca ou azul	Cianita azul, lápis-lazúli ou qualquer outro da sua preferência, de cor azul.
2.º Arcanjo Rafael	branca ou verde	Malaquita ou qualquer outro da sua preferência, de cor verde.
3.º Arcanjo Uriel	branca, púrpura ou dourada	Rubi, pirita ou qualquer outro da sua preferência, de cor púrpura ou dourada.
4.º Arcanjo Gabriel	branca	Quartzo ou qualquer outro da sua preferência, de cor branca ou incolor.
5.º Arcanjo Ezequiel	branca ou violeta	Ametista ou qualquer outro da sua preferência, de cor violeta.
6.º Arcanjo Jophiel	branca ou amarela	Citrino ou qualquer outro da sua preferência, de cor amarela.
7.º Arcanjo Chamuel	branca ou cor-de-rosa	Quartzo-rosa ou qualquer outro da sua preferência na cor rosa.

Como dito anteriormente, você pode desenhar ou pintar as suas mandalas com os nomes dos arcanjos e colocar ao lado da vela e do cristal correspondente na sua mandala mágica (veja o exemplo a seguir). Escreva o nome do Arcanjo em cada desenho e coloque-os por ordem em cima do tabuleiro (4 cm ou 5 cm de diâmetro é o ideal para cada desenho).

Os sete arcanjos formam um círculo mágico de luz, proteção, purificação e poder. Todos dão o seu auxílio aos seus pedidos, de acordo com a vontade suprema.

Ao centro, coloque a estrela de cinco pontas, também conhecida como pentagrama, que representa os cinco elementos presentes na mandala mágica: Terra, Água, Fogo, Ar e Espírito/Éter. Representa também a integralidade do ser humano, uma vez que somos constituídos pelos quatro elementos e pelo espírito. As cinco pontas simbolizam, além dos quatro elementos e do espírito, a cabeça e os quatro membros do ser humano. A estrela de cinco pontas, com a ponta ímpar voltada para cima, simboliza ainda a proteção, a alta espiritualidade, a magia e a luz.

As estrelas são o símbolo da orientação divina, da proteção e da esperança e têm desde sempre grande poder e significado em várias religiões e culturas.

As velas, como já vimos, representam o elemento Fogo e servem para intensificar a energia da mandala mágica, elevando o nosso pedido a Deus com a ajuda das salamandras.

Coloque ao lado da mandala mágica uma taça com água, representando o elemento Água. Use também um incenso escolhido de acordo com o tema do seu pedido ou preferência, representando o elemento Ar.

Deixe a mandala mágica, se possível, voltada para Norte e posicione-se também virado para Norte enquanto trabalha com ela. Essa direção está associada ao elemento Terra, que está relacionado com o mundo das formas (concretização espiritual no plano da matéria). A terra é a parte "sólida" da vida, da qual necessitamos para viver como seres humanos. É o mais físico dos quatro elementos. Tal posicionamento é favorável à materialização dos nossos pedidos.

Se possível, quando montar a mandala mágica pela primeira vez, faça-o na fase de quarto crescente ou nos primeiros dias de Lua cheia, por serem luas com mais força energética.

2.3 Consagração da mandala mágica

Agora que tem a sua mandala mágica praticamente pronta, chegou a hora de consagrá-la aos anjos e a todos os seres de luz, antes da sua primeira utilização.

Acenda o incenso com a intenção de purificar o local e a sua mandala. Feche os olhos, respire fundo e concentre-se. Enraíze-se, imagine os anjos de luz perto de si e à sua volta, formando um círculo de proteção. Quando já estiver bem tranquilo, imponha as duas mãos sobre a mandala mágica (com as palmas voltadas para baixo em direção à mandala), imagine uma luz dourada e violeta saindo delas e diga:

> Em nome do anjo de luz que habita no meu interior, e dos quatro elementos, Terra, Água, Fogo e Ar, consagro esta mandala mágica às mais elevadas energias angelicais.
>
> Que a força e a sustentação da Mãe Terra e dos seus elementos possam dar corpo à concretização dos meus pedidos neste mundo, sempre da forma e de acordo com a vontade da Deusa Mãe e do Deus Pai.
>
> E assim seja! No amor e na luz, para o bem supremo de todos.
> Obrigado, obrigado, obrigado.
> Amém.

Quando terminar de dizer esta oração com toda a fé, a consagração da sua mandala mágica estará concluída. O passo seguinte será colocá-la para funcionar.

2.4 Ativação da mandala mágica

Escreva o seu pedido a lápis de carvão em dois pedaços de folha de papel branco (pode colocar também uma fotografia sua ou da pessoa para quem está fazendo o pedido ou escrever apenas o nome).

Dobre uma das folhas e deixe-a em cima do nome do anjo ou arcanjo que se encontra ao centro, em cima da estrela.

A outra folha vai usá-la sempre consigo (numa bolsinha junto a um cristal da sua preferência, na carteira, no bolso, debaixo da almofada durante a noite, etc., conforme lhe der mais jeito).

Se o seu objetivo não for fazer um pedido em especial e quiser ativar a mandala mágica apenas para energização de cristais, óleos, essências ou outros, não precisa escrever, basta ter essa intenção e colocar os frascos e/ou cristais em cima do tabuleiro. A intenção de energizar os seus óleos, por exemplo, será na ocasião o seu "pedido" aos Anjos e Seres da Natureza.

Pode adquirir ou criar tabuleiros-mandalas exclusivamente para manter os seus cristais, essências, óleos ou outros sempre energizados, deixando-os em cima dos tabuleiros de forma permanente.

Comece por se concentrar e por fazer a meditação-base adaptada para esse efeito:

1ª **fase:** respire fundo, relaxe e eleve os seus pensamentos a Deus;

2ª **fase:** agradeça aos anjos e a toda a vida as bênçãos que tem recebido;

3ª **fase:** una-se aos anjos de luz e reconheça o anjo de luz que habita em você; visualize-se e sinta-se um anjo;

4ª **fase:** ofereça o seu amor ao mundo, espalhe a sua luz por todos, iluminando toda a existência;

5ª **fase:** faça seus pedidos.

Comece por acender a vela [22] do Arcanjo Miguel, respire profundamente e diga de forma pausada:

São Miguel Arcanjo, em nome da Deusa Mãe e do Deus Pai protege-me a mim e a todos os meus, hoje e sempre.

Guarda-nos a todos, a esta mandala mágica e ao pedido que estou lhe fazendo.

E assim seja!

Obrigado, obrigado, obrigado.

Amém.

Note que se o pedido envolver outras pessoas, por exemplo, um amigo, inclua na oração:

Protege-me a mim, a todos os meus e ao meu amigo (dizer o nome), para o qual estou fazendo este pedido.

Em seguida, acenda a vela do Arcanjo Rafael, respire profundamente e diga de forma pausada:

São Rafael Arcanjo, por favor, aciona o teu fantástico poder de cura a todos os níveis em mim e nesta mandala sagrada.

Obrigado, obrigado, obrigado.

Amém.

Acenda a vela do Arcanjo Uriel, respire fundo e diga de forma pausada:

Arcanjo Uriel, que a tua luz, proteção e paz divinas inundem docemente esta mandala mágica, o meu pedido (ou os meus óleos, essências, cristais, etc.) e todo o meu ser.

Obrigado, obrigado, obrigado.

Amém.

---

22. Acenda as velas sempre com fósforos e lembre-se de não os soprar nem sacudir. Coloque-os, por exemplo, num cinzeiro ou taça onde possam arder até se apagarem sozinhos.

Depois, acenda a vela do Arcanjo Gabriel, respire profundamente e diga de forma pausada:

São Gabriel Arcanjo, coloca, por favor, a tua poderosa presença de luz sobre mim e sobre esta mandala mágica.
Obrigado, obrigado, obrigado.
Amém.

Em seguida, acenda a vela do Arcanjo Ezequiel, respire profundamente e diga de forma pausada:

Arcanjo Ezequiel, que a vibração dos sentimentos elevados como a compaixão, a misericórdia e o perdão estejam presentes nesta mandala mágica e em todo o meu ser.
Obrigado, obrigado, obrigado.
Amém.

Acenda a vela do Arcanjo Jophiel, respire fundo e diga de forma pausada:

Arcanjo Jophiel, que a luz do conhecimento, da sabedoria e da alegria divina inunde o meu ser, a minha vida e esta mandala mágica.
Obrigado, obrigado, obrigado.
Amém.

Acenda a vela do Arcanjo Chamuel, respire fundo e diga pausadamente:

Arcanjo Chamuel, que a fragrância do amor incondicional preencha esta mandala mágica e todo o meu ser.
Obrigado, obrigado, obrigado.
Amém.

Termine afirmando com toda a fé e convicção:

Em nome da Deusa Mãe e do Deus Pai, e pelo poder do círculo mágico angelical formado pelos sete arcanjos dos sete raios divinos que irradiam todas as cores e qualidades divinas para esta mandala mágica.

Dos quatro elementos que dão corpo e forma à vida na Terra: Água, Terra, Fogo e Ar, e da sagrada estrela de cinco pontas que abençoa, acolhe, protege e dá força de concretização ao meu pedido.

Eu peço a realização e a manifestação de _____.

(fazer o pedido no presente e de forma positiva, como se já tivesse sido realizado; leia o seu papel e volte a colocá-lo em cima da estrela ou, se for o caso, peça especificamente para que sua mandala limpe e energize todos os cristais, essências, óleos ou objetos, etc., de acordo com o uso que estiver a dar à mandala).

Abro espaço para que o Universo realize o que peço, ou algo melhor ainda.

E assim é! Está feito! No amor e na luz.

Obrigado, obrigado, obrigado.

Amém.

Agradeça de coração o apoio prestado à Deusa Mãe, ao Deus Pai e a todos os Anjos e Seres da Natureza. Deixe as velas arderem até ao fim.

2.5 Manutenção da sua mandala mágica

Todos os dias, depois de praticar a meditação-base, leia o seu pedido e uma frase positiva diretamente do papel que anda sempre com você, com toda a fé e convicção, pois pode ter a certeza de que esse é um trabalho muito poderoso.

Semanalmente, ou sempre que intuir, acenda velas novas na sua mandala mágica para reforçar as energias positivas. Deixe, sempre que possível, que as velas dos sete arcanjos ardam até ao fim (sugestão: passe as velas pela fumaça de um incenso com a intenção de purificá-las antes de colocá-las na sua mandala).

Sempre que acender as velas, repita as orações de invocação aos sete arcanjos, fazendo no final o seu pedido com toda a fé.

Quando quiser mudar o pedido do centro da mandala mágica, é hora de substituir também as ervas sagradas, bem como de purificar e energizar os cristais. Se sentir vontade pode voltar a consagrá-la, mas não será "obrigatório" nem talvez necessário, ou pode reforçar a energização diária da sua mandala mágica borrifando o ambiente com as essências florais ou as águas minerais e angelicais caseiras que sinta mais adequadas ao seu pedido (não borrife diretamente sobre a madeira).

Pode também colocar por cima do papel do pedido os cristais e pedras que sinta que vão ajudar a potencializar a energia e a realizar o seu pedido. De qualquer forma, siga a sua intuição.

Pessoalmente uso com frequência as pirâmides de cristal de quartzo, pois, além de este cristal ser universal e servir para todos os pedidos em qualquer área, a sua configuração piramidal estabelece de forma privilegiada a conexão entre o Céu e a Terra, "puxando" a energia do Céu através do seu "bico" superior, ancorando essa energia no Planeta através da sua base sólida, constituída pelas quatro arestas que representam precisamente a solidez, os quatro elementos e a matéria. Também uso bastante, ao centro, os cristais de quartzo geradores, em cima dos pedidos, pois são poderosos e sinto que dão mais força ao poder da mandala mágica.

Se não tem ainda intimidade com os cristais e com esses procedimentos, comece sempre pelo mais simples. Disponha os nomes dos arcanjos, os cristais recomendados para cada um deles e suas velas correspondentes em volta da estrela central. Com isso, pode ter a certeza de que já estará criando um círculo de forças positivas muito poderoso. À medida que for se familiarizando com os cristais pode ir enriquecendo as suas práticas. Dê tempo ao tempo e permita-se primeiro assimilar, com muita calma e tranquilidade, os conhecimentos necessários.

Uma vez ativada, a mandala mágica fica operacional e começa a trabalhar para você. Ela é um portal de energias angelicais. Depois de as sete velas de ativação terem ardido até ao fim pode retirar da mandala as bases de alumínio. Não é de todo necessário que acenda sete velas novas todos os dias, basta uma vez por semana ou sempre que intuir nesse sentido.

É a prática da meditação-base realizada diariamente que vai reforçar o seu pedido todos os dias, assim como a sua conexão com o reino angelical, renovando constantemente a força da sua mandala mágica. Para isso, opte por fazer a meditação-base junto da mandala mágica, ou simplesmente visualize-a no momento em que iniciar a sua meditação. Quer esteja perto fisicamente quer não, antes de começar a meditação-base diga:

> A minha Mandala Mágica recebe agora um reforço de energias positivas dos Anjos e Seres da Natureza.
> Está feito!
> Obrigado, obrigado, obrigado.

Para ver resultados, peça luz para o seu caminho e para os seus, peça ajuda no cumprimento do seu propósito e/ou desenvolvimento pessoal e espiritual, mas atenção, não deixe este trabalho para fazer só de vez em quando – torne-o parte da sua rotina e o considere tão importante como alimentar-se ou tomar banho todos os dias.

Se utilizar a mandala mágica apenas para purificação e *energização permanente* de cristais, essências ou óleos, por exemplo, basta reativá-la mensalmente. Substitua as ervas sagradas por novas, purifique e energize os cristais de suporte aos sete arcanjos e faça o ritual de acender as velas aos sete arcanjos, sempre que possível, na Lua cheia.

Para *energização pontual* de quaisquer objetos, a mandala mágica deve estar disponível só para esse trabalho e deve ser ativada somente naquele momento. Deixe o objeto energizando durante no mínimo meia hora. Se possível, deixe-o ficar durante uma noite ou durante um dia inteiro.

2.6 Outras utilizações práticas para a mandala mágica

A mandala mágica não serve apenas para os pedidos urgentes, como já vimos. Ela, na realidade, serve também para purificar e energizar praticamente tudo.

Coloque o que pretende tratar no centro, em cima da estrela, que ela fará por si só um trabalho de purificação e de energização de grande poder. Os sete arcanjos formam o círculo mágico de proteção e as ervas sagradas no rebordo selam e dão um grande poder energético à mandala mágica, juntamente aos cristais que a reforçam. As velas iluminam o espaço com a sua magia e o aroma do incenso nos faz viajar para um mundo mágico, repleto de seres alados e iluminados, com sorrisos amorosos nos rostos e amor saindo dos seus corações sob a forma de ondas de energia brilhante e cor-de-rosa. Podemos dizer que a mandala mágica é um *centro de grande poder energético*!

Coloque ao centro aquilo que pretende abençoar, energizar, purificar ou transmutar. Podem ser joias, amuletos, essências florais, cristais, óleos, livros, pessoas, plantas, espaços, animais de estimação, etc.

No caso das pessoas, animais, espaços e objetos grandes, que não "cabem" no centro da mandala mágica, coloque fotografia dos mesmos. Também pode escrever o nome da pessoa, do animal de estimação ou a morada do espaço.

Como já foi referido anteriormente, para quem trabalha bastante com cristais, essências florais e/ou óleos de massagem, pode criar uma mandala mágica unicamente para cada um desses fins. Esta é uma forma de ter sempre os cristais, as essências e os óleos energizados e prontos para usar, podendo se beneficiar ao máximo com o seu potencial.

Os Anjos-cristal

1. Anjos-cristal

Costumo me referir aos cristais como anjos-cristal. Eles são a manifestação mais pura da energia e da luz no nosso plano físico. Os anjos-cristal expressam a Mãe Natureza e os seus "segredos" e estão sob o cuidado dos nossos queridos seres elementais da terra. São dotados de propriedades muito poderosas para a nossa saúde e equilíbrio a todos os níveis, e são usados desde a antiguidade por vários povos para diversos fins. O seu poder foi reconhecido pelo homem desde os seus primórdios, por isso têm sido usados por variadíssimas religiões e em todo o tipo de rituais de magia.

Facilmente os associamos à Atlântida e a avançadas culturas espirituais longínquas. Esses registros estão no inconsciente coletivo e no nosso próprio DNA espiritual. Para mim, os cristais são anjos maravilhosos que trabalham para uma nova abertura de consciência da humanidade. Devemos trabalhar com eles se sentirmos esse chamamento e tratá-los com todo o amor e respeito, cuidando deles adequadamente.

Aos oito anos tive a minha primeira coleção de cristais e pedras. Lembro-me de que passava um tempo enorme a contemplá-los e lendo os fascículos sobre eles. Sempre que recebia um cristal novo era um entusiasmo observá-lo e descobri-lo. Recordo-me de usar uma pirita no bolso, pois achava que me trazia sorte.

Os seres elementais começaram a me instruir no sentido de acrescentar o poder dos seus cristais e pedras à preparação das minhas essências florais e angelicais. O chamado foi tão forte que lancei de imediato mãos à obra. Numa visão, me vi preparando as essências com as suas energias maravilhosas. Nesse mesmo dia me deitei para uma sesta e, naquele estado, meio adormecida meio acordada, mas plenamente consciente de que ainda não estava dormindo, fui levada pelos anjos até um lugar magnífico repleto de cristais de quartzo gigantescos (mais altos do que eu). Caminhei no meio daqueles cristais translúcidos, completamente fascinada com o que estava vendo. Não sei que lugar era aquele, mas posso garantir que era simplesmente maravilhoso de tão lindo e iluminado, bem mais do que a minha imaginação poderia alguma vez alcançar. Fui instruída sobre vários procedimentos no trabalho com os cristais e também sobre a minha missão com eles.

Passados uns dias, sonhei durante a noite com cristais de quartzo geradores bem grandes, com as suas pontas em direção ao céu azul. A sua missão era purificar a Mãe Terra e eu estava sendo chamada para colaborar com eles nesse processo.

Partilho com o leitor um pouco da minha experiência pessoal de contato com estas maravilhosas "pedrinhas" e alguns dos conhecimentos que venho adquirindo sobre elas, bem como alguns benefícios que podem realmente trazer para a nossa vida em todos os aspectos. Cada autor nesta área escreve de acordo com a sua experiência, estudo e guia interior, e essa é a maior riqueza de qualquer obra de partilha do conhecimento e da experiência pessoal. No entanto, cada leitor deve interiorizar e processar a informação com base no seu próprio sentir.

A escolha dos cristais e das pedras é muito pessoal. Devemos eleger aqueles que "nos chamam" e que reúnam as características que gostaríamos de ter presentes na nossa maneira de ser e de estar, bem como na nossa vida. Os cristais têm como que "personalidades" próprias, por isso devemos sentir quais se harmonizam melhor conosco. Muitas pessoas perguntam como fazer para escolher os seus cristais quando não têm outra hipótese senão encomendar em sites na internet.

Eu resido numa zona onde não é fácil encontrar cristais e pedras à venda a toda a hora, apenas em alguns mercadinhos ou feiras e, por essa razão, já comprei muito pela internet, apesar de preferir, sem sombra de dúvida, comprá-los pessoalmente. Por isso, sempre que posso, dirijo-me a uma loja física e adquiro-os. Mas quando não posso ir tenho um truque muito simples que faço antes de encomendá-los: primeiro elejo um fornecedor que sinta ser de confiança e em seguida peço aos seres elementais e aos anjos que façam chegar à minha casa os cristais que estão "destinados" a mim.

Como seres de luz que são, os cristais apreciam ambientes limpos e organizados, com luz natural. Gostam de ter junto a si flores e plantas. O incenso e a música relaxante intensificam o seu poder energético. Gostam de ficar instalados em altares rodeados de velas, incensos, imagens de Anjos e Seres da Natureza como gnomos, fadas, duendes, etc. Adoram as mandalas mágicas, pois as consideram um lar aconchegante. Aliás, foram os seres elementais os grandes impulsionadores da sua construção.

Os cristais são absolutamente mágicos. A magia com cristais serve para melhorar o nosso ser e a nossa vida e também para ajudar outras pessoas, animais ou plantas. Podemos pedir que nos auxiliem a compreender e a resolver as situações pelas quais passamos na vida.

Os cristais nos ajudam a concentrar energias, para que possamos fazer ocorrer as mudanças necessárias a nossa evolução humana e espiritual. Uma vez que a nossa mente se dispersa com alguma facilidade nos afazeres e trabalhos cotidianos, ter estas "baterias" de foco, concentração e boas energias reunidas é realmente uma enorme bênção que a Mãe Natureza coloca à nossa disposição.

Para trabalhar com elas, acrescentá-las aos seus rituais, à meditação, à oração e aos pedidos em qualquer área da sua vida basta focar a sua intenção através de uma ideia/frase simples e objetiva. Fale com o cristal e diga-lhe, objetivamente, o que pretende! Isso facilita os resultados e não dispersa as energias. Seja simples, prático, objetivo e expresse a sua gratidão. Imagine saindo da sua cabeça uma fotografia nítida daquilo que pretende, e que essa foto adentre no cristal. Tenha fé, que o cristal trata do resto.

Os cristais podem partir-se, por isso devemos protegê-los ao máximo enquanto os transportamos conosco. Caso um cristal se quebre, mesmo bem camuflado ou sem razão aparente, é porque já fez o seu trabalho. Recomendo que o devolva à Mãe Natureza e agradeça o tempo que esteve com você. Pode enterrá-lo no campo ou jogá-lo em águas correntes limpas, como o mar ou um rio.

2. Meditação terapêutica com os seus anjos-cristal

Uma das formas mais comuns de trabalhar com os anjos-cristal é meditar com eles. Além de nos proporcionar relaxamento profundo e abertura de consciência, bem como estimular a criatividade e a cura a todos os níveis, sentir as suas energias divinas junto a nós é uma experiência maravilhosa. Os cristais abrem-nos as portas dos reinos angelicais e reinos da Natureza.

De início, pode ser necessário algum treino, até, pouco a pouco, ir desenvolvendo essa sensibilidade, pois é precisamente através da sensibilidade e da intuição que podemos desenvolver a comunicação com os cristais. Comunicar-se com os cristais é estar em contato com os seres de luz!

Comece por eleger o cristal com o qual quer meditar nesse dia. Leia as suas características e sinta qual deles lhe apresenta as qualidades que gostaria ou necessita integrar no seu ser e na sua vida nesse momento.

Para realizar a meditação-base e as práticas de magia dos Anjos e seres da Natureza pode, por exemplo, meditar com a celestita e a angelita (aliás, é uma excelente ideia colocar algumas em volta da sua mandala mágica). Diga-lhes que tem a intenção de se conectar com os anjos de luz e que solicita a sua ajuda. Esses cristais têm uma sintonia direta com a vibração dos anjos e arcanjos e amplificam bastante a nossa capacidade de comunicação com eles.

Para meditar, coloque o cristal ou os cristais entre as mãos (em posição de prece junto ao Chacra Cardíaco) e deixe que o anjo-cristal transfira essas qualidades/características para o seu corpo e todo o campo energético durante alguns minutos. Se os cristais forem grandes, deixe as mãos em concha sobre o colo, com a mão direita sobre a esquerda e o cristal ou cristais em cima da palma da mão direita. Se for desconfortável, pode simplesmente colocá-los perto de você durante a meditação. Agradeça a sua ajuda e sabedoria.

Se os cristais forem pequenos e sentir que deve transportá-los nos dias seguintes, coloque-os no bolso ou na carteira dentro de um saco de pano, feltro ou veludo, para protegê-los. Os anjos-cristais podem estar pedindo para que os leve junto a si a fim de poderem continuar trabalhando na sua energia e ajudá-lo nos objetivos que tiver em mente. Se não sentir essa necessidade, deixe-os no seu altar, na estrela da sua mandala mágica ou no espaço reservado para guardar os seus anjos-cristal.

Pessoalmente, possuo uma mandala mágica só para os cristais e outra para as essências e óleos. Assim, tenho-os sempre prontos a serem utilizados em qualquer situação.

Uma recomendação, não use os seus cristais pessoais noutras pessoas, pois ficam carregados com a sua própria energia. Separe alguns cristais apenas para seu uso pessoal, outros exclusivamente para preparação de águas minerais e angelicais, outros ainda para utilizar com outras pessoas, na casa, no automóvel, etc.

3. Águas minerais e angelicais caseiras: aprenda a fazer

As águas minerais e angelicais são também uma forma de nos beneficiarmos, e muito, das propriedades curativas e equilibradoras, em todos os níveis, de alguns cristais. Digo alguns, pois nem todos os cristais podem ser colocados dentro de água. Pessoalmente, sou fã desse método e utilizo-o bastante.

Leia as características mágico-terapêuticas dos diversos cristais apresentados no final deste capítulo e perceba qual ou quais poderão ajudá-lo no momento. Arranje uma garrafa ou frasco de vidro transparente e incolor com o bocal largo, lave muito bem esse recipiente, encha com água mineral e coloque dentro dele o cristal ou cristais que pretende usar (limpos e energizados).

Verifique a tabela dos 18 Arcanjos e sinta a qual deles sente vontade de atribuir a tarefa de ajudá-lo a energizar a sua água mineral. Em caso de dúvida, o Arcanjo Haniel ajuda sempre. Ele é o arcanjo das essências e águas vibracionais por excelência.

Numa pequena prece, bastante concentrado e com os olhos fechados, enquanto as suas mãos seguram a garrafa com os cristais e a água mineral, peça ao arcanjo que escolher:

Arcanjo_____, obrigado pela tua doce presença na minha vida. Por favor, ajuda-me a energizar esta água, para que sejam ativadas todas as tuas propriedades curativas, assim como as destes cristais, tornando-a sagrada, revitalizante e com alto poder curativo.

Que esta água possa responder ao motivo pelo qual estou fazendo _____ *(explique a sua intenção curativa com esta água e o motivo de estar fazendo).*

Está feito!
Obrigado, obrigado, obrigado.
Amém.

Os cristais que usar para preparar as suas águas não devem ser usados para outros fins. Reserve um kit de cristais só para esse feito. Porém, uma vez que nem todos os cristais são apropriados para a produção das águas, deixo-lhe uma pequena lista orientadora com alguns dos cristais recomendados para elaborar as suas águas minerais e angelicais caseiras: água-marinha, ágata-azul-rendada, ametista, aventurina, citrino, cornalina, cristal de quartzo, cornalina, diamante Herkimer, esmeralda, fluorita, lápis-lazúli e quartzo-rosa.

Deixe no mínimo 12 horas (se preparadas à noite, no dia seguinte de manhã, bem cedo, estarão prontas para tomar. Para conservar, coloque num frasco de vidro escuro (âmbar, azul ou verde) com conta gotas (não use plásticos) e tome 4 gotas 4 vezes ao dia. Se não tiver frasco com conta gotas, pode ir bebericando ao longo do dia. Na verdade, não é a quantidade que bebe que importa, mas o número de vezes que traz essa energia dos cristais e dos anjos para o seu corpo e sua energia pessoal ao longo do dia.

Todas as pessoas, de qualquer idade, podem se beneficiar do poder das pedras e cristais, incluindo animais e plantas. No caso dos animais pode colocar algumas gotas no bebedouro, e no caso das plantas, basta regá-las com essa água, ou colocar o cristal diretamente na terra junto à raiz.

Se for reikiano pode ainda conferir energia Reiki às suas águas. Se não for, pegue na garrafa com as duas mãos e mentalize uma energia de luz saindo das suas mãos para a água, ou simplesmente coloque-a na sua mandala mágica durante as 12 horas de repouso.

Um exercício que tem se mostrado bastante eficaz em vários estudos e experiências, nomeadamente do senhor japonês Masaru Emoto, que estudou o efeito das palavras nas moléculas da água, é escrever em sua garrafa de vidro palavras positivas como: luz, amor, amizade, compaixão, harmonia, alegria, felicidade, paz, saúde, bem-estar, sucesso, prosperidade, abundância, etc. A vibração dessas palavras ficará impregnada nas moléculas das suas águas e, ao serem ingeridas, as próprias moléculas de água do nosso corpo transformam-se de forma positiva.

Guarde os cristais para futuras utilizações. Lembre-se sempre de os lavar e energizar antes de cada utilização.

O cristal de quartzo ou o diamante Herkimer poderão servir de base para todas as combinações, pois lhe darão mais força e poder energético.

Opte por não misturar uma grande variedade de pedras na mesma água, a não ser que seja para decoração, limpeza e purificação dos espaços. Devemos tratar das nossas questões por partes e não tudo ao mesmo tempo. Seria uma grande confusão e poderia resultar numa crise emocional. O melhor é definir as questões prioritárias e agir de acordo com essas prioridades.

No caso da decoração, limpeza e purificação de espaços, misture cristais e pedras de várias cores dentro de uma jarra, frasco ou aquário de vidro e coloque a sua intenção de limpeza e de purificação do espaço em todos eles. A água deve ser trocada semanalmente e os cristais limpos e recarregados com boas energias todos os meses. Outro método de limpeza de espaços através da utilização de cristais, que uso há muitos anos, é com as drusas. As drusas são formações de vários cristais que partilham entre si a mesma base. Têm um alto poder de purificação. As drusas de quartzo limpam até outros cristais, brincos, anéis e todo o tipo de joias. Quando tiro os meus anéis à noite, antes de dormir, coloco-os muitas vezes em cima da minha drusa de quartzo para purificá-los e carregá-los com boas energias. Gosto também de ter uma drusa de ametista no meu quarto. Sempre fui muito mediúnica através dos sonhos e sinto que a drusa de ametista me ajuda bastante neste trabalho, bem como a descansar e a ter um sono tranquilo e restaurador.

Uma observação importante, nos aquários de limpeza e purificação de espaços não deve ser colocado peixes, pois não resistiriam às vibrações, a não ser que as pedras sejam colocadas apenas para decoração.

As águas de cristais podem ainda ser colocadas em borrifadores para salpicar espaços, objetos, pessoas (purificação do campo áurico), animais, plantas e o que mais quiser.

3.1 Conexão mais profunda com os Anjos e os Seres da Natureza por meio das águas minerais e angelicais

Para ajudar na sua conexão com os Anjos e Seres da Natureza pode preparar águas de conexão angelical. Tome algumas gotas antes da sua meditação-base diária para potencializar os efeitos maravilhosos da sua meditação. Deixo-lhe a "receita" de uma das minhas misturas preferidas para esse efeito: cristal de quartzo, diamante Herkimer, quartzo-rosa e água-marinha. À volta do frasco (fora da água e em círculo) coloque algumas angelitas, ágatas-azuis-rendadas e celestitas.[23]

4. Purificação dos anjos-cristal: como se limpam e energizam os cristais

Existem vários métodos de limpeza e purificação de cristais. Podemos lavá-los em água corrente durante alguns instantes e depois carregá-los com energia através das mãos (como o método Reiki, por exemplo); podemos colocá-los em água e sal e deixar à lua cheia e ao sol até ao meio-dia (é preciso ter atenção a esses métodos e conhecer minimamente os cristais que pretendemos limpar, pois nem todos gostam de água ou de sal); podemos colocá-los na terra; usar um bastão de selenita para limpeza; colocar um cristal citrino junto dos outros cristais e pedras, pois este tem a capacidade de se autopurificar e expurgar os cristais à sua volta; podemos ainda usar as drusas, etc.

Falo mais detalhado do método de limpeza e purificação através da mandala mágica, por ser um método muito simples e eficaz para purificação e energização dos cristais e ser precisamente um dos focos deste livro. Descrevo também o método do bastão de selenita como processo alternativo (caso tenha a sua mandala mágica ocupada com outros objetos ou pedidos; se tiver uma mandala mágica só para cristais não será necessário recorrer a este sistema).

Para limpar e energizar cristais e pedras na mandala mágica basta colocá-los ao centro, em cima da estrela. A mandala mágica é extremamente poderosa e não só limpa como também carrega com energias divinas.

---

23. Não utilize a angelita nas suas águas. Esse cristal não deve estar em contato com a água.

Relativo ao processo de limpeza e energização pelo bastão de selenita é necessário adquirir o bastão de selenita e um cristal de quartzo de terminação única. Coloque o bastão de selenita em cima de uma mesa e, à sua frente, o cristal de quartzo com a ponta voltada para frente, em direção aos cristais que pretende limpar e energizar. Espere cerca de um minuto e estarão prontos[24].

5. Propriedades mágico-terapêuticas dos anjos-cristal e as suas cores

Apresento-lhe algumas propriedades mágico-terapêuticas de vários cristais para que possa preparar as suas águas, meditar com eles, melhorar a sua saúde, bem-estar e equilíbrio a todos os níveis e desenvolver a sua conexão com os reinos angelicais, incluindo os seres elementais, com essa preciosa ajuda.

Os cristais têm a capacidade de atrair e/ou de repelir energias. Por exemplo, uma pessoa que usar um cristal para atrair um sentimento de calma vai absorver essa energia através do cristal. Já outra que pretenda repelir as energias negativas vai usar o cristal para esse fim, não lhe pedindo para absorver, mas para repelir. Tudo depende da sua intenção ao usar o cristal e do tipo de cristal que está utilizando. Não existe um sistema fixo que catalogue os cristais como sendo de atração ou de repulsão, por isso siga a intuição e coloque a sua intenção.

Nesta obra, debruço-me essencialmente sobre algumas noções mágico-terapêuticas do uso dos cristais. Faça a magia acontecer na sua vida através dos anjos-cristal! Inclua-os nos seus rituais de luz e manifestações do seu propósito na Terra. Procure sentir as suas energias individuais. Pegue num cristal e sinta-o. Aguce o seu sexto sentido e perceba se sente uma energia de emissão (de paz, saúde, abundância, prosperidade, alegria, bem-estar, etc.) ou de repulsão (que repele o negativo).

---

24. Pode deixar durante mais tempo, se assim intuir.

Por exemplo: "Sinto a turmalina negra como um cristal que repele tudo o que é negativo, e o cristal de quartzo-rosa me transmite amor incondicional." A turmalina negra é um escudo, uma barreira protetora, enquanto o quartzo-rosa é uma bateria de amor que solta a sua fragrância em direção ao meu coração. Siga a sua sensibilidade, coloque a sua intenção e tudo estará certo.

5.1 As suas cores

Para compreendermos melhor as propriedades mágico-terapêuticas dos cristais é benéfico adquirirmos primeiro o conhecimento do significado das suas cores. Ter por base o conhecimento do significado das suas cores pode ser um bom truque para estudar os cristais. Aqui entra um pouco do conhecimento da cromoterapia. Pode parecer um pouco confuso para quem está começando, mas depois de "encaixada" a informação tudo fica mais claro. Os assuntos estão interligados e é interessante ir descobrindo e desbravando esses caminhos de sabedoria e conhecimento. Eu vibro de entusiasmo a cada descoberta, a cada intuição nova, a cada ligação e encaixe. E compartilho com o mesmo entusiasmo, porque acredito que mais pessoas vibram como eu no que toca a esses estudos e descobertas...

Se ficar atento às cores dos sete chacras principais facilmente associará que os cristais correspondentes a essas cores (com a mesma cor dos chacras) trabalham justamente esses chacras e os aspectos relacionados com eles (também poderão trabalhar outros, mas esse já é um princípio interessante para começar a fazer as suas associações). Isso significa que, por exemplo, um cristal azul estará mais relacionado com os chacras Laríngeo e do Terceiro Olho, uma vez que a cor correspondente é exatamente o azul. Então, espiritualmente, podemos trabalhar para equilibrar esses chacras com pedras azuis e, fisicamente, podemos atuar com a sua ajuda no tratamento dos órgãos correspondentes a esses mesmos chacras, como, nesse caso, a garganta, os olhos, a visão, etc.

Na sua mandala mágica podem ser usados os cristais que recomendei ou outros que correspondam à mesma vibração pela cor e cujas características ressoem no seu ser. Por exemplo, se não tiver uma malaquita (que é verde), mas tiver uma aventurina (quartzo-verde), pode substituí-la por esta última.

Em seguida, enumero a lista dos sete chacras principais e as suas respectivas cores, para poder recordar e se orientar melhor nesse raciocínio:

1.º Chacra	Básico ou raiz	Preto e vermelho: associado à maioria das pedras de cores escuras, pretas e vermelhas.
2.º Chacra	Umbilical ou sacro	Cor de laranja: associado à maioria das pedras cor de laranja.
3.º Chacra	Plexo Solar	Amarelo: associado à maioria das pedras amarelas.
4.º Chacra	Cardíaco ou do coração	Verde e cor-de-rosa: associado à maioria das pedras verdes e de cor rosa.
5.º Chacra	Laríngeo ou da garganta	Azul: associado à maioria das pedras azuis.
6.º Chacra	Terceiro Olho ou da terceira visão	Azul-índigo: associado à maioria das pedras azuis.
7.º Chacra	Coronário ou da coroa	Violeta, branco e dourado: associado à maioria das pedras violetas, brancas, transparentes e douradas.

5.2 O significado das suas cores

Cristais e pedras vermelhas: têm uma energia forte porque pertencem ao elemento Fogo. São apropriadas para curas relacionadas com o sangue, estancar hemorragias, cicatrizar feridas, curar anemias e inflamações. Associadas ao primeiro chacra, o Básico, ajudam também a curar disfunções sexuais e tudo o que está relacionado com esse chacra.

Cristais e pedras cor de laranja: também ligadas ao elemento Fogo como as vermelhas, embora um pouco mais suaves. Estão relacionadas com o nosso poder pessoal – Chacra Umbilical. Logo, auxiliam-nos no desenvolvimento do nosso poder pessoal, autoestima e valor próprio. Pedras ligadas à energia do Sol nos auxiliam também nas questões de sucesso, reconhecimento, fama, prestígio, êxito, etc. Se requer iluminação e direção para o seu caminho, pode reforçar esse pedido com a magia das pedras cor de laranja, por exemplo. São usadas em inúmeros rituais para pedir que determinado assunto corra bem.

Cristais e pedras amarelas: suaves, as amarelas são as pedras da boa expressão e da comunicação a todos os níveis. Vibram energias de movimento, trocas, ação. Ligadas ao elemento Ar, vibram também a energia do Sol e as espelham no mundo. Indicadas para rituais e pedidos para se fazer uma boa viagem, dar uma boa palestra, dar uma boa formação ou entrevista, escrever um bom livro, expressar-se adequadamente e aumentar a capacidade de visualização, entre outros aspectos.

Cristais e pedras cor-de-rosa: são pedras suaves, amorosas, harmoniosas e ligadas aos afetos. Ajudam a relaxar, a aprender a amar, a tratar relacionamentos, a desenvolver o sentimento de amizade, o altruísmo, o companheirismo, a compaixão, a sinceridade, a honestidade e o bem-estar. Atraem o amor e reforçam as relações sinceras. Vejo-as muito ligadas ao elemento Água, já que transbordam vibrações afetivas e estão amplamente ligadas à energia do coração e dos seus sentimentos.

Cristais e pedras verdes: são pedras associadas ao elemento Terra, à Mãe Natureza e aos rituais de cura e prosperidade. Protegem a saúde e, por pertencerem ao elemento Terra, promovem abundância material equilibrada e necessária à vida. Podemos usá-las para nos alinharmos com a energia da Mãe Terra.

Representam a fertilidade, a vida, a saúde, a sorte e uma vida próspera e abundante. As pedras verdes, colocadas na terra das nossas plantas, lhes dão força e vitalidade.

Para rituais poderosos relacionados com saúde ou prosperidade financeira, coloque na sua mandala mágica, à volta da estrela, um círculo de pedras verdes. Ao centro ponha o seu pedido e por cima do papel do pedido uma vela verde acesa, visualizando a pessoa totalmente curada, alegre, feliz e cheia de energia, ou a sua vida em perfeita prosperidade financeira e a todos os níveis.

Cristais e pedras azuis: as pedras azuis têm a ver com o elemento Água, são suaves e calmantes. São protetoras, estão relacionadas ao raio azul do Arcanjo Miguel e à conexão com os anjos em geral.

Geralmente são usadas também para baixar febres, remover as causas e os sintomas das úlceras e aliviar dores em geral.

Cristais e pedras violetas: são pedras de elevada vibração espiritual, que promovem o contato com as forças superiores e níveis de consciência mais elevados. São altamente purificadoras e muito usadas em meditação. Apesar de umas serem suaves e outras fortes, sinto-as muito ligadas ao elemento Fogo, o fogo da transmutação. Ajudam a dormir bem e a ter maior percepção dos sonhos e das viagens astrais. São indicadas para acalmar e trabalhar a concentração, sobretudo das crianças. Para esse efeito recomendo a ametista.

Cristais e pedras brancas: são pedras sensíveis, suaves, harmoniosas, puras e iluminadas, regidas pela Deusa Lua. A Lua está relacionada com a parte emocional, logo, sinto-as muito ligadas ao elemento Água e à energia feminina. Combatem dores de cabeça e conferem proteção física e espiritual. Podem ser usadas para todos os fins, pois o branco contém em si todas as cores.

Cristais e pedras pretas: são muito ligadas ao poder (com consideração pelos outros), ao autocontrole e à resistência, e estão indicadas para nos ajudar a enraizar a energia da Mãe Terra e a nos proteger. As pessoas aéreas, distraídas e confusas podem se beneficiar bastante com o seu uso.

Cristais e pedras multicoloridas: com noção geral de cada uma das cores básicas, já conseguimos perceber os seus significados na mistura de cores e os seus efeitos mágico-terapêuticos. Nada como estudá-los e colocar a intuição para funcionar.

Outra observação necessária, além das descrições, indicações e sugestões apresentadas, podem existir outras. Sinta-se à vontade para alterar, acrescentar ou corrigir o que lhe apresento em amor e de acordo com a sua sensibilidade.

Os seres elementais da Natureza são os construtores das formas. Tudo o que desce de Deus para este mundo físico passa por estes construtores de luz. E que belas e abençoadas são as suas construções!... São os gnomos, elementais da Terra, que criam os cristais e pedras, o ouro, e todos os metais. Cuidam da Mãe Natureza, da sua purificação e proteção. Trabalham afincadamente para a manutenção da vida na Terra, para que possamos viver nela e nela fazermos a nossa evolução. Abençoados sejam.

Ao consultar as características mágico-terapêuticas dos cristais apresentados em seguida, você vai verificar que cada um tem várias funções. Defina o que realmente pretende trabalhar com cada anjo-cristal, ou seja, a sua intenção, e transmita-lhes isso *de forma clara e concisa*.

Por exemplo, ao trabalhar com a angelita defina se vai utilizá-la para ajudar a curar uma inflamação na garganta ou para estabelecer a sua conexão com os anjos através dela, aumentar a capacidade de raciocínio, etc.

Existem muitos outros anjos-cristal disponíveis na Mãe Natureza além dos apresentados nesta obra. Como são realmente muitos, selecionei e descrevi com muito carinho 40 cristais e pedras, para que possa começar a desenvolver a magia dos Anjos e Seres da Natureza em sua vida.

Muita atenção, nenhum dos rituais e práticas deste livro se destina a substituir qualquer medicação ou tratamento médico. Poderá ser um auxiliar, um complemento, mas não deve abandonar os seus tratamentos nem deixar de consultar o seu médico.

6. Descrição das características principais de 40 anjos-cristal

Ágata azul rendada

As ágatas são pedras preciosas muito ligadas à energia do Planeta Terra. Têm poderes curativos e assumem várias cores, existindo diversas variedades direcionadas para múltiplos fins. No entanto, todas elas fortalecem o nosso poder pessoal e nos protege das influências negativas. São excelentes para a decoração e a proteção dos nossos lares.

Refiro-me especificamente à ágata azul rendada por ser uma pedra de conexão muito pura com a energia angélica. De tonalidade azul-clara, está diretamente ligada à pureza das crianças e aos anjinhos de luz, puros e inocentes. O seu elemento é a Água. A sua água mineral é excelente para proteção das nossas crianças e bebês (borrifar o berço ou cama, quarto e ou campo áurico – o mesmo é válido para os adultos), para comunicarmos de forma harmoniosa com a nossa criança interior, expressarmos a nossa verdade interna e a autenticidade, e para mantermos a pureza do nosso coração, especialmente nos momentos em que estabelecemos a nossa sintonização com o mundo angelical.

À ágata azul rendada é atribuída a capacidade de acalmar tensões e situações de estresse através da sua contemplação. Com velas azuis em volta, purifica os lares e preserva um ambiente calmo e com boas vibrações.

- Chacras: quarto (Cardíaco) e quinto (Laríngeo).
- Saúde física (indicações)[25]: tensão nos ombros e pescoço, infeções linfáticas, dores de garganta, problemas de tiroide, dores de cabeça, artrite, fortalecimento dos ossos, recuperação de fraturas, desenvolvimento saudável das unhas.

Água-marinha

A água-marinha, ou água-do-mar, está diretamente relacionada com o anjo que habita no nosso interior (anjo solar). É considerada a pedra protetora dos seres elementais da Água.

Representa a limpeza, o amor, a purificação e a proteção do casamento das pessoas que se amam. Auxilia-nos a verbalizar a espiritualidade, a verdade interior e universal através de palavras faladas com pureza, clareza, sensibilidade e compreensão.

Equilibra todos os nossos corpos, desde o físico ao emocional, ao mental e ao espiritual. Esse é o cristal que deve fazer parte da vida de todas as pessoas, especialmente daquelas que trabalham com a voz como cantores, locutores, atores, professores, formadores e oradores, entre outros. Traz alegria, felicidade, sensibilidade, paz e boa disposição.

É uma pedra de purificação, podendo ser passada pelo corpo como se fosse um sabonete, com a intenção de limpar. Tem o poder de abafar a voz do ego para que a voz da alma se faça ouvir. Como protetora ligada aos mares e oceanos, podemos usá-la como amuleto de proteção sempre que viajemos de barco, num cruzeiro ou em qualquer outro meio de transporte aquático.

Durma com uma água-marinha debaixo da almofada e se beneficie da sua magia absolutamente maravilhosa.

- Chacra: quinto (Laríngeo).
- Saúde física (indicações): sistema respiratório superior, infeções na garganta, problemas de tiroide, dificuldades respiratórias e nos pulmões, coração, brônquios, rinite, sinusite, asma, bronquite, rouquidão, perturbações do metabolismo, problemas nas cordas vocais, olhos, dentes, gengivas, febre, pressão alta, nervosismo, depressão e perturbação do sono.

---

25. Fontes: DUNCAN, Antônio, *O Caminho das Pedras*, Dinapress, Lisboa, 2004; STARK, Karl, *Prevenção e Cura com Pedras*, Dinalivro, Lisboa, 2009.

Albite

A albite é uma pedra esbranquiçada, conhecida por fortalecer a glândula do timo e também por ajudar a despertar e a desenvolver a intuição.

Está indicada para as pessoas em geral, especialmente os terapeutas da área espiritual para auxiliar no estabelecimento de limites ao envolvimento emocional entre o terapeuta e o paciente.

Ajuda a eliminar os medos relacionados com as mudanças e novas fases da vida. Purifica os ambientes e facilita a interação harmoniosa entre as pessoas.

- Chacras: primeiro (Básico) e quinto (Laríngeo).
- Saúde física (indicações): asma, bronquite, alergias, problemas respiratórios, depressão e estresse mental.

Âmbar

O âmbar é uma resina translúcida, amarela-clara ou acastanhada, ligada ao elemento Fogo e à grande mãe da criação. Por vezes apresenta no seu interior insetos e plantas fósseis, que caíram na sua resina quando ainda se encontrava líquida, há muitos e muitos anos. É conhecida por trazer sorte, força, energia, proteção, beleza, amor e alegria de viver, e por ajudar os partos a correrem bem. Os seus colares são muito conhecidos, principalmente como proteção para as crianças. Se esfregar essa resina em estado sólido na roupa, irá deixá-la magnetizada.

Um dos rituais mais comuns de purificação e limpeza com âmbar é formando um círculo com as suas pedras no chão e sentando-se no centro do mesmo juntamente a uma vela branca dirigida aos anjos da iluminação (esse ritual é muito bom para aqueles dias em que a pessoa se sente negativa ou recebe cargas negativas do exterior). Observe a vela e, com intenção, feche a sua energia a qualquer influência negativa. Respire fundo várias vezes e fique assim por alguns instantes.

O âmbar melhora as relações, ajuda a atrair boas amizades e relacionamentos, a gerar um semblante leve, bonito e atrativo, cuida da saúde, das finanças e de todas as áreas da vida.

O pó de âmbar intensifica os incensos. Essa resina pode ser usada em qualquer ritual em que se pretenda atrair amor, saúde, felicidade, abundância, a resolução de alguma questão, etc.

- Chacras: segundo (Umbilical) e terceiro (Plexo Solar).
- Saúde física (indicações): está indicado para praticamente tudo, como dores em geral, aparelho digestivo, disfunção sexual, artrite, doenças nas articulações e no sistema nervoso, artroses, bexiga, etc.

Ametista

A ametista é um cristal excelente para a meditação. De cor violeta, que representa a transmutação, induz a um estado de relaxamento profundo, acalmando os pensamentos. Está ligada ao elemento Água, apesar de, pessoalmente, eu a sentir e a associar também ao Fogo, o Fogo Violeta da Transmutação. Ajuda-nos a aprofundar o conhecimento espiritual, melhora a capacidade de concentração e acalma o coração. Fortalece as amizades verdadeiras e afasta os falsos afetos. Os povos antigos acreditavam que a ametista os protegia da magia negra.

A ametista é muito popular desde a antiguidade. É a pedra da paz. Usada junto à pele ajuda a manter as emoções equilibradas.

Recomendo a ametista especialmente a crianças em geral e, em particular, para crianças com diagnóstico de hiperatividade e/ou défice de atenção.

É considerada também como a pedra da justiça, ajudando a resolver casos judiciais de forma justa e também como uma protetora e impulsionadora de bons negócios.

- Chacra: sétimo (Coronário).
- Saúde física (indicações): dores em geral, calmante natural, insônias, enxaquecas, pâncreas, vasos sanguíneos, coração, circulação, fígado, cabelos e pele. A água de ametista está indicada para a queda de cabelo.

Angelita

A angelita, como o próprio nome indicia, é um dos principais cristais de conexão com os reinos angelicais. De tonalidade azul-clara, representa um portal angelical de consciências elevadas de luz e facilita a comunicação com os anjos, promovendo a paz, o amor e a harmonia. É um cristal que nos traz a proteção e a paz dos anjos, que nos inspira e guia no caminho angelical.

Nota: não limpe esse cristal com água, pois ele irá se deteriorar; nem o utilize em elixires.

- Chacras: quarto (Cardíaco), quinto (Laríngeo), sexto (Terceiro Olho) e sétimo (Coronário).
- Saúde física (indicações): inflamações da garganta, infeções em geral, confusão mental, estresse, dificuldades de raciocínio (traz clareza mental e paz de espírito), problemas de coração.

Azurita

A azurita é um cristal que varia entre o azul-marinho e o azul-escuro, que nos ajuda a ultrapassar crenças limitadoras e padrões de pensamento autossabotadores. Traz à consciência as crenças limitadoras inconscientes, para que possam ser removidas e substituídas por novos padrões de pensamento mais abertos, evoluídos e iluminados.

Amplia a intuição, os poderes psíquicos, a capacidade de concentração e a percepção dos sonhos. Peça-lhe ajuda também nos momentos em que precisa tomar decisões importantes ou superar medos e fobias.

A azurita é uma das pedras usadas entre as sobrancelhas (no Terceiro Olho) por mulheres de algumas culturas, juntamente à pedra-da-lua, para aumentar a intuição e a clarividência.

O seu elemento é a Água e é uma pedra excelente para segurarmos nas mãos quando procuramos uma resposta intuitiva para qualquer questão.

- Chacra: sexto (Terceiro Olho).
- Saúde física (indicações): problemas de visão, audição, cabeça, coluna e sistema nervoso. Ajuda a recuperar mais depressa fraturas e ossos partidos.

Calcedônia

É a pedra da paz e da serenidade. Comparada à flor-de-lótus na antiguidade, a calcedônia tem um tom azul-claro e é uma pedra muito poderosa. Ligada ao elemento Água, traz autoconfiança, força espiritual e tranquilidade. A sua força pode ser sentida muitas vezes em nossas mãos, através de uma energia quente.

Afasta ataques psíquicos, a energia negativa, a magia negra e os acidentes.

- Chacra: quinto (Laríngeo).
- Saúde física (indicações): auxilia crianças e adultos com distúrbios da fala e de gagueira, estimula a expressão da comunicação verbal

harmoniosa, estimula a produção de leite materno e ajuda nos casos de bronquite, febre, varizes, dores pós-cirúrgicas das amígdalas, insônias, rejuvenescimento da pele e de melancolia.

Celestita

É um cristal que promove contato com os anjos, por excelência. Associado à angelita, intensifica ainda mais essa conexão. Recomendo vivamente o trabalho com esses dois cristais a quem quiser desenvolver contato com os reinos angelicais. A celestita pode assumir tons de azul-claro, branco-azulado e incolores. É a pedra da inspiração, da paz, da pureza. Ajuda-nos a distinguir a voz do ego da voz interior que nos orienta. Traz-nos discernimento e compreensão dos planos mais elevados, ajudando a manter a mente clara e receptiva.

Grande auxiliar na canalização de mensagens dos anjos, a celestita está ligada ao elemento Água. Durma com uma celestita e uma angelita debaixo da almofada, para uma conexão mais profunda com os reinos angelicais enquanto dorme, e use-as consigo quando pratica a meditação-base e os seus rituais.

- Chacra: quinto (Laríngeo).
- Saúde física (indicações): melhora a audição e a visão, o equilíbrio mental, e alivia as dores em geral.

Cianita azul

A cianita azul, também conhecida como espada-de-são-miguel-arcanjo, é uma pedra que assume várias tonalidades misturadas ou alternadas entre o azul, o azul-claro e o branco e com durezas diferentes. Dizia-se antigamente que os deuses das águas descem à Terra através da energia dessa pedra, sendo por isso também considerada a protetora contra os perigos dos mares.

Protege das divagações espirituais, da perda de sentido e da confusão. Traz a clareza e a proteção do Arcanjo Miguel.

Tal como a água-marinha, proporciona paz, clareza e concentração para pessoas que trabalham com a fala, o que as ajuda a se expressarem mais fácil e claramente.

A cianita azul nos auxilia na purificação dos pensamentos criativos, para que se manifestem harmoniosamente no mundo das formas.

Usada em meditação, facilita o contato com os anjos, os mestres e os guias espirituais, ao mesmo tempo em que nos confere uma aura de luz e proteção.
- Chacras: quinto (Laríngeo) e sexto (Terceiro Olho).
- Saúde física (indicações): problemas nos músculos, garganta, cérebro, audição, olhos, olfato, perda de voz, dores no pescoço, canal da alimentação e respiratório.

Citrino

O citrino é um cristal absolutamente fascinante! É o cristal-limão, assumindo cores entre o amarelo-claro, o amarelo-torrado e o translúcido. É muito usado em rituais como pedra purificadora. Tem a capacidade de se autopurificar e de expurgar outras pedras que estejam junto a si.

O citrino tem a força do Sol e está ligado ao elemento Fogo. Dá-nos força, coragem, ajuda na obtenção de êxito profissional, na clareza mental antes de provas e exames, liberta as pressões e o estresse cotidiano e abre novos caminhos. Desde a antiguidade que ele é usado no combate aos maus-olhados, às invejas e às intrigas.

Ajuda-nos a focar naquilo que realmente é importante, com força e determinação. Alinha todos os chacras a partir do terceiro chacra (Plexo Solar).

Tem um efeito desinfetante no nosso corpo, mente e espírito. A sua água está também indicada para o crescimento e o fortalecimento do cabelo.

Cristal ideal para o início de novos ciclos, projetos e fases da vida, pois simboliza a luz do Sol nascente.
- Chacra: terceiro (Plexo Solar).
- Saúde física (indicações): vitalidade, fortalecimento dos músculos, estômago, intestinos, prisão de ventre, rins, fígado, sistema nervoso, diabetes.

Cornalina

É o cristal dos distraídos! A cornalina varia a sua tonalidade entre a cor de laranja, o vermelho-alaranjado e o vermelho, e é o cristal que ajuda a trabalhar a passividade, a distração e a falta de concentração. Basicamente nos traz para o aqui e agora, nos ajudando a desenvolver a autoconfiança, a determinação e a capacidade de reação para agirmos na matéria e cumprirmos os nossos desígnios.

A cornalina promove a nossa ligação à Mãe Terra. Por conter uma energia de fogo, é excelente para ativar a criatividade e aumentar o desejo sexual e a fertilidade, dando ainda uma sensação de aconchego às pessoas mais friorentas. Ela protege, traz coragem e cura.

Pode ser usado como proteção para que outras pessoas não invadam a nossa privacidade lendo os nossos pensamentos e para proteção de todo o tipo de rituais angelicais.

- Chacra: segundo (Umbilical).
- Saúde física (indicações): anorexia, bulimia, distúrbios nos órgãos de reprodução, infertilidade, impotência. Atua de forma preventiva contra doenças da pele e do sangue, reduzindo a velocidade de envelhecimento da pele através do seu elixir.

Crisocola

A protetora das mulheres grávidas. A crisocola é uma pedra azul, por vezes esverdeada, que protege as gestantes. Associada à Deusa Lua, a Vênus, à beleza, ao amor materno, às emoções, à água e ao inverno, a crisocola foi considerada uma pedra sábia no Egito. Relacionada com o poder da Deusa Mãe, da gestação e da criação, é uma pedra muito feminina e de grande poder.

- Chacras: quarto (Cardíaco) e quinto (Laríngeo).
- Saúde física (indicações): perturbações femininas, dores menstruais, gravidez, trabalho de parto. Equilibra as emoções, alivia tristezas e sentimentos de baixa vibração, como raiva, ódio, rancor, etc. Baixa a febre, cura queimaduras, descongestiona as vias nasais, a tosse, a bronquite, a bexiga, os rins, o estômago e os intestinos.

A junção de crisocola, malaquita e pedra-da-lua pode ser usada como auxiliar complementar na cura de todos os tipos de cancro.

Crisoprásio

Usado desde a antiguidade como pedra poderosa de proteção e de cura contra a magia negra, apresenta tons de verde e transmite calma interior. Traz-nos coragem, autoaceitação e aceitação dos outros como são.

Excelente para trabalhar as questões do ego, bem como a necessidade de controlar.

É recomendado o uso de um pequeno cristal de crisoprásio para proteção e para que nunca falte dinheiro.
- Chacra: quarto (Cardíaco).
- Saúde física (indicações): trata-se de um relaxante muscular natural. Auxilia na cura de problemas de coração, ajuda na assimilação da vitamina C, na falta de apetite, pressão alta, próstata, hormônios ligados à atividade sexual, dores de cabeça e enxaquecas.

Cristal de quartzo

É o cristal mais conhecido. Por ser transparente, os povos antigos achavam que o cristal de quartzo era gelo petrificado. Esse é um cristal completo, que pode ser usado para todos os fins. Digamos que é o mestre dos cristais. Tem um efeito altamente purificador e desintoxicante e neutraliza as irradiações. Estimula a abertura do chacra do Terceiro Olho. É regido pelo Sol e pela Lua, pelo Deus e pela Deusa, e os seus elementos são o Fogo e a Água.

É excelente para limpar a aura, relaxar, meditar, desenvolver a sabedoria interior, a intuição, pensar com clareza, ter harmonia, alegria, paz...
- Chacras: todos os chacras.
- Saúde física (indicações): produz um alto grau de purificação, energização e bem-estar em todo o organismo.

Diamante Herkimer

O diamante Herkimer é um cristal de quartzo incolor, pequeno e biterminado (terminação dupla), tem a aparência de um diamante, podendo mesmo substituí-lo energeticamente. Ajuda-nos a estabelecer um elo muito poderoso com o nosso anjo solar. Torna os sonhos e as viagens astrais mais perceptíveis e, por essa razão, é também conhecido como o "cristal dos sonhos". Funciona como uma espécie de caixinha que armazena as mensagens do nosso anjo solar e as amplificam para que se tornem mais claras e perceptíveis. Dissolve bloqueios emocionais e tensões.
- Chacra: sétimo (Coronário).
- Saúde física (indicações): produz um alto grau de purificação, energização e bem-estar em todo o organismo.

Esmeralda

A esmeralda assume uma tonalidade verde e é considerada uma das pedras da cura a todos os níveis. Associada também à abundância e prosperidade, a esmeralda foi sempre considerada uma das pedras preciosas das mais valiosas.

Por ser uma das pedras da cura por excelência, está indicada para todos os tipos de restabelecimento, seja ele físico, emocional, mental ou espiritual.

A esmeralda deve ser usada sozinha, pois não aprecia a junção com outras pedras, à exceção do diamante.

O seu elemento é a Terra e é muito poderosa em pedidos relacionados com amor, proteção e negócios. Para isso, basta colocar uma esmeralda em cima do papel com o seu pedido no centro da mandala mágica. Se for relacionado com o amor, depois de fazer o primeiro dia de ritual da sua mandala mágica leve a esmeralda com você, se possível junto ao coração.

- Chacra: quarto (Cardíaco).
- Saúde física (indicações): está indicada para todos os tipos de cura, a todos os níveis. Peça-lhe a ajuda e o apoio de que necessita.

Auxilia na remoção de hábitos indesejáveis, no fortalecimento da memória e traz ânimo, compreensão, energia positiva e harmonia.

Fluorita

A fluorita é considerada um cristal da Nova Era e está muito associada aos poderes mentais. Pode ser incolor, violeta, azul, verde ou amarela.

Na cor violeta é muito parecida com a ametista, sendo que a sua energia curativa é também muito semelhante.

Promove certo distanciamento emocional de situações que necessitam de garra e firmeza, e de uma perspectiva mais clara e isenta de emoção. Ajuda a assimilar conhecimentos e funciona como uma espécie de portal de comunicação entre diferentes dimensões.

- Chacra: sétimo (Coronário), sendo que cada uma das suas cores atua nos respectivos chacras da mesma cor.
- Saúde física (indicações): dentes, ossos, gengivas, cérebro, coração, rins, pulmões, reumatismo, artrite, enxaquecas, infeções e como estimulante sexual.

Granada

A granada é um cristal de Fogo associado à cura, proteção, força, êxito, espírito de iniciativa, atividade e enraizamento. Por ser vermelha, reforça a energia física, a vitalidade e a resistência. É um cristal excelente para quem faz esforços, pratica esporte ou precisa de uma energia extra para trabalhar ou estudar mais horas, etc.

As granadas são pedras de proteção conhecidas desde a antiguidade por afugentarem os espíritos perturbadores e os ladrões.

- Chacra: primeiro (Básico).
- Saúde física (indicações): circulação sanguínea, hemorragias, cansaço, falta de apetite sexual, pele, coração, coluna e órgãos sexuais.

Hematita

A hematita é um cristal especial. O seu aspecto é prateado, mas quando é polida, a água que escorre dela é vermelha. Por isso se diz que a hematita "sangra" e também por esse motivo está ligada aos processos de cura e sanação de problemas do sangue e da circulação sanguínea.

É um cristal que nos auxilia no processo de ancoramento do nosso corpo físico ao espírito e à Mãe Terra.

O seu elemento é o Fogo. Tem o poder de dissolver a negatividade e de proteger contra magias negras. Em locais de muita confusão energética e de excesso de energias, pode ser usada dentro de um dos sapatos para ajudar a descarregar o excesso de energias para a terra.

- Chacra: primeiro (Básico).
- Saúde física (indicações): tonturas, pressão baixa, cãibras, alinhamento da coluna vertebral, vitalidade, prisão de ventre, pés e articulações, entre outras.

Jade

O jade é um cristal suave, pertencente ao elemento Água e articulado com os mestres ascensos Kuan Yin e Buda. É associado à longevidade, à fertilidade, à purificação, à cura e ao amor. O jade é geralmente de cor verde, estando por isso associado ao Chacra Cardíaco, ao amor e à prosperidade.

Tal como a malaquita e a pedra-da-lua, o jade auxilia na jardinagem e na horta para que as árvores deem mais frutos e as plantas lindas flores. Use-as consigo (ou uma delas, à sua escolha), para cuidar, regar e plantar a sua horta e ou jardim.

- Chacra: quarto (Cardíaco).
- Saúde física (indicações): rins, fígado, baço, gota, pressão alta, febre e proteção da gravidez, entre outros.

Jaspe paisagem

Existem várias variedades de jaspe, todas elas muito interessantes e poderosas no que diz respeito ao ancoramento da energia no nosso corpo, o equilíbrio, a proteção e a assimilação de nutrientes. Refiro-me especificamente ao jaspe paisagem, pois esta é a pedra da consciência planetária.

Estimula e desperta a consciência para o amor e os cuidados com a nossa Mãe Terra. As suas inclusões de manganês fazem lembrar paisagens. Pela sua ligação com a terra e aos seus elementais, vejo-a como a pedra dos gnomos. Foi esta a designação que me foi transmitida pelos Seres da Natureza ao trabalhar com ela. Usá-la na meditação-base, ou em qualquer outra meditação, vai ajudá-lo a estabelecer contato com os seres de luz do elemento Terra e a enraizar e a ancorar a sua energia a esse elemento. É também muito indicada para rituais de materialização, já que os gnomos são os seres elementais das formas, neste mundo da matéria.

Auxilia no apuramento da intuição conectada ao Céu e a Terra, ou seja, em perfeito equilíbrio.

- Chacra: primeiro (Básico).
- Saúde física (indicações): equilíbrio físico, mental, emocional e espiritual, alegria de viver, bem-estar, boa disposição, órgãos internos, cabelo e unhas saudáveis e boa assimilação dos nutrientes.

Lápis-lazúli

O lápis-lazúli é um cristal de grande poder. Associado às divindades em geral por algumas culturas, só de tocá-lo ela já nos equilibra a nível de todos os corpos: físico, mental, emocional e espiritual.

Para se focar melhor nos seus objetivos durante as preces e rituais angelicais, segure um lápis-lazúli. Para rituais de cura, visualize-se já curado (a si ou a outra pessoa que queira ajudar), e imagine a energia curativa saindo da pedra diretamente para a pessoa em questão. Pode fazer o mesmo para dar força e energia a qualquer outro pedido.

Ligado ao elemento Água, esse cristal acalma a mente, ajuda na meditação e desenvolve a intuição e a sabedoria. O seu uso frequente melhora a visão, a memória e a concentração.

- Chacras: quinto (Laríngeo) e sexto (Terceiro Olho).
- Saúde física (indicações): calmante mental, melhora a visão, a memória e a concentração.

Larimar

Larimar, também conhecida como pedra da Atlântida, é uma pedra azul, creme e/ou esverdeada, de grande poder curativo, que nos ajuda na conexão com a energia da Atlântida. Trata-se de um excelente auxiliar de cura a todos os níveis: físico, mental, emocional e espiritual.

Utilize a larimar nos seus rituais iluminados. Ela ajuda a elevar a sua consciência espiritual e a ancorar a energia da luz, da paz, da clareza, da sabedoria, da cura, do amor e da harmonia. Pode usá-la para dar força a qualquer pedido, sempre para o bem supremo de todos, respeitando o livre-arbítrio de cada um e de acordo com a vontade do Universo. E assim seja!

- Chacras: quarto (Cardíaco), quinto (Laríngeo) e sexto (Terceiro Olho).
- Saúde física (indicações): adequado para qualquer situação.

Malaquita

A malaquita é uma pedra verde, pertencente ao elemento Terra e direcionada para a cura em geral, a prosperidade, a paz, o sucesso, o êxito, o poder e a proteção.

É uma pedra muito usada para detectar perigos, pois, reza a lenda que ela se parte para avisar o seu portador de possíveis riscos.

O seu poder curativo é extraordinário. Sempre que há dúvidas sobre que pedra utilizar em determinada cura pode se usar a malaquita, pois ela cuida do restabelecimento da saúde em geral. É também considerada a pedra dos vendedores. Crê-se que o seu uso aos cantos das lojas, agências, escritórios ou dentro das caixas registadoras atrai clientes e abundância. Pode usá-la também em reuniões de negócios, pois amplia e inspira a capacidade de negociar de forma positiva.

Esse é um dos cristais que mais uso nos rituais de cura. Na mandala mágica coloque malaquitas em cima do papel do pedido de cura e faça, à volta dele (da estrela central), um círculo com cinco velas verdes posicionadas nas pontas da estrela. Invoque o Arcanjo Rafael e faça a ele os seus pedidos (pode fazer o mesmo para rituais de prosperidade, abundância e manifestação de desejos).

A malaquita absorve as radiações dos aparelhos eletrônicos e, em conjunto com a crisocola e a pedra-da-lua, é um auxiliar de cura no que diz respeito ao tratamento e prevenção de cancros de todos os tipos.

Tal como a pedra-da-lua e o jade, a malaquita auxilia na jardinagem e na horta, para que as árvores deem mais frutos e as plantas lindas flores. Use-as consigo (ou uma delas à escolha) para cuidar, regar e plantar a sua horta e/ou jardim.

A malaquita não gosta de sal, deve ser purificada e energizada na mandala mágica ou através de um bastão de selenita.

- Chacras: terceiro (Plexo Solar) e quarto (Cardíaco).
- Saúde física (indicações): adequada para o restabelecimento e a prevenção da saúde física em geral.

Obsidiana

A obsidiana pertence ao elemento Fogo e é a lava que arrefeceu muito rapidamente, não dando tempo aos seus minerais para se formarem. Ela traz proteção, paz e concentração para as artes divinatórias. Oferece foco e ancoramento ao seu utilizador. Quando se sentir confuso, distraído e disperso, descalce os sapatos e as meias e coloque os pés em cima de duas obsidianas. Respire fundo e enraíze-se à Mãe Terra.

As obsidianas mais conhecidas são a lágrima-de-apache, a obsidiana flocos e a obsidiana arco-íris.

A lágrima-de-apache é preta e excelente para o ancoramento. Ajuda na percepção das energias negativas, para que possam ser processadas e libertadas. Trabalha o desapego e a eliminação de hábitos e vícios não evolutivos e pouco saudáveis. Absorve as energias negativas, sendo tal o seu poder que funciona mesmo para os casos mais difíceis de obsessões espirituais. Deve ser limpa logo após o seu uso.

A obsidiana flocos pode ser usada para o mesmo efeito, embora para casos menos graves, mais leves, digamos assim. Está também indicada para o tratamento de gripes, de vírus, de ossos e da musculatura, entre outros.

A obsidiana arco-íris absorve e transmuta as energias negativas, ancorando as energias divinas no corpo físico. É conhecida por auxiliar, entre muitas outras coisas, no tratamento de furúnculos.

- Chacra: primeiro (Básico).

Olho-de-tigre

O olho-de-tigre é uma pedra de proteção, conhecida por afastar a inveja e por trazer equilíbrio e clareza aos pensamentos. O seu elemento é o Fogo. Protege contra fraudes e também as nossas finanças. Quando sair para fazer compras ou negociar, leve um olho-de-tigre com você.

- Chacra: terceiro (Plexo Solar).
- Saúde física (indicações): fortalece o cérebro e a cabeça, auxilia na cura de doenças nervosas, asma, falta de ar e alergias, entre outros.

Ónix

A ónix é uma pedra de enraizamento à Mãe Terra para "estar presente no próprio corpo". O seu elemento é o Fogo e nos dá proteção contra feitiçarias, encantamentos, bruxarias e magias negras.

Auxilia também na remoção de mágoas e sentimentos inferiores.

- Chacra: primeiro (Básico).
- Saúde física (indicações): cabelos, unhas, ossos, cartilagens, articulações, ouvidos, células, o equilíbrio a todos os níveis, regulação e equilíbrio do apetite sexual quando é exagerado.

Opala

Existem variedades de opalas que assumem diversas cores. Mas elas são pedras de harmonia e totalidade, pois contêm em si a totalidade dos elementos e as qualidades de todas as pedras.

Pode ser usada em consultórios que desenvolvam trabalhos de regressão de memória, bem como em meditações com o intuito de recordar vidas passadas. Facilita e protege o processo das viagens astrais. Traz beleza, sorte, poder, abundância, felicidade e auxílio na previsão do futuro.

- Chacras: o chacra associado varia consoante a cor da opala em questão.
- Saúde física (indicações): alívio e tratamento da depressão, problemas de origem psíquica, todo o tipo de doenças do sangue, etc.

Pedra-da-lua

A pedra-da-lua está ligada à Lua, à Deusa e ao feminino. Associada ao elemento Água confere um excelente auxílio em tudo que for questões femininas, como dores e regulação menstrual, alterações hormonais, ovulação, fertilidade, ovários, menopausa, problemas mamários, produção de leite materno, etc.

Ajuda os homens a integrar o aspecto feminino da sua própria natureza. É também excelente no que diz respeito ao tratamento e à prevenção de cancro. Aguça o sexto sentido (intuição), a sensibilidade.

Tal como a malaquita e o jade, a pedra-da-lua auxilia na jardinagem e na horta, para que as árvores deem mais frutos e as plantas lindas flores.

Use-as consigo (ou uma delas à escolha) para cuidar, regar e plantar a sua horta e/ou jardim.

Sempre que tiver vontade de ingerir alimentos pouco ou nada saudáveis, como doces, frituras e comidas cheias de gordura, aperte uma pedra-da-lua na mão e peça-lhe que leve esses desejos embora.

A seguir coma uma cenoura ou uma fruta.

- Chacra: quarto (Cardíaco).
- Saúde física (indicações): problemas hormonais, equilíbrio das emoções e da psique, alegria de viver, boas relações familiares e medos, entre outros.

Pedra-do-sol

De elemento Fogo, a pedra-do-sol está ligada precisamente à energia do Sol, do Deus. Essa maravilhosa pedra nos confere proteção, vitalidade, saúde e energia. Assume um tom alaranjado ou avermelhado-brilhante. Atua diretamente no Plexo Solar, acendendo o nosso Sol Interior. Como representante do Deus-Sol, acredita-se que traz energia e abundância.

Deve-se usar a pedra-do-sol juntamente a pedra-da-lua para equilibrar as duas energias, masculina e feminina.

A pedra-do-sol reforça o poder das ervas sagradas, sendo por isso de mais valia colocá-la junto destas.

- Chacra: terceiro (Plexo Solar).
- Saúde física (indicações): energia, vitalidade, estimulação sexual, proteção, coração e problemas de digestão, entre outros.

Pirita

A pirita é uma pedra dourada-brilhante conhecida por atrair a sorte, a realização dos sonhos e a riqueza.

O seu elemento é o Fogo e é precisamente conhecida também por pedra-do-fogo.

- Chacra: terceiro (Plexo Solar).
- Saúde física (indicações): depressão, doenças respiratórias, ansiedade, medos relacionados com fracasso e pobreza, entre outros.

Quartzo-rosa

É um calmante natural, de elemento Água, que nos traz a energia do amor, regula todo o corpo emocional, traz paz, tranquilidade e cura.

Conhecido como o cristal do amor, o quartzo-rosa é muito utilizado para atrair o amor (em forma de coração), abrir o Chacra Cardíaco incentivando o amor à vida, o amor ao próximo, amizades, felicidade, compreensão, beleza, delicadeza e bem-estar.

É um excelente cristal para acompanhar as mulheres durante o parto.

- Chacra: quarto (Cardíaco).
- Saúde física (indicações): coração, sangue, circulação sanguínea, ovários, peito, útero, intestino grosso, perturbações do sono, vitalidade, fecundidade, etc.

Quartzo-verde

Também conhecido como aventurina, o quartzo-verde pertence ao elemento Água e confere o alívio do estresse, o equilíbrio e a clareza emocional e mental. Purifica os quatro corpos inferiores (físico, mental, emocional e espiritual) e é muito usado em rituais de prosperidade e para estimular a criatividade. Dissolve pensamentos e emoções negativas e traz luz ao seu usuário.

- Chacra: quarto (Cardíaco).
- Saúde física (indicações): resistência, tranquilidade, paciência, equilíbrio do sono, sistema nervoso, cabelos, unhas e olhos, entre outros.

Rubi

O rubi é uma pedra de Fogo muito associada a Buda e a Krishna, e representa proteção (incluindo de pesadelos), alegria, poder, riqueza, o não julgamento, a verdade da alma, justiça divina, flexibilidade, autoconfiança e autoestima.

Ajuda a superar desgostos, a tomar decisões e a harmonizar as relações familiares. Auxilia o equilíbrio emocional.

Diz-se que o rubi guarda o lar das tempestades e das más energias. Segundo os antigos, quando possível (em casas térreas), deve-se tocar os quatro cantos exteriores da casa com um rubi, com a intenção de protegê-la.

- Chacra: primeiro (Básico).
- Saúde física (indicações): doenças do sangue, depressão, raiva, desorientação mental.

Safira

A safira está ligada à Lua e ao elemento Água. A sua tonalidade varia entre o tom azul e o violeta. Traz sensibilidade, amor, paz, cura, poder, beleza, pensamentos positivos, criatividade e abundância.

Estimula a intuição e a abertura do Terceiro Olho. A safira é o anjo-cristal guardião do amor. Protege as relações da inveja e atua positivamente em todo o tipo de relações.

Contemplar as suas cores é um excelente exercício meditativo para expandir a sabedoria.

- Chacra: sexto (Terceiro Olho).
- Saúde física (indicações): melhora a visão, a dislexia e as disfunções do cérebro, entre outros.

Selenita

As selenitas, ou gipsos, são cristais magníficos, altamente purificadores e protetores. Apesar de não constarem da classe das pedras preciosas por serem demasiadamente macias para poderem ser lapidadas, as selenitas têm a capacidade de purificar e energizar todos os outros cristais, objetos, pessoas e locais. Não gostam de água (derretem) e devem ser limpas apenas com um pano seco ou um espanador. Por vezes, mudam de forma, mostrando a flexibilidade que devemos ter perante os acontecimentos da vida.

Ligadas à Lua e ao elemento Água, protegem as mulheres grávidas e aliviam a má disposição e os vômitos na gravidez. O seu nome deriva de Selene, a Deusa antiga da Lua.

As selenitas promovem a ligação à Deusa mãe e ao Deus pai através dos nossos chacras espirituais, situados acima da cabeça. É um dos cristais que todos deveríamos ter em casa, especialmente no altar. Podemos adquiri-las em forma de torre, para decoração e proteção da nossa casa, e em pequenas barras para usar no bolso ou na mala. Existem outros formatos à venda no mercado.

A sua escolha é uma questão de intuição, intenção, gosto e preferência.

A rosa do deserto faz também parte do grupo das selenitas, porém cresce em terrenos saibrosos, daí a sua aparência arenosa ser muito diferente da selenita cristalina. É uma autêntica flor de areia cristalizada.

Afasta a negatividade, os ressentimentos e todo o tipo de sentimentos e pensamentos inferiores, como o complexo de inferioridade, medos, etc. Promove a clareza mental e o sucesso nos negócios.

- Chacras: chacras espirituais acima da cabeça (Portal Estelar e Estrela da Alma).
- Saúde física (indicações): músculos, coluna vertebral, epilepsia, células, doenças da pele e dos ossos, proteção das radiações, vitalidade, energia física, criatividade, bloqueios sexuais, traumas de abusos sexuais, próstata, testículos e ovários, entre outros.

Turmalina negra

A turmalina negra é uma das pedras de proteção mais poderosas que se conhece. Usá-la nos dá sustentabilidade e ancoramento à energia da terra e proteção a todos os níveis, principalmente de energias negativas como pragas, invejas, feitiços e magias negras. É de muito valor para quem frequenta locais com muita gente e em recintos poluídos pela indústria, por automóveis, etc. Protegem-nos das radiações e nos transmitem sentimento de autoconfiança, perseverança e resistência. Uma turmalina negra em todos os cantos da casa confere forte energia de proteção. Use uma pequena turmalina negra no bolso esquerdo, para lhe dar proteção.

Existem também turmalinas de diversas cores, com outras propriedades mágico-terapêuticas.

- Chacra: primeiro (Básico).
- Saúde física (indicações): proteção das radiações, queimaduras do sol, sensibilidade às mudanças de tempo, entre outros.

Turquesa

A turquesa é uma pedra lindíssima, principalmente aos olhos daqueles que adoram a cor azul turquesa. A sua tonalidade pode ainda variar entre o azul-celeste, o azul-esverdeado e o verde-maçã. O seu elemento é a Terra e é a pedra da beleza, da sorte, do rejuvenescimento, da prosperidade, do êxito comercial, da cura e da proteção a todos os níveis, incluindo a proteção física e a proteção espiritual contra os maus espíritos. Atrai a alegria, a sorte e as novas amizades.

Um ritual simples e poderoso de prosperidade pode ser, numa lua cheia ou crescente, colocar uma turquesa no centro da estrela na mandala mágica e cinco velas verdes à sua volta, uma em cada ponta da estrela. Por baixo da turquesa coloque o papel com o seu pedido escrito, como se já tivesse sido realizado. Acenda as velas em sentido horário e diga:

Deusa, Deus, pai e mãe, espírito de sabedoria e de paz, peço que a estrela da Sorte, a luz da prosperidade, ilumine a minha vida e que o meu desejo seja atendido, ou algo ainda melhor.
Conforme a vontade da Deusa Mãe e do Deus Pai, que a luz da prosperidade ao nascer ilumine todo o meu ser.
(Respire fundo e visualize-se envolvido numa luz dourada)
E assim seja!

Arcanjo Rafael e anjos de luz, por favor, façam a minha oração e o meu pedido chegarem ao Céu para que sejam atendidos.
Obrigado, obrigado, obrigado.
Amém.

- Chacra: quinto (Laríngeo).
- Saúde física (indicações): pele, conflitos interiores, sistema respiratório, músculos do pescoço e do peito, garganta. Colocada diretamente sobre a pele cura eczemas e feridas. Indicada também para gagueira, anorexia, gula, impotência, etc.

Ulexita

A ulexita é uma pedra branca também conhecida como pedra TV. Ao ser colocada sobre um texto, as suas letras vão aparecer na sua superfície. A função primordial é ampliar, o que significa que pode nos auxiliar na expansão da nossa visão sobre determinadas questões em busca de soluções. Amplia também a intuição e traz à luz o que está "escondido". Poderíamos chamá-la de pedra dos detetives.

A ulexita trabalha o Chacra do Terceiro Olho e amplia a capacidade de interpretação de sonhos e visões.

- Chacras: sexto (Terceiro Olho) e sétimo (Coronário).
- Saúde física (indicações): problemas nos olhos e na visão.

Sinto que a ulexita amplia as minhas orações pela paz mundial e que a sua energia é muito forte. Certo dia, sentei-me de frente ao meu altar e coloquei uma ulexita na palma da mão direita, voltada para cima, com a intenção de oferecer as minhas orações a Deus, a Mãe Maria, aos anjos e a toda humanidade. O meu coração batia vigorosamente e podia sentir seu pulsar em todo o corpo.

Durante as orações pude contemplar os anjos a derramarem pétalas de rosas cor-de-rosa sobre mim e sobre o mundo inteiro. A fragrância das rosas podia ser sentida suavemente no ar. Crianças riam e brincavam com as pétalas por toda a parte. Senti o mundo feliz com as orações. Sinto sempre gratidão e alegria quando rezo, quer seja individualmente quer em grupo.

Terminei as orações e fechei os olhos, para ficar em meditação. Passei a ulexita para a mão esquerda e a encostei no meu Chacra Cardíaco.

Imediatamente, senti-me entrando noutra dimensão. Comecei a ver um horizonte azul-índigo e um Sol de luz branca, intensa e brilhante, irradiando luz por toda parte. Muitos anjinhos brancos derramavam uma espécie de cálices cheios de pétalas. O Anjo Jesus apareceu, abençoou-me e disse-me gentilmente: "Rezem pela paz e a evolução do mundo, que nós responderemos sempre."

Agradecimentos

Uma vez que sou grata a tanta, mas tanta gente, não seria fácil colocar todos os nomes no papel, pois poderia correr o risco de me esquecer de alguém igualmente importante para mim… Por isso, agradeço de alma e coração a todas as pessoas que estão na minha vida, vocês sabem quem são e eu quero lhes agradecer profundamente com o meu amor, carinho e amizade e, por favor, não levem a mal não escrever os nomes de todos, ainda tentei, mas logo tive de desistir!

Mas, em particular, quero agradecer à minha família, em especial à minha mãe, ao meu marido, aos meus filhos e à minha mana do coração, Carla Ricardo, que sempre me apoiam e dão força e coragem para seguir em frente na minha missão.

Agradeço também à minha equipe, aos meus amigos e a todas as pessoas que seguem o meu trabalho e que tanto carinho e apoio me transmitem. Obrigada a todos! E também a todos os que me desafiaram e me fizeram crescer e aprender à custa desses desafios. Não seria a mulher que sou hoje, se não tivesse vivido e passado por tudo o que já vivi e passei, até ao mais ínfimo pormenor. Gratidão!

Agradeço enormemente à editora Nova Senda pela sua confiança e trabalho extraordinário e à querida Rita Domingos que mais uma vez deu a sua ajuda na revisão de texto.

Sou profundamente grata à minha querida amiga e irmã de caminhada Juliana De' Carli, por tudo! A Ingrid Auer, pela maravilhosa parceria de luz e confiança, e à querida Heloísa Miranda pelo seu carinho e atenção. Gratidão pelos vossos prefácios de luz! Sou grata à querida Sara Teixeira, irmã de jornada, que pintou o meu anjo solar e a capa deste livro. E, para terminar, um eterno obrigada aos meus queridos anjos e guias de luz: sem vocês o meu trabalho não seria possível. Por tudo isso e muito mais, obrigada, obrigada, obrigada!!!

Bibliografia

ANGLADA, Vicente, *A Hierarquia, os Anjos Solares e a Humanidade*, Editora Aquariana, Barcelona, 2008.
AUER, Ingrid, *Símbolos Angelicales Energizados*, Ekonja, Amstetten, 2015.
ÁVILA, Pablo, *O Livro dos Anjos*, Didáctica Editora, Lisboa, 2013.
BLAVATSKY, Helena, *A Voz do Silêncio*, Marcador, Barcarena, 2012.
BOTELHO, Fernanda, *Uma Mão Cheia de Plantas que Curam*, Dinalivro, Lisboa, 2015.
BRADEN, Gregg, *A Matriz Divina*, Sinais de Fogo, Lisboa, 2007.
BRASEY, Édouard, *Elfos e Fadas*, Publicações Europa-América, Mem Martins, 2002.
CARDIM, Valter, *Cristais*, Dinapress, Lisboa, 2012.
CUNNINGHAM, Scott, *Enciclopédia de Cristais, Pedras Preciosas e Metais*, Editora Gaia, São Paulo, 2005.
DUNCAN, Antônio, *O Caminho das Pedras*, Dinapress, Lisboa, 2004.
FÉLIX, Maria José, *Mais e Melhor*, Oficina do Livro, Alfragide, 2012.
HALL, Judy, *A Bíblia dos Cristais*, Nascente, Amadora, 2015.
HARTMANN, Franz, *Os Elementais*, Editora Ícone, São Paulo, 2013.
LISTER, Tilly, *Crystal Healing*, Quantum Books, Londres, 2014.
MOORE, Barbara, *Witch Crystals*, Lo Scarabeo, Turim, 2014.
PAULSON, Genevieve, *A Kundalini e os Sete Chakras*, Editorial Estampa, Lisboa, 1995.
PROPHET, Elizabeth, *Chaves para o seu Progresso Espiritual*, Ascensão Edições, Amadora, 1998.
____., *Estará a Mãe Natureza Zangada?* Ascensão Edições, Amadora, 2013.
SABELLIEUS, Jorg, *A Magia dos Números*, Nascente, Amadora, 2013.
STARK, Karl, *Prevenção e Cura com Pedras*, Dinalivro, Lisboa, 2009.
VIRTUE, Doreen; VALENTINE, Radleigh, *Tarot dos Anjos*, Nascente, Amadora, 2015.
VITALE, Joe, *O Factor Atracção*, Lua de Papel, Alfragide, 2007.
WILKINSON, Kathryn, *Sinais e Símbolos*, Civilização Editores, Porto, 2008.

Sugestões de leitura

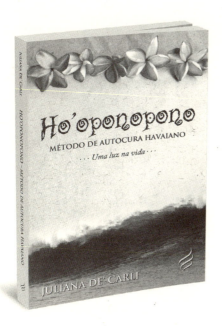

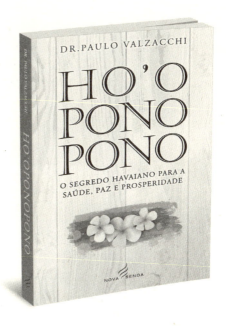

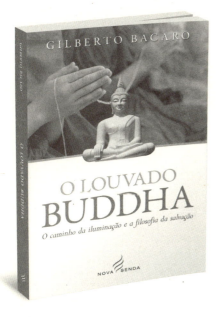

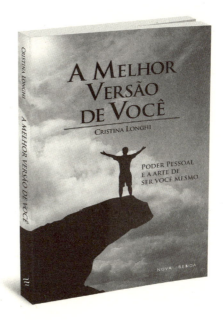

Sugestões de leitura

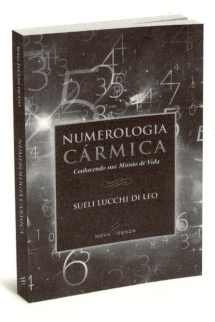

Os 49 Símbolos Angelicais de Ingrid Auer

Símbolo Algelical nº 1

Símbolo Algelical nº 2

Símbolo Algelical nº 3

Símbolo Algelical nº 4

Símbolo Algelical nº 5

Símbolo Algelical nº 6

Símbolo Algelical nº 7

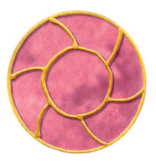
Símbolo Algelical nº 8

Símbolo Algelical nº 9

Símbolo Algelical nº 10

Símbolo Algelical nº 11

Símbolo Algelical nº 12

© Ingrid Auer

Símbolo Algelical nº 13

Símbolo Algelical nº 14

Símbolo Algelical nº 15

Símbolo Algelical nº 16

Símbolo Algelical nº 17

Símbolo Algelical nº 18

© Ingrid Auer

Símbolo Algelical nº 19

Símbolo Algelical nº 20

Símbolo Algelical nº 21

Símbolo Algelical nº 22

Símbolo Algelical nº 23

Símbolo Algelical nº 24

© Ingrid Auer

Símbolo Algelical nº 25

Símbolo Algelical nº 26

Símbolo Algelical nº 27

Símbolo Algelical nº 28

Símbolo Algelical nº 29

Símbolo Algelical nº 30

Símbolo Algelical nº 31

Símbolo Algelical nº 32

Símbolo Algelical nº 33

Símbolo Algelical nº 34

Símbolo Algelical nº 35

Símbolo Algelical nº 36

© Ingrid Auer

Símbolo Algelical nº 37

Símbolo Algelical nº 38

Símbolo Algelical nº 39

Símbolo Algelical nº 40

Símbolo Algelical nº 41

Símbolo Algelical nº 42

© Ingrid Auer

Símbolo Algelical nº 43

Símbolo Algelical nº 44

Símbolo Algelical nº 45

Símbolo Algelical nº 46

Símbolo Algelical nº 47

Símbolo Algelical nº 48

Símbolo Algelical nº 49

© Ingrid Auer